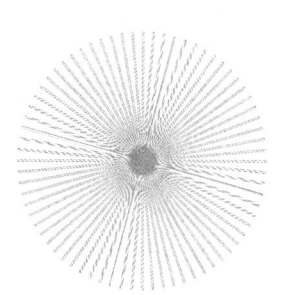

沈亦骏　编著

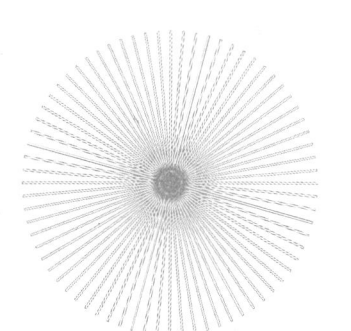

青年领导力
情境教学案例集

上海财经大学出版社
SHANGHAI UNIVERSITY OF FINANCE & ECONOMICS PRESS

图书在版编目(CIP)数据

"明德"青年领导力情境教学案例集 / 沈亦骏编著.
-- 上海：上海财经大学出版社，2025.3
(明德青年领导力系列)
ISBN 978-7-5642-4174-2

Ⅰ.①明…　Ⅱ.①沈…　Ⅲ.①高等学校-财政经济-
人才培养-教案(教育)-中国　Ⅳ.①F812-4

中国国家版本馆 CIP 数据核字(2023)第 071609 号

本书由上海财经大学教育发展基金会支持、上海财经大学明德未来领袖
培养计划专项资金资助出版

□ 责任编辑　台啸天
□ 封面设计　孙若菲
□ 版式设计　贺加贝

"明德"青年领导力情境教学案例集
沈亦骏　编著

上海财经大学出版社出版发行
(上海市中山北一路 369 号　邮编 200083)
网　　址：http://www.sufep.com
电子邮箱：webmaster @ sufep.com
全国新华书店经销
上海新文印刷厂有限公司印刷装订
2025 年 3 月第 1 版　2025 年 3 月第 1 次印刷

787mm×1092mm　1/16　15.5 印张　357 千字
定价:49.00 元

深耕生成式领导力

在新一轮科技革命与产业变革迅猛发展的今天,人工智能不仅格式化几乎所有的行业、产业、领域和赛道,更对沟通、管理、领导乃至学习、教育都产生了巨大的影响和冲击。生成式人工智能(Generative Artificial Intelligence,GAI)作为人工智能的一个分支,从技术上讲,能够基于算法、模型、规则等,生成文本、图片、声音、视频和代码,进而针对用户需求,依托事先训练好的多模态基础大模型,利用用户输入的相关资料,生成具有一定逻辑性和连贯性的材料。简言之,生成式人工智能能对输入数据充分处理、学习、消化、吸收,甚或"洞见"其中的规律,自主创造出新的内容。

当下,生成式人工智能日益兴盛,大行其道;相应地,生成式领导力乘势而为,风生水起。专业技术领域的生成式人工智能,其生成式是模型根据输入条件进行机器学习生成与之相符文本或语言序列的方法;人类领导力的生成式,则是基于个体的经验、知识、能力以及悟性和创造性,对于某一主题情境目标任务的新的创造性表达,力求形成在管辖范围内充分利用人力和客观条件,提高整个团体办事效率并以最小成本办成事的能力。

相对于传统领导力,生成式领导力有以下三个突出特点。

(1)生成式领导力并非与生俱来,而是不断修为生成,具有生生不息的动态性。生成没有完成时,只有进行时,永远在路上。传统的包括特质理论、行为理论或权变理论在内的诸多领导力理论认为,领导力本质是影响力,而这种影响力——不管是权力影响力,如信息权、关照权、法定权、奖赏权、关联权、强制权,还是非权力影响力,如互惠、一致、认同、喜好、专长、稀缺等业已存在,只需发挥出来即可。生成式领导力则强调,领导力是一个不断迭代、进阶、蝶变的精进过程,要不断追求效率更高,效果更好,效益更佳,效能更强。

(2)生成式领导力注重"领导者-被领导者"或"上司-下属"之间的双向奔赴、相互成就,特别强调自我管理与管理他人的有机融合,对己与对他的有机统一,从而在达人与成己中获得共同成长。

(3)在"领导者-被领导者/追随者"这对关系范畴中,生成式领导力特别强调居于主导地位的领导者的个人品质和自我成长。领导者自身的"自生长"、自我学习、自我激励乃至自我培养十分重要,在培养个性心性、能力、魅力、影响力的过程中,领导者要善于"在事上磨",惯于严于律己、以上率下;同时,还应高瞻远瞩,鉴常人所不能鉴,为常人所不能为。

培养生成式领导力,需要深刻理解领导力的底色与内涵。现代管理学之父彼得·德鲁克说,"管理的最高境界是自我管理",他进一步指出,"领导者要有愿景,更要有清晰的方向,要关注未来"。中国传统儒家强调"内圣外王",内在品格的养成是儒家领导力的核心,修己才能齐家治国平天下。圣人孔子明确提出要"修己以敬""修己以安人""修己以安百姓"。总之,古今中外的领导力阐释,无一不强调领导者自身的主动修炼。共同的驱动目标、个体成员对目标的崇高信仰和感情投入、汇聚集体力量的人力资源、超越个人利益的组织归属意愿等,所有这些非权力的无形领导力之所以得以"生成",很大程度上都得益于领导者的带头垂范。

培养生成式领导力,需要注重成长中的"全人"发展。"全人"既含健全人格之意,更提示要警惕成为赫伯特·马尔库塞所谓的"单向度人"——那些失去对现实进行否定、批判和超越的能力,只知道物质享受而丧失精神追求的人。杰出的领导者,不仅要专业成才,还要精神成人;不仅能引领个体、团队实现高质量发展,更能以超越组织视野的超拔力推动社会变革。显然,这些目标的达成,离不开领导者的"全人"能力和品格支撑。以人的行为养成、伦理认知、情感体验、理想信念、心灵攀登和全面发展为本,努力成为有道德修养、有社会担当、有人文情怀、有科学精神、有历史眼光、有全球视野的卓越之才,既是贯通中西、融会古今的通识教育培养要义,也是生成式领导力习得的目标所在。

从思维角度讲,"全人"要求全面提升认知和思维能力。要善于用普遍联系的、全面系统的、发展变化的观点观察事物;要善于通过历史看现实、透过现象看本质,把握好全局和局部、当前和长远、宏观和微观、主要矛盾和次要矛盾、特殊和一般、继承与发展、公平与效率,以及工具理性与价值理性、精神文明与物质文明、尊重个性与集体奋斗、开放合作与独立自主、统一性与多样性、程序化与灵活性、民主与独裁、速度与效益等诸多关系,变一般的"因果思维"为统摄的"关系思维"。在此基础上,全面提高战略思维、历史思维、辩证思维、系统思维、创新思维、法治思维和底线思维能力。

培养生成式领导力,需要实现从"教的范式"向"学的范式"转变。囿于环境和学习场域的限制,特别是传统观念的影响,以往培养领导力主要以教师的讲授、先贤的教诲和榜样的感召为主。生成式领导力,倡导以学生为中心的"学的范式",该范式致力于为学生构建有意义的学习经历,关切学生对知识信息的吸纳、理解、建构、创造和再输出过程。在彰显学生主体性的体验式、参与式、情景式等多模式学习过程中,青年学子躬身"入局";在提升共情力与同理心的同时,学生自我成为提出问题、思考问题、解决问题的主体,不断增强洞察、选择、整合、迁移和集成创新能力,尤其增强有效思考的能力、清晰沟通的能力、明确判断的能力和辨别一般性价值的能力,并将每一次情境学习体悟作为生成式领导力学习的有效延展。

在当今这个科技和产业迭代越来越快,知识和学问半衰期越来越短,效用周期呈指数型非线性衰减的时代,拥有过硬扎实系统的基础理论知识和丰富熟稔的专业领域知识的重要性自不待言。主动认知学习拓展提升自身的领导力,构建多维成长型个人知识谱系,探索引领团队组织的生成式发展,更应成为青年学子的自觉成长选择。《"明德"青年领导力情境教学案例集》的编著者,正是基于青年学子成长的真实情境,围绕领导力的认知习得与生成式培养,聚焦个体、团队、组织、战略领导力发展等层级进行案例开发,在青年领导力培养的一线教学实践和情境教学中,用心用情总结提炼有效的有关领导力的教学经验和教研成果。

本书编著团队学养深厚、理论扎实,开发青年领导力的教研经验丰富,尤其热心深耕生成式领导力研究。在此,对奋战在领导力教学与青年成长一线的他们表示衷心的感谢,也对案例集的出版表示由衷的祝贺。

是为序。

徐飞　博士

二级教授、博士生导师

上海财经大学匡时书院首任院长、原常务副校长

2025 年 2 月

上海财经大学青年领导力人才培养工程是围绕学校"十四五"规划提出的大力深化人才培养内涵建设、创新升级第二课堂实践育人模式、构筑一二课堂联动培养机制、打造新时代卓越财经人才建设的重要项目之一。项目自 2017 年由上海财经大学校董武飞先生捐赠设立"明德"教育培养基金开展实施。

"明德"青年领导力训练营以"立德树人"为根本任务,围绕"培养具有全球视野和民族精神,富有创造力、决断力、组织力以及坚韧力的卓越财经人才"学校使命,通过专项教学、明德讲坛、情境案例、自律成就、研修实训等课程模块与实践教学相结合的教学模式,帮助上海财经大学青年立足中国,放眼世界,心怀家国,志在匡时,通识引领,拓展认知。项目围绕提升学子的社会责任感、智性感知力、实践创新力与坚韧成长力,以知识开拓、能力锤炼和人格塑造三位一体为教学目标,构建培养富有远见卓识、广博学养、战略视野和发展潜能的卓越人才成长路径。

项目自 2018 年实施以来,已持续举办 7 期,培养了 800 余名青年学生骨干。项目成立了教材案例研发团队,依托校内外及海外专业导师团,立足青年学子的领导力科学及知识体系构建、领导力习得及情境模拟体验、领导力培养及跨文化交流拓展、领导力创新及战略发展思辨四个层级培养,开发了由 14 个专题组成的青年领导力基础理论课程和案例教学课程。

本案例集作为青年领导力人才培养工程的情境教学案例集合,从青年成长的情境出发,以大学成长全周期的视角切入,围绕个体领导力认知、组织领导力构建、战略领导力培养等层级,精心打磨了三十余个领导力情境教学专题案例,覆盖青年学子大学成长及社会融入组织认知的各场景维度。青年导师团可依托案例集,通过"小班化＋情境式＋沉浸型"的案例教学法,提供参训学子聚焦青年领导力开展模拟思辨的主题场域,实施探索以学生为中心的"信息、知识、经验、素养与能力"融合实践教学流程。

我们期待,案例集的阅读者与使用者可以在青年领导力的学习实践过程中,收获更坚忍的意志、更通博的学养、更强大的脑力与更深邃的心力,在未来时代的快速发展浪潮与世界格局的竞争变幻中,不断突破与拓宽视野边界、能力边界与人生边界,奔赴更崭新的未来。

沈亦骏

2025 年 2 月

目　录

专题九　冲突管理

专题十　危机公关

专题十一　从对立到共赢

专题十二　创建组织文化

专题十三 引领组织变革

专题十四 发挥道德力量

·专题一·

领导力与个体认知

案例1　你好，新同学！

【案例正文】

摘　要: 高校学生组织每年度的迎新招新项目是新生入学教育的重要环节,也是学生组织团队构建与新生个体成长的一次有益实践。学生组织负责人要通过笔试和面试进行新生的个人能力评估与人格特质分析,进而遴选组建合适团队。在后续的工作实践中,团队核心成员通过项目开展不断提升个体及组织能力,同时培养、评估和遴选下一届管理层的合适候选人。点滴观察始于简历筛选、面试选拔和迎新破冰活动上的展示介绍,更贯穿在日常工作和学习生活的细节之中。

关键词: 学联　迎新破冰　个人特质

金秋时节,明德大学迎来了来自全球和祖国各地的大学新生。报到日,一到校门口,新生们便遇到了来自学校学生会、研究生会和各学生组织的志愿者们,他们大多是高年级热心服务、乐于助人的学长学姐。志愿者们积极为新生提供校园指引、行李搬运、答疑解惑、报到注册及文化介绍等一系列服务,同时也面向新生宣传各自所属的学生组织,并期待新生的加入,以便早日完成招募组建新一届团队成员的工作。

开学一周后,学校某报告厅,学生会组织了招新宣讲会。学生会指导老师金老师开场介绍道:"各位新同学,大家好! 欢迎你们参加明德大学学生联合会(以下简称学联)的招新宣讲会! 本次会议将会给大家介绍学生会的历史沿革、愿景使命和组织架构。各部门负责人会逐一介绍部门设置、部门使命、部门人员和特色活动,以便大家更好地了解学生会,做出合适的选择,加入你最感兴趣也最适合你的部门。今年是我担任学生会指导老师的第三年,回顾学联中同学们的成长与收获,我感到在这个团队中,每次活动的完成度和受众的满意度固然重要,但活动过程中的挫折、喜悦、交流、思考、收获与成长更为动人。期待在新一学年的学生活动中见到你们的身影,期待你们在课余时间为校园文化增光添彩,也期待你们在明德学联充分发挥个人才干,提升个人综合能力,共同创造美好的大学生活回忆……"

经过报名、简历筛选和面试遴选等流程,明德大学学生联合会公示了新一批部员名单,并计划在周末组织迎新破冰会,增进部员之间的熟悉度,提升部门凝聚力。

周末当天,阳光明媚,微风和煦,在明德大学武东校区操场上,百余名部员、部长、主席团成员和指导老师齐聚一堂,参加迎新破冰素质拓展活动。第一个环节是快速自我介绍和记忆力大考验,需要以部门为单位,新部员之间开展轮流自我介绍,每人限时1分钟,内容涵盖姓名、学院专业、家乡与兴趣特长等,后一位自我介绍的新部员要重复一遍前序成员自我介绍的内容,再进行自我介绍。此时,主席团成员走进各小组,认真观看新部员的自我展示。其中令人印象深刻的有这么几位同学。

(1)孙博文

创新创业中心科创管理部的孙博文在自我介绍时说:"大家好!我是孙博文,商学院工商管理专业,来自湖北省武汉市。我是一个外向开朗、乐于助人的人,喜欢篮球、游泳。高中期间我曾是校篮球队的队长,小学学过几年钢琴。大一期间我会把主要精力放在学习、运动和学生会工作上,希望能平衡好学业和学生会工作,参与、组织有趣有益的项目,提升自己各方面能力,结交志同道合的朋友,收获丰富精彩的大学生活。很高兴加入科创管理部,衷心希望和大家成为好朋友。"

孙博文的言辞并不繁复,却让人信服,言之有物。他给人可靠、可信、坚定、开放、自信、开朗、积极和健谈的感觉。在后续的部门活动中,大家陆续发现,他是一个很有号召力的人,擅长用慷慨激昂的话语激发大家对未来项目的美好想象和前进动力。

(2)金毓秀(女)

新媒体中心传媒部的金毓秀在自我介绍时说:"我叫金毓秀,来自金融学院金融学专业,黑龙江省人,平时活泼开朗,喜欢交朋友,喜欢参加各种文艺活动。特长是视频拍摄和剪辑,曾为高中班级剪辑毕业纪念视频,得到同学们的很多好评。加入传媒部以后,我希望结识更多有共同爱好的同学朋友,谢谢大家!"

后续部门活动中,主席团和部长们发现,金毓秀在工作中经常会冒出一些新意,喜欢创新,个性独立,有主见,懂得坚持自己的想法,做事情不拘一格。生活中她追求时尚,穿着打扮紧跟潮流,有很多拥有共同爱好的朋友。她乐于分享,擅长表达,会主动关心身边的人,哪怕是不熟悉的环境,她也能很快熟络适应,融入新的集体。

(3)尚晓才

青年发展中心组织部的尚晓才在自我介绍时说:"我叫尚晓才,来自信息管理与工程学院,云南省昆明市人。我喜欢计算机编程、长跑,希望可以和大家成为朋友。"

尚晓才的自我介绍很简短,初次见面的同学能感受到,他比较低调内敛、沉默寡言、不太擅长与人交流分享。主席团和部长们在后续工作中发现,他在团队中擅长充当执行者,他对动手操作类的任务很感兴趣,工作时专注度很高,善于用计算机软件与技术为团队赋能。部门工作之外,他大部分时间都在图书馆自习,休息时间喜欢自己上网或去操场跑步,他的社交圈较小且固定。如果有人主动与他打招呼,他会以温和的微笑回应。但是他只对关系亲近的人才会主动招呼,显得很腼腆。你很少看到他开怀大笑,似乎很少有什么事情能引起他激动或兴奋。他给人循规蹈矩、有条不紊、保守慢热,但工作靠谱、踏实、高效的感觉。

(4)姚力行

志愿服务中心志愿活动部的姚力行在自我介绍时说:"我叫姚力行,父母希望我身体力行,言行一致,所以取名姚力行。我来自经济学院经济学1班,浙江省温州市人,我比较热情好客,喜欢打游戏和看B站视频,欢迎大家一起交流。加入本部门是希望为有困难的人带去温暖,做一点实在的事情。"

主席团和部长们在后续活动中发现,姚力行是一个外向热情、大大咧咧、喜欢表达、为人仗义和充满正义感的同学。遇到朋友需要帮助的时候,他总是不怕麻烦地冲在前面,陪在朋友身边。与人意见相左时,他通常选择与对方讨论争执出对错,哪怕朋友劝他多一事不如少一事,别影响了自己的心情,他也很难做到平心静气地接受。休闲时间主要是在寝室上网,招呼朋友聚餐等。除了学生会他还参加了两个社团,常常参加社团的各类活动,在很多活动现场都能看到他的身影。

【案例使用说明】

一、教学目的与用途

1. 本案例主要适用于青年领导力的培养课程。

2. 本案例的教学目的是帮助学生理解人格的复杂性、不同人格的特征、产生学习人格特质的兴趣,掌握一定数量的人格特质描述词汇,学会观察提炼和归纳描述人格特质。同时,引导学生从兴趣、能力、价值观等不同维度去分析与理解领导力与人格特质的关系,进一步提升他人和自我认知。

二、启发思考题

1. 人格特质描述词的适用范围及如何运用?

2. 如何提高自身观察提炼、归纳描述人格特质的能力?

3. 如何全面分析一个人的人格特质,可以从哪些维度展开?

三、分析思路

教师可以根据教学目的来灵活使用本案例。这里提出本案例的分析思路,仅供参考。

1. 引导学生在人格特质的描述词中寻找符合自己人格特质的五个词汇,进而引发学生思考人格特质描述词的适用范围与应用方式。

2. 启发学生思考如何提高自身观察提炼、归纳描述人格特质的能力,并从学生可能出现的现状与问题开展分析,例如,对于自身可以从哪些维度开展,对于他人可以从哪些维度开展思考与探索。

3. 教师结合兴趣、能力、知觉认知与价值观做简要分析,引导学生从多个视角观察与了解个体,包括他人和自我。

4. 引导学生完成大五人格测试,结合下列两个问题,教师进行分析与答疑。

(1)问题一:观察测试结果,在大五人格的五个维度中,目前你对自我最满意的维度是哪个? 若要改善某维度,你会优先选择哪个维度作为当前目标? 具体分析中与自我认知有无不相符之处?

(2)问题二:为了实现改善目标,在未来一周内,你要采取什么行动? 如何安排时间、克服哪些可能的困难、寻求什么帮助?

5. 翻转课堂之角色扮演。教师讲述活动规则,发布任务单和观察单(详见附录)。每组设定扮演者和观察者,并引导组间点评、分享。

四、理论依据与分析

1. 人格的概念与特性

人格是个体对他人的反应方式和交往方式的总和,是稳定的行为方式和心理过程。人格不是一成不变的,随着环境的变化、时间的推移,人格特质会有一定的改变。人格是可以测量的,目前最常用的是通过自我报告式的人格测量方法和观察者评定式的人格评定方法。人格的形成是遗传和环境综合作用的结果。遗传因素包括长相、性别、肌肉组成、精力水平以及生物规律等。通常用形容词来描述人格,比如内向的、外向的、积极的、忧郁的、亲和的、害羞的和胆小的等。

2. 大五人格模型理论

大五人格模型的英文简称是 BIG FIVE,从五个维度探讨分析人格,这五个维度是其他所有维度的基础,分别是经验开放性、责任心、外倾性、情绪稳定性以及随和性。对以上特质的测试能有效预测个体在不同情境中的表现,且以上特质的稳定性较高。大五人格模型的五个维度能有效预测工作绩效,其中责任心维度是工作绩效的最佳预测因素。

基于大五人格模型,有研究者提出了一个新型的人格理论框架,包括五个异常复合特质,分别是反社会型、边缘型、分裂型、强迫型和逃避型,并从正反两方面分析了人格特质的特征。

维度	核心机制	优点	缺点
经验开放性	心理联想的广度	艺术的敏感性、发散式思维	异常的信念、有精神障碍倾向
责任心	对回应的抑制	计划性、克己自制	刻板僵化、缺乏自发性回应
外倾性	对奖赏的回应	对奖赏的追求与获取	以身涉险、亲密关系不稳定
情绪稳定性	对威胁的回应	警惕性、奋斗志向	焦虑、抑郁
随和性	对他人的关心	和谐的社会关系	不把自我放在首位、失利状态

3. 人格的魅力:魅力型领导、领导说服力三角模型

在当代领导理论中,有一种领导风格是魅力型领导,最早由社会学家马克思·韦伯提出,他把魅力定义为"个体的一种特定的人格品质,该个体因为该品质而区别于普通人,并且会被视为拥有超凡才能的人、超人或者至少是拥有非凡权力或特征的人。普通人是无法获得这些品质的,但是会把他们看作神圣的起源或学习的榜样。具有这类品质的人被当做领导者。[①]"

基于领导说服力三角模型,魅力符合个体对于领导者的人品诉求,是符合道德观念的人格特征。

五、关键要点

1. 个体特质是复杂多元的,可以从多个维度进行分析与呈现,大部分时候各项特质无好坏之分,只讲差异。

2. 各类测试具有应用推广价值,也有局限性,个人需要结合测试结果和自我认知进行认知统合。

六、扩展阅读材料

1. 埃略特·阿伦森,提莫太 D. 威尔逊,罗宾 M. 埃克特. 社会心理学:阿伦森眼中的社会性动物·8 版[M]. 北京:机械工业出版社,2014.

2. 丹尼尔·内特尔. 个性:君之如是,何以致之[M]. 北京:商务印书馆,2010.

七、建议课堂计划

本案例可以作为专门的案例讨论课来进行。以下是按照时间进度提供的课堂计划建议,仅供参考。

整个案例课的课堂时间控制在 45 分钟。

◆　**课前计划**

提出启发思考题,请学生在课前完成阅读和初步思考。

◆　**课中计划**

简述课堂前言,明确课堂主题。

● 分组讨论(5 分钟,告知发言要求)。

● 小组展示(每组 3 分钟,整体控制在 7 分钟)。

● 个人测试(8 分钟测试,2 分钟思考问题)。

● 个人展示(每人 2~3 分钟,整体控制在 5 分钟)。

● 分组讨论角色扮演(5 分钟)。

---

① 　约翰·安东纳基斯,大卫·V. 戴. 领导力的本质·3 版[M]. 北京:清华大学出版社,2021.

● 小组展示(每组 2～3 分钟,整体控制在 5 分钟)。

● 引导全班进一步讨论并进行归纳总结(5 分钟)。

◆ 课后计划

如有必要,请学生采用报告形式给出更加具体和翔实的分析与思考,为后续章节内容做好铺垫。

附　录

一、"角色演绎"任务单

(一)角色扮演

请以小组为单位,一起完成如下任务。

1. 依据案例文本中的 4 名同学的人物介绍,分析其个人特质,结合 PPT,列出关键词,并填入图表。

2. 结合人物介绍和对人物的理解,为人物策划一个校园场景内的角色生活片段,凸显出角色的人格特质,比如说食堂买早饭时发生的小插曲、宿舍里的小片段等。

3. 依据角色生活片段,分配角色,通过角色扮演将个人特质演绎出来。

4. 另一组将在完全不知道角色情况的前提下,观看扮演效果,现场分析角色的个人特质。

(二)本色出演

请以小组为单位,一起完成如下任务。

1. 创设校园场景内的故事情境,小组同学本色出演,充分展现个人特质。

2. 演出人数 3～5 人,并将出演同学的姓名和个人特质的关键词填入图表。

3. 展示完成后,另一组同学将会为本色出演的效果打分,并描述各位同学的人格特质。

个人特质分析	人物 1: 人物 2: 人物 3: 人物 4: 人物 5:
评分	请为另一组的表演打分(1～10 分):

二、观察员的任务

请观察小组成员表现,并且结合课程所学,寻找不同特质的人。

注意:观察员不参与角色讨论和扮演,请单独完成观察任务单。

● 多次发表建议:

● 利用资源控制局面:

● 非常手段推动进展:

● 判断决策:

● 善于沟通与合作:

● 务实做事:

● 做事尽善尽美:

● 其他:

案例1

延展阅读

案例 2 大学成长的五个阶段

【案例正文】

摘　要:四名大一新生因同上一门课相识相知,结下了深厚的友谊,他们定期聚会,分享成长阶段的思考与感悟。他们的所见所闻、所思所想,反映出了大学生活五个阶段中常见的成长困惑,折射出当代大学生的人格、价值观、兴趣、能力和思维方式等多因素差异,也凸显了其对个体成长发展与人生选择的影响。

关键词:大学故事　阶段差异　人格特质　个体差异

金秋九月,明德大学的校园里又迎来了一批本科新生,其中就有孙博文、金毓秀、姚力行和尚晓才四名同学,四人虽不就读于同一学院,却因为同上一门选修课而相识并成为校园好友。短短一个学期,四人在课堂上共同完成小组任务、交流心得体会;在课后相约图书馆、自习室,完成课程作业。团队友谊也在这个过程中逐渐升华。

一、班级团建

大一第一学期,国庆假期前四人相聚食堂。姚力行说道:“上周我们班级组织团建,去参观本市历史博物馆,我觉得这个参观博物馆的活动做得挺好的,看到了不少有趣的老照片。”

金毓秀惊讶地说:“这是你们的第一次班级团建吗? 怎么会想到去参观博物馆呢?”

姚力行说:“是的,第一次团建。当时班长发通知表示,同学们到明德大学已经半月有余,建议在国庆假期前,全班共同聚聚,增进了解,提升班级凝聚力。团建第一个环节是上午一起参观博物馆,结束后吃中饭,下午去滨江漫步。整个环节只有午餐是收费的,AA 制。说实话,一开始我对这个活动兴趣不大,但是一想到这是初入大学的第一次班级团建,还是蛮想去的。这是一次和同学们聊聊天,互相增进了解的好机会。”

孙博文说:“你们班长考虑得挺细致的,博物和滨江都是免费开放,支出只有午餐费,对于家庭困难的同学,参加活动的压力就会小很多。而且,参观这两个地方还可以感受这座城市的文化底蕴与现代风情,同学们三三两两聊天也不尴尬。我们班团建是去公园野餐、玩桌游和小游戏,有互动,吃零食,大家也蛮放松的。"

尚晓才说:"这种班级团建,人总是来不齐的,大家互相不熟悉,硬凑在一起交流,我会觉得尴尬。我们班就没有全班团建,只有住得近的几个寝室,互相比较熟悉的同学约着出去逛逛。"

金毓秀说:"我们班长和我住在一个寝室,听她说,组织这种活动很麻烦,既要考虑安全问题、组织成本、人员数量,还要考虑行程安排、同学满意度,同学们如果不配合就很难推进。组织活动耗时耗力,不组织的话又于心不安。我其实不太能理解她的这种纠结,我觉得不组织也没什么影响。"

尚晓才说:"这有什么于心不安的,老师没有要求组织班级团建,学院、学联也组织了很多活动,同学们在参加学院、学联的活动过程中,自然而然地就会互相熟悉的。"

孙博文说:"我觉得大学班集体的概念、形式和初高中还是有很大差别的,这是客观差异。但在主观上,班长希望把班级的凝聚力提高,这是好事啊。"

姚力行说:"对的,有的人对社交会有恐惧心理,在人多的场合无法自然地融入,这时候最好有人组织活动,有人带着大家一起玩。"

金毓秀说:"我们班长提出团建建议以后,在班群发布的调查问卷显示只有十几个人想要参加,其他人要么没时间,要么压根不填问卷。后来就不了了之。现在听你们这么说,我也觉得大一时班级没有组织团建有点遗憾。"

二、学习生活

大二第一学期期末考试后,同学们都张罗着要聚餐话别,然后各自回家过春节。孙博文、金毓秀、姚力行和尚晓才四人又一次聚会谈心。

金毓秀吐槽了室友的新恋情带给她的困扰,她说:"白天上课、完成小组讨论作业,课余做学生会策划、组织活动,晚上回到寝室想着放松一下还要被下铺撒狗粮。更让人尴尬的是,下铺那位还时不时问我有没有喜欢的男生。我天天那么忙,哪有时间精力谈恋爱?"

"你室友是谁,我们认识吗?"姚力行一边附和,一边打听,"我也是一直被室友打扰,他每天晚上都在寝室和女朋友聊天,还嘲笑我们其他人不开窍。"

"就是小张同学,我们寝室里打扮最靓丽的那位。她摄影和修图技术很好,经常在朋友圈晒九宫格美图。我上周做的推文首图就是请她帮忙修改出来的,指导老师都说效果很好。在我们这一级里面,她认识的人还蛮多的,说不定你也认识她。你室友叫什么名字,不会就是小张的男朋友吧?"金毓秀补充道。

姚力行:"我室友是小刘,和我一个学院的,好像他女朋友和你是一个学院的,不会那么巧吧? 我回去问问小刘再跟你说。"

孙博文聊天之余,还不忘关心发掘技术人才:"原来上次推文的图片是小张做的呀,她的技术这么好,是专门学过的吗?"

"她的修图技术是自己学习的,先是简单编辑、调色,慢慢触类旁通,现在她已学会各类图片的专业 PS 编辑了。"金毓秀回顾道:小张从大一就开始积极参加校内外各种活动,包括校园舞会、下午茶沙龙和摄影爱好者聚会等。她也积极学习美妆、服装穿搭与摄影修图,朋友圈经常发布九宫格美图。经过一学期的努力,小张找到适合自己的穿搭风格,审美水平直线上升。寝室四人共同出行时,小张总是四人中最靓丽的那一位。学期初隔壁学院的男生小刘向她表白,两人是老乡又很聊得来,小张就成了寝室第一个脱单的女生。

尚晓才说:"他们谈恋爱有没有影响学习啊? 我赞同毓秀说的,我也觉得大学时间很紧张,学习压力不小。"

"小张人聪明,学习能力又强,但花在学习上的时间比较少,她把心思主要放在社交、美妆和约会上了,学习成绩一般,这学期的线性代数还挂科了。小刘成绩怎么样啊?"金毓秀回应道。

"小刘在我们班成绩属于中上游,他一向认为研究生的就业机会和收入待遇比较好,所以上学期就说要考研,争取落户在上海,找个好工作。这学期谈恋爱了,他去图书馆的时间都少了,不过他这学期的成绩居然没有下降。"姚力行纳闷道。

"谈恋爱不一定会影响学习的嘛,关键是怎么合理地分配、管理好自己的时间精力。"孙博文总结道。金毓秀和姚力行都点头表示认同。

"不过就我个人而言,我肯定是不会在未来还不明确的时候谈恋爱的。未来在哪里生活、做什么工作、双方的家庭是否合适,我觉得都是要考虑的。在我不能给予女孩郑重承诺之前,我不想以喜欢的名义去浪费对方的时间精力。"尚晓才说出了自己的心声。

姚力行说:"晓才想太多了吧! 多享受青春时期美好的爱情吧,不要给自己这么大压力。"

金毓秀说:"晓才的想法,在女生看来,是很靠谱、有担当的表现。"

孙博文说:"晓才对待感情很认真是好事,不过我认为,听从自己的内心选择也很重要。"

姚力行问:"毓秀,你最近学联工作很忙啊,听说下学期你们还要办几场大型活动,想必要更忙了。如果下学期有人向你表白,恰好你也对他有一点好感,你会因为忙碌而拒绝对方吗?"

金毓秀说:"如果你的假设成立,我会跟随自己当时的感受吧,就像博文说的,听从自己的内心。"

孙博文说道:"我会接受的,然后尽量去平衡学习、生活、恋爱等,我想要一段丰富美好的大学生活回忆。恋爱虽然不是必选项,但如果它出现了,我也不会拒绝。这也是成长必修课嘛。只不过,我无法像晓才那样,给出长远的承诺。"

三、生涯规划

大三第一学期末,寒假悄然而至,四人再次聚餐。

孙博文、金毓秀和尚晓才准时出现,等了半个多小时,姚力行才跑得呼哧带喘地进到饭店,一坐下就连声道歉:"不好意思啊,让你们久等了。我的老板临下班前交给我一个紧急任务,让我做完再下班。活不重但是比较繁琐,我整理了好一会儿才做完数据清洗。老板审核通过了,我就赶紧打车过来的,路上又很堵,耽误了不少时间。"

"你这是第三份实习了吧?你学分修满了吗?哪来那么多时间实习啊?"尚晓才困惑道。

"瞧你累的,快吃点东西垫一垫。你的黑眼圈很重啊,这个实习老板很严厉吗?"金毓秀关心道。

"你也不要太拼了,毕竟只是实习,又不是正式员工。这个实习有留用机会吗?"孙博文追问道。

"我很喜欢上海,想未来留在这座城市工作,考研我是没有希望的,那我就要多积累一些实习经验,争取拿到心仪的 Offer。工作比上学要辛苦多了,赚钱不易,花钱又太简单,尽管我很肯定自己可以在上海找到工作,但还是不确定毕业后奋斗若干年能不能在上海安家立业,真正扎根在这里。"姚力行苦恼道。

"对啊,上海的居住生活成本是真的高。我已经想过这个问题了,不靠爸妈的话,我毕业后的工资大概率只能勉强负担得起在上海的生活成本,购房安家压力很大。综合来看,我更倾向于去二线城市。本来我打算争取保研,按照往年的保研情况分析,我还是很有希望获得保研资格的。保研不成我就考研,考研不成我再去找工作。"尚晓才感叹道。

金毓秀说:"我觉得自己不适合读研,我对学术毫无热情,对本专业的兴趣也不大,打算毕业后直接工作。我父母在广东,他们希望我以后离他们近一些,我还不确定有哪些合适对口的企业,打算这个寒假去调研一下,春季学期我准备试着申请广州、深圳的暑期实习。博文你呢?"

孙博文说:"我想从寒假开始准备考研,我的室友们都在计划备考。听辅导员说,目前我所在学院约有百分之七十的同学要考研,剩下的一部分选择直接就业,一部分选择出国和保研。我父母认为如果我想要在上海扎根,就得有研究生学历。未来这一年我会和晓才一样驻扎在图书馆。晓才,你要监督我噢。"

"为什么非要留在大城市呢?上海、深圳等一线城市生存压力大,二、三线城市也可以发挥自己的所长呀。"尚晓才道。

孙博文说:"我喜欢这座城市的活力,喜欢它的人文气息与商业氛围,喜欢这里只要努力工作、奋力拼搏就会有收获。在这里总有很多的文化艺术展览和演出,这让我觉得自己可以永远保持一种年轻的状态,让自己的兴趣、生活和工作有一个很好的平衡。而且,我未来想从事和自己专业相关的工作,这座城市有更多的工作机会和发展平台。"

姚力行则坦诚地说:"我从小地方出来,考到本校的时候就畅想未来可以在上海这座国际大都市扎根。如果我回到家乡,虽说可以投身家乡建设,但总会略有不甘。不甘心放弃在上海的拼搏机遇,也不想被人质疑能力不行。我很想让家里人以我为荣,所以我一定要努力找个好工作,好好赚钱,养活自己,再把父母接到上海走一走、看一看。"

可是转而他就犯起了愁:"我现在实习的公司,隔壁组的实习生经常跟我抱怨,说这家公司待遇低、事情多,就算是留用了收入也不高,我有点纳闷,就和带教老师聊了聊。带教老师还蛮善解人意的,他说公司的收入确实只能勉强糊口,且事情也不少,但是公司的平台还不错,有不少的学习机会,成长机遇多。我现在都不知道要不要争取留用了。"

"我认为初入职场的时候,平台比收入更重要。充分锻炼自己,提高综合能力,做更多有意义有发展前景的项目。就算以后跳槽,也有更多经验积累,可以有更好的选择。"孙博文说道。虽然孙博文心中并不认同"回家就业就会被质疑"这个观点,但他选择不对此发表看法,尊重姚力行的想法。

"选择大城市就业还是要考虑一些现实问题,比如说在房租、水电费、餐费、通信网络以及置装等基本支出之外能否有结余? 如果没有结余,那我肯定不考虑这个工作的。况且我不觉得回到家乡有什么不好。离家近,方便照顾父母,这对我来说也很重要。而且,我认为实现自己的抱负,不一定和城市有关。在工作岗位上做到出彩,在事业上取得成就,就可以获得内心的安宁与自我认同。"金毓秀补充道。

尚晓才说:"工作可以分为三年、五年或者十年来看,如果三五年内收入增长缓慢,那么十年之后的预期是否能达到你的期望值呢? 此外,在工作中,能不能获得成就感,能不能为他人乃至社会做贡献,这些也很重要。我们的国家越来越强大,城市发展持续稳定向好,相信通过我们个人的努力,生活一定会越过越好。"

他的话仿佛戳中了孙博文、金毓秀和姚力行的内心,四人陷入集体沉默。关于未来,每个人都在基于理想信念、价值认知等做出畅想与规划。所谓"千里之行,始于足下",人生的路还很长,年轻的大学生还需以梦为笔,探索前行。

四、求职选择

时光荏苒,如白驹过隙,转眼到了大四。孙博文、金毓秀、姚力行和尚晓才四人都成了应届毕业生,经历着毕业季的悲喜交加,寒假离校前,四人再次相约共进晚餐。

尚晓才已经被保研本校硕士,金毓秀、姚力行都找到了心仪的工作,孙博文参加了研究生入学考试,在等候笔试成绩、准备复试和春招中。

席间,金毓秀感叹:"临近毕业,面对未来选择,才真正显示出每个人的积累与沉淀的差异啊。"

原来,金毓秀的室友小张在大学期间把更多的时间和精力投入到恋爱当中,学习成绩平平。班会上,辅导员公布了绩点分布图,小张位于班级中下游。大二暑假开始,她就到处实习,期望毕业后能直接就业,成为一名新上海人。然而依据上海目前的落户政策,小张的落户希望渺茫。

小刘则参加了12月底刚结束的研究生入学考试,他认为拥有研究生学历后就业机会和收入起点都会更高。秉持着这样的信念,他从大三就开始准备考研。这次考研竞争很激烈,他对笔试只有七八成把握,还在忐忑不安地等待成绩中。对即将到来的寒假和下学期的计划,他也一片迷茫,不知道怎么做好毕业实习、毕业论文以及可能到来的研究生复试。万一考研失败,小刘准备回家乡就业,他也想带着小张一起见见父母,回家找个工作安定下来,两人共同为未来奋斗。但是，他不止一次听到小张表达对在上海落户的向往之情，两人也为此事争论过几次，一切还是要等到考研成绩出来后再行商议。

姚力行表示："我室友小陈也有同样的想法，要留在上海工作和生活。作为没有恋爱经验的大四男生，他表示在没有足够的经济能力之前不谈婚论嫁。我劝他不必给自己太大压力，一人拼搏很好，两人共同奋斗也很不错啊！他却听不进去。"

孙博文："我倒是可以理解你室友的想法，男生和女生在面对婚姻的时候，承担的压力不同。他想要有足够的经济能力后再恋爱，也是希望未来遇到喜欢的人时，不至于因为囊中羞涩而不敢表白吧。"

金毓秀说："人生漫漫，我们都才刚起步，为何要沉迷于六便士，而忘记抬头仰望月亮。喜欢哪个城市就去哪个城市，希望留在父母身边就回家乡。年轻的时候多一些经历和体验，失败、重新振作、再失败、再努力，成长自有收获，不必太多瞻前顾后。"姚力行连续点头认同金毓秀的观点。

尚晓才说："我们都希望生活稳定，稳中求进，尽量平衡好生活与工作。在工作中如果能做出彩固然很好，但若是做不到出彩，守住底线，与时俱进，不被时代淘汰，我也知足了。小张和小刘，如果两个人都同等重视这段感情，相信他们会换位思考、做出选择。反之亦然。"金毓秀赞同尚晓才的观点，果然是当局者迷旁观者清。

孙博文说："毕业季要来了，我认为最难过的莫过于要和朋友们从此各奔天涯，相聚有期但是不知何时。还有我很喜欢的老师们，以后再也听不到他们的讲课与叮咛了。"

姚力行听到孙博文的话，内心突然涌起一丝不安，自己平时上课听讲和复习思考都不够认真，竟然在大学期间没有印象特别深刻的老师，现在后悔也来不及了。对于所学知识，也大都只是掌握皮毛，这种感觉真不好受。想到这里，他虽然羞愧，但还是把这感受告诉了几个好朋友，朋友们纷纷安慰他道："如果需要继续学习，现在网络发达，有很多渠道和平台。终身学习的时代，不怕学不到，就怕不想学。我们以后工作了，在工作岗位上也是在学习成长啊。"

五、人生起航

经历了校园招聘、研究生入学考试、毕业论文和毕业实习等阶段，四人即将迎来毕业。毕业照拍摄后，大家相约缤纷谷餐厅聚餐，席间又谈及金毓秀的室友小张同学的故事后续。

小张凭借她丰富的实习经历，在秋招时拿到了两家企业的 Offer。她思量再三后，选择了其中一家上班时间弹性大、加班较多但薪酬更高的企业，签订了三方协议。她希望能够在小刘研究生毕业前，独自承担在上海的生活成本。

小张的男朋友小刘通过了研究生笔试，遗憾的是没有通过面试。他错过了黄金秋招季，只能抓住春招的尾巴，尽力寻找一份合适的工作。然而，上海的求职竞争激烈，小刘一直没拿到满意的 Offer，家乡的龙头企业倒是给了他面试邀请函。小刘给小张看了这封邀请函，小张看后很生气，认为小刘要抛弃自己逃回家乡，打破她的上海梦。两人关系一时间陷入僵局。

金毓秀说:"小张最近的情绪很不好,一边是忙碌的工作,一边是与小刘的矛盾,她很纠结是否要离开上海跟着小刘去他家乡。不论是放弃上海梦还是放弃这段感情,对小张来说都是非常艰难的选择。而且,小刘并不愿意妥协,昨天已经和家乡的那家企业签订了三方协议。小张不得不做出决定,她非常纠结,问了一圈身边人的意见,但还是没有办法做决定。"

"我的情况恰好和小张小刘相反,我保研了,但是我女朋友已经签约北京的公司,接下来的两年我们要分处异地,我成了那个被留下的、要做毕业去向决定的人。"尚晓才郁闷地说。

"考研上岸对我来说是一件好事,同时也是对我们感情的一个考验,她打算在家备考,继续二战。她家离上海有 600 多公里,我也要面临异地恋的考验。如果明年她考上了我们就可以团聚了。如果再考不上,我打算劝她来上海求职,我们一起奋斗。"孙博文也感慨道。

"我就省心了,一人吃饱全家不饿,暂时还体会不了你们的烦恼。但是,我也有犯愁的事儿。现在这份工作距离我租住的房子有十五公里,早高峰的地铁挤得我怀疑人生。房子里面有一个房客老是三更半夜才回来,洗澡吹头发的声音吵得我不能早睡。现在我周末都不想待在房子里,只能到附近咖啡店一坐一天。换房子又要耗费时间精力,心累啊。"金毓秀吐槽道。

虽然每个人都有各自的烦恼,但在好友相聚的分享中,一起吐槽,一起大笑,互相提建议,释放了很多负面情绪。虽烦恼仍在,但快乐增加了,有人理解的幸福感,真好!离别之际,珍贵的友谊、校园的成长回忆更让大家对大学生活充满不舍,四人约定,工作之后要保持联系,多沟通常交流,继续分享成长的故事与人生的苦辣酸甜。

【案例使用说明】

一、教学目的与用途

1. 本案例主要适用于青年领导力的培养课程。

2. 本案例的教学目的是帮助学生理解价值观的差异,激发学习个体价值观的兴趣,掌握一定数量的价值观描述词汇,学会观察提炼和归纳描述价值观。同时,引导学生从不同维度去分析与理解他人和自我。

二、启发思考题

1. 个体价值观的描述词或短语有哪些?

2. 如何提高自身观察提炼、归纳描述价值观的能力?

3. 你认同什么样的价值观?

三、分析思路

教师可以根据教学目的来灵活使用本案例。这里提出本案例的分析思路,仅供参考。

1. 引导学生思考文本中不同角色的价值观,用关键词凝练概括其价值观并完成任务单

(详见附录)。

2.启发学生思考如何提高自身观察提炼和归纳描述价值观的能力,并结合价值观的相关知识点展开分析。

3.带领学生向内探索,结合自身成长经历中的重要事件,明确自身价值观。

4.组织学生开展小组辩论。请小组讨论,选择一个价值观作为辩题,每组派一名同学陈述观点。可选的价值观为

(1)趁着年轻奋力拼搏,哪怕是牺牲睡眠和锻炼的时间;

(2)趁着年轻享受生活,平衡工作、生活、休闲娱乐和身体健康;

(3)大学是自由自在的时候,课堂学习是次要的,尽量多地尝试不同的生活方式,在实践中体验学习,才能找到适合自己的路;

(4)大学是学习的阶段,课堂学习始终是首要的。

四、理论依据与分析

1.价值观的概念与特性

(1)价值观的概念[①]

价值观是人们所看重的原则、标准或品质,是个体行动背后的深层动机,对个体的人生选择和发展起到重要的激励、影响作用。信仰是一个人核心价值观的体现。价值观可以反映出个体对于正确和错误、好与坏、可取和不可取的看法。人的价值观系统是有层级性的,是相对稳定的,是与人格特质有联系的。价值观会影响人们的行为、对人对事的态度和决策判断的能力等。

(2)价值观的描述

富足的生活、事业有成就、家庭美满幸福、自由自在的生活、健康的身体、世界和平、人类的可持续发展、团结友爱的集体、有意义的人生、自律的生活、美好的外貌形体以及和谐的人际关系等。

(3)价值观的分类

研究者米尔顿·罗克奇将价值观分为两类:终极型价值观和工具型价值观,这两者是相辅相成的,每个人都有终极型价值观和工具型价值观。

终极型价值观是个体愿意用一生去实现的目标。例如社会经济繁荣富强、自由、健康、幸福、世界和平与人生的意义等。

工具型价值观是个体更偏好的行为模式或实现终极价值观的手段。例如自主权、自律、善良和目标取向等。

(4)价值观的功能

价值观具有规范、导向、激励和凝聚的功能。

---

① 斯蒂芬·罗宾斯,蒂莫西·贾奇.组织行为学·18版[M].北京:中国人民大学出版社,2021.

规范功能：价值观是人们价值评判的标准，促进个体的自我监督和自我约束。

导向功能：价值观指引着个体或组织的发展方向和理想目标。

激励功能：价值观激发出个体的热情活力。最稳定持久的价值观是理想信念，是个体特质和内在需求的深层反映。

凝聚功能：价值观会创造出一种社会氛围，通过多种方式使得人们在价值认识上达成一致，进而成为组织价值观，起到凝聚人心的作用。

（5）价值观的差异

①个人主义和集体主义

个人主义者喜欢以个人为活动单位，认为个人权利高于一切。集体主义者偏好生活在具有严谨架构的社会中，期望得到群体的照护。

②长期价值取向和短期价值取向

长期价值取向者总想到未来，注重节俭、持久和传统。短期价值取向者更看重当下，更容易接受变革。

③结构化和非结构化情境偏好

偏爱结构化情境者对于不确定性或模糊性的焦虑感更强，重视法律、法规、制度和控制，以减少不确定性。反之，偏好非结构化情境者更易包容各种意见、不太以规则为导向，更容易采取冒险行动，更愿意接受变革，不易受模糊性或不确定性的影响。

④权利距离

权利距离是指个体对于组织内权利分配不平等现象的接纳程度。高权利距离意味着权利和财富的极度不平等且人们对此高度包容。低权利距离意味着组织内更注重平等和机会。

⑤人本取向和绩效取向

人本取向的组织或个体对公正、利他、关怀和友善的行为给予较多鼓励和奖赏。绩效取向的组织或个体则对绩效提高或表现优异者给予更多鼓励和奖赏。

五、关键要点

1. 个体价值观要放在具体地域、国家、民族文化背景下探讨。

2. 个体价值观的差异或冲突，是必然存在的。

3. 个体价值观与组织价值观的联系。

六、建议课堂计划

本案例可以作为专门的案例讨论课来进行。以下是按照时间进度提供的课堂计划建议，仅供参考。

整个案例课的课堂时间控制在 45 分钟。

◆ **课前计划**

提出启发思考题，请学生在课前完成阅读和初步思考。

◆ **课中计划**

简述课堂前言,明确课堂主题。

- 分组讨论(5 分钟,告知发言要求)。
- 小组展示(每组 3 分钟,整体控制在 7 分钟)。
- 个人思考(3 分钟思考问题)。
- 个人展示(每人 2～3 分钟,整体控制在 7 分钟)。
- 分组讨论价值观辩论(5 分钟)。
- 小组展示(每组 3 分钟,整体控制在 7 分钟)。
- 引导全班进一步讨论并进行归纳总结(5 分钟)。

◆ **课后计划**

如有必要,请学生采用报告形式给出更加具体和翔实的分析与思考,为后续章节内容做好铺垫。

附　录

"大学成长的五个阶段"任务单

孙博文	
金毓秀	
尚晓才	
姚力行	
金毓秀的室友小张	
小张的男朋友小刘	
姚力行的室友小陈	
我的价值观	
观点 PK	
观点 PK	

案例3　J.K.罗琳的传奇人生路

【案例正文】

摘　要:《哈利·波特》系列作品问世后,缔造这部传奇作品的"魔法师"——J.K.罗琳的故事也逐渐被人们熟知,大家在感叹她的传奇经历之余,也对罗琳强大坚定的内心钦佩不已。本案例描述了 J.K.罗琳自童年开始与众不同的人生经历。其间虽历经艰辛但一直未放弃自我成长,持之以恒的努力最终让她走向成功。

关键词:罗琳　家庭　创作

1965 年的夏天,罗琳出生在英国格温特郡的一个普通家庭,父母都是当地的工人。罗琳的到来并没有给这个家庭带来太多的惊喜与欢乐,因为她的父母一直渴望拥有一个男孩,甚至已经提前取好了男孩的名字。在他们的观念里,只有男孩才能给这个家庭带来幸福。在这样一种家庭氛围的影响下,年幼的罗琳没有感受到太多来自父母的疼爱,也不太理解为什么比自己小两岁的妹妹更招人喜欢。尽管父母在教育和生活上履行了他们的义务,但罗琳的内心却十分孤独,她时常渴望自己能像别的孩子一样躺在父母的怀里撒娇,遇到任何事情都可以向家人倾诉。

长大后,相貌普通、害羞胆小的罗琳将更多的精力倾注在学习上,希望能用更好的成绩赢得父母的赞赏,然而很多时候还是徒劳无功。但上天是公平的,家庭成长中的孤独感大大激发了罗琳的表达欲和创作欲,她开始通过纸笔来书写自己内心的想法,寻得了一片属于自己的小天地。从小养成的阅读习惯以及天马行空的想象力给她带来了不一样的体验,她逐渐喜欢上了写作。7 岁那年,罗琳创作了一个小兔子的故事:一只得了荨麻疹的兔子被困在家里,它的朋友们纷纷来看望它。心怀美好、热爱生活的罗琳用这个故事表达了对友情的渴望,对温暖的期盼。故事的唯一听众是自己的妹妹,罗琳从来没有因为父母的差别对待而对妹妹心存芥蒂,妹妹也乐此不疲地为姐姐的故事和创作捧场。

生活虽从来都不是一帆风顺,但罗琳一直都在坚强前行。1983 年,勤奋好学的罗琳顺利考上了英国的埃克塞特大学,主修法语和古典文学。大学期间,她更加明确自己的目标和方向。为了能够更好地开展写作与文字创作,罗琳阅读了大量的书籍,经常徜徉在图书馆浩如烟海的书籍中苦读而忘记了时间。从西方到东方,从古代到近代,她疯狂地从这些书籍中汲取知识的力量。大学毕业后,罗琳没有回到那个充满孤独感的家庭,而是远走高飞。她辗转各地,做过好几份不同类型的工作。1989年,罗琳在前往伦敦的火车上,遇见了一个头发乱糟糟、体型瘦弱、戴着黑色边框眼镜的男孩。男孩一直对她微笑,给她留下了深刻的印象,也让她第一次萌发了创作哈利·波特的灵感。

1992年,在葡萄牙奥波多的一家酒吧里,罗琳邂逅了一位和她有着共同兴趣爱好的记者,两人很快就坠入爱河。沉浸在爱情中的罗琳第一次感受到了被人疼爱的滋味,她很珍惜这份情感,为了更好地维持这份爱,她对男友言听计从。在爱情的驱使下,同年10月,罗琳和男友迅速步入婚姻殿堂。婚后的她努力做好贤妻良母的角色,对这来之不易的幸福家庭生活格外珍惜。1993年,罗琳的女儿出生了,女儿的到来让她感受到了前所未有的温暖,也给这个家庭带来了生机和希望,她和丈夫一起为小家庭的美好生活而努力着。

罗琳本以为生活会一直美满幸福下去,但随着日积月累的相处,丈夫的暴躁性格逐渐显露。他经常会因为一些琐事对罗琳破口大骂,在她争辩和反抗的时候她丈夫甚至动用拳头来解决问题。一次次的争吵和厮打让罗琳失去了对婚姻的信心,为了不让女儿在这种家庭氛围下成长,她选择了和丈夫离婚。离婚后的罗琳除了拿到女儿的抚养权,并未得到相应的赔偿,罗琳只希望自己能够好好照顾和陪伴女儿。单亲妈妈的求职之路是无比艰辛的,罗琳四处寻求一份合适的工作,但由于要照顾女儿,很多工作在时间安排上都不符合她的期望,而大多数单位也不想接收这样一位单亲母亲职员,认为她无法将更多的精力放在工作上。屡屡碰壁的罗琳因为一直没有找到合适的工作,无法获取稳定的经济来源,万般无奈下,她只能向政府申请补助。靠着每周收到的微薄补助金,罗琳和女儿在一间破旧的出租房内安顿了下来,日子过得十分艰难。

婚姻的失败和失业的压力让罗琳深深陷入痛苦的深渊,对自己所面临的生活感到无比绝望。在很长一段时间里,罗琳丧失了自信,认为自己是个彻彻底底的失败者,是个被世界抛弃的人,就连与别人交流都缺乏勇气,一度患上了抑郁症,甚至想痛快地结束自己的生命。可每每看到身边可爱的女儿,心中那些消极的念头便会消散,乖巧懂事的女儿成为她生活下去的唯一支柱与希望。

困境中的罗琳没有放弃写作,窘迫的生存环境更激发了她的创作欲,曾经在火车上遇到的微笑眼镜男孩的形象一直深植于心中,她决定创作一部关于巫师的童话小说,将曾经在旅途中萌生的构思演变成一个令人向往的魔法世界。在简陋的出租房内,罗琳开始了她的创作,写作对她来说是一剂良药,让她暂时忘记了现实的苦难,沉浸在自己擅长的领域自由翱翔。确定了写作目标以后,罗琳变得自信且坚定,她全身心投入创作中,希望能够通过小说的出版挣得酬劳,从而改善和女儿的生活。

那段艰难的岁月里,罗琳白天做着全职教师的工作,晚间认真写作。冬天家里没有暖气,她常常带着在婴儿车里熟睡的女儿和一台老式打字机,来到邻近的咖啡馆,每每写到深夜。《哈利·波特》的创作更像是她自己命运的再造之路,越是艰难,越不能轻易放弃。经过五年的不懈努力,《哈利·波特》第一部终于完工。然而困难并没有消失,她花了一年多的时间试图将手稿卖出,却接连被12家出版社退稿。在他们看来,这部小说的商业价值并不高。接连碰壁后,罗琳有些意志消沉,直到一家濒临倒闭的出版社突然找上门,提出愿意首印500册,但只提供1 500英镑的版税。这对于生活窘迫的罗琳来说,简直是雪中送炭,可以保障她和女儿一段稳定生活,她欣然应允。生活有了基本保障后,罗琳将更多的时间和精力放在了创作上。她几乎整日整夜地苦苦推敲文字、完善书稿,希望能迅速填补书中人物故事的空白。在她高强度的工作投入下,1997年,《哈利·波特与魔法石》正式问世。

这本书出版后立刻引起了广泛的讨论和关注,几乎所有读者都被其新奇的故事情节所吸引,纷纷要求续写下集出版。读者的支持给了罗琳更多创作的动力,在随后的三年里,她完成了《哈利·波特与密室》和《哈利·波特与阿兹卡班的囚徒》两部作品。由于哈利·波特系列书籍的畅销,罗琳个人也获得了巨大的成功与社会的认可,她不再是过去那个贫困无依的单身母亲,而是拥有极高声誉与财富的著名作家。2001年,随着同名电影的问世,她的声誉进一步提升。2004年,罗琳以10亿美元的资产登上了福布斯榜单。截至2008年,哈利·波特系列小说七本已全部出版,并被翻译成多国语言在全球发行。随着《哈利·波特》小说的畅销,罗琳收获了许多全球大奖,而她的传奇经历也成为人们热议的故事起源。

【案例使用说明】

一、教学目的与用途

1. 本案例主要适用于青年领导力的培养课程。

2. 本案例的教学目的是帮助学生辨识个体的需求和动机,掌握动机的类别和作用,理解需求、动机和行为的关系,从而更好地了解组织中的每个个体。

二、启发思考题

1. 根据需求层次理论,罗琳在少年、青年和中年阶段分别有什么样的需求? 与之对应的动机以及动机的类别是什么? 激发了哪些行为?

2. 罗琳在生活最艰难的时期全身心投入写作并能持之以恒,体现了动机的哪些作用?

3. 分享一件你坚持不懈在做的事情,以及是出于哪些动机? 最后结果如何?

三、分析思路

教师可以根据自己的教学目标(目的)来灵活使用本案例。这里提出本案例的分析思路,仅供参考。

1. 引导学生思考:如果罗琳没有遭受这些苦难,她的需求、动机和行为会和现在有哪些不同? 需求、动机和行为之间是什么样的关系?

2. 引导学生思考:不同阶段的动机对于罗琳最终取得成功有哪些帮助?

3. 从互动游戏中启发学生思考自己在日常生活中,动机和行为会受到哪些因素的影响?

四、理论依据与分析

1. 马斯洛需求层次理论

(1)生理需要。

(2)安全需要。

(3)归属和爱的需要。

(4)尊重需要。

(5)自我实现需要。

2. 动机的类别

(1)按动机的性质,分为生理性动机和社会性动机。

(2)按动机的引发原因,分为外部动机和内部动机。

(3)按动机在生活中所起到的作用,分为主导性动机和辅助性动机。

3. 动机的作用

(1)激发功能。

(2)导向功能。

(3)维持功能。

(4)调整功能。

4. 影响动机的因素

(1)价值观因素。

(2)认知因素。

(3)情感因素。

五、关键要点

1. 个体的行为建立在需求动机的基础上,需求能使人产生行为的动机,动机诱发人们用行动去满足需求,一旦需求满足,紧张感消除,又会有新的需求产生。

2. 每个个体的行为都有其背后的动机,动机是无处不在的,它决定了我们行为的方向、努力的水平以及坚持的程度。

六、建议课堂计划

本案例可以作为案例讨论课来进行,以下是按照实践进度提供的课堂计划建议,仅供参考。

整个案例课的课堂实践控制在 45 分钟左右。

◆ **课前计划**

提出启发思考题,请学生在课前完成阅读和初步思考。

◆ **课中计划**

简述课堂前言,明确课堂主题。

● 将学生分为两组,针对启发思考题进行讨论(10 分钟)。

● 随机选择一组进行发言,另一组补充完善,提出新的观点(8 分钟)。

● 针对学生回答进行反馈和点评,引出相关知识点(5 分钟)。

● 开展第一个动机游戏互动,选取 2～3 位学生分享排序和理由(10 分钟)。

互动 1:假设以下是你的学习生活目标,请你按照重要程度排序。

A. 多修几门课程,争取每学期都拿到高绩点。

B. 有一份利于自我提升、对未来求职有帮助的实习。

C. 有充足的时间用于自己的兴趣爱好,比如坚持看书、练琴、健身和旅行等。

D. 早早定好考研的计划,每天按计划进行复习备考。

E. 有二三位挚友,能够共同分享喜怒哀乐。

F. 在学生时代谈一场美好的校园恋爱。

● 开展第二个动机游戏互动,现场统计不同选择的学生人数,各自选择一位同学分享理由(10 分钟)。

互动 2:设想有 5 个靶子,分别离你有不同的距离,打靶成绩与你的课程期末考试成绩息息相关。如果你只有一次打靶选择的机会,你会选择哪个选项?

A. 最近,所有人都能击中,得分 30 分。

B. 大部分人能击中,得分 60 分。

C. 这个靶子一半人可以击中,得分 90 分。

D. 离着 C 又远一些,很少人能够击中,得分 120 分。

E. 最后一个靶子,离你最远,几乎没有人能击中,但是如果击中可以获得一份极高的奖励(例如,期末考试免考并满绩点)。

● 针对学生的回答进行反馈和点评,引出知识点,并进行归纳总结(5 分钟)。

—— ·专题二· ——

领导力与个体决策

案例 4　学生会主席竞选

【案例正文】

摘　要：明德大学学生会组织开展年度换届大会，由于现任主席团成员的认知偏差，一度造成换届工作停滞。经过成员们的讨论分析及老师的指导建议，启动执行新一轮的工作方案。在经历了竞选宣讲、基层组织推荐、谈心动员等流程后，换届大会如期举行。会后，两届主席团成员开会复盘，总结反思经验，讨论团队管理组织能力如何进一步提升。

关键词：学生会　换届大会　知觉认知　决策风格

一、换届筹备

又到了一年一度的学生会换届筹备时间，主席团成员齐聚一堂，规划商讨换届大会的各项议程。会上大家一致认为流程规范没有问题，参照往年执行即可，宣传方面的工作可调整减少。且团队成员对本届的工作非常有信心，一致认为团队过往取得的显著工作成效就是最佳广告，肯定能吸引不少的竞选参与者。一番讨论之后，大家便将工作重心放在了如何有效遴选出更为优秀的主席团成员上。现任主席团成员写了一则通知发布在学生会工作群，设定候选人报名截止时间为本周四 24 点，发送竞选表格到工作邮箱即可。随后，团队便开始投入换届大会会务的紧张筹备工作中。

忙碌却又乐观充实的工作状态持续到周五早上。第一个打开工作邮箱的执行主席孙博文傻眼了，反复刷新了两次，才能接受现实：只收到了 2 封竞选候选人报名邮件。这不仅远未达到主席团成员的预期竞选人数，也没有达到换届最低参选人数要求。孙博文火速截图发到主席团工作群内，几位主席从难以置信到逐渐平静，进而开始思考讨论解决问题的方案。

二、一波三折

好不容易熬过周五上午的课程，午餐时间，几位学生会主席齐聚食堂，商讨下一步工作方案。

孙博文说:"实际情况与我们的预估有比较大的出入,现在我们连换届最低参选人数都没有达到,四天以后就要召开换届大会了,时间紧张,撰写竞选材料也需要投入时间精力,这时候去动员原本毫无竞选意向的同学,恐怕难度很大。我们要向金老师(学生会指导老师)申请延期召开换届大会吗?"

主席 A 说:"肯定得把情况向金老师报告,但是怎么说呢? 金老师会不会觉得我们工作不认真、没到位? 只是延期召开换届大会,对于解决参选人数不足的问题,有用吗? 如果金老师有解决办法最好,如果金老师也没有办法,我们又该怎么办呢?"

主席 B 说:"我也觉得延期并不是根本的解决方案。还是要搞明白,为什么部门负责人不来参加主席团竞选。你们有和自己联系的负责人聊过吗? 他们到底是怎么想的? 我和一位同学沟通过,他是觉得自己无法胜任主席团成员的工作,对自己没信心。可我觉得这一年锻炼下来,他的能力是足以胜任的。几番鼓励后他自己还是没信心,我也不知道该怎么去引导了。"

主席 C 说:"我也遇到了类似的难题,原本我比较看好的候选同学,她也没来报名参加竞选,我私戳她问了下,她说大三考研和实习之类的事情会很忙,怕无法兼顾。"

主席 D 说:"那我们要再面向全体部门负责人做一次宣讲吗? 把主席团竞选方案做一个说明,消除大家的一些疑虑,鼓励大家参加竞选,比起前期的微信推文宣传,线下宣讲的效果肯定会更好一点。"

孙博文说:"我赞同开宣讲会,也可以请金老师给同学们再做一下分析与引导。那我们要不要细化一下分工,具体说什么内容? 怎么说? 谁来说? 开会时间以及可能的问题等?"

孙博文的话让几位主席陷入短暂沉默,经过思考,主席 A 拿出笔记本开始做记录,主席 B 梳理了周五的时间安排,考虑到时间紧张,他们决定尽早召开宣讲会,时间定于周五晚上五点半。主席 C 认领了主席团竞选方案的阐述任务,主席 D 写出可能被提出的问题以及解答要点,并请大家一起讨论如何恰当回应。主席 A 做好记录,形成文稿,发在主席团群内。孙博文下午没有课程安排,由他负责去找金老师汇报这一最新方案并联系确定会议场地、发布会议通知。

下午,孙博文将主席团最新的工作方案与指导老师金老师沟通后,得到了金老师的认可并收获了相关工作意见。金老师建议扩大宣传覆盖面,一方面召开面向部门负责人的宣讲会,另一方面将宣传信息发布到各学院团委书记暨学生会指导老师的工作群,希望各学院推荐合适的人选参选。此外,再次通过学生会官微发布图文并茂的宣传文案,动员身边同学在朋友圈转发,达到快速宣传覆盖的目的。最后,尽量如期举行换届大会,做好组织筹备工作。

孙博文编辑了周五晚上宣讲会的会议通知,发布至工作群,要求部门负责人全体出席,无特殊情况不得请假。随后,重新拟写主席团竞选通知推送,在学生会工作群呼吁所有成员转发到朋友圈,鼓励同学们参加竞选。

宣讲会上,针对同学们关心的、有疑虑的问题,主席团成员都做出了充分的解释,力求打消顾虑。同时,几位现任主席也开展了和候选人的逐一聊天谈心,了解心声,消除疑虑,鼓舞信心。

在新方案落地执行后的几个小时内,新的竞选申请表开始飞入主席团的工作邮箱,从两封到二十多封,主席团成员们松了一口气,火速投入简历筛选和换届大会的会务筹备工作中。

周二晚上,学生会主席年度换届大会胜利召开。

三、复盘沟通

换届大会之后,新老两届主席团成员在工作交接会上,认真分析探讨了本次大会经历的工作困境,及时总结经验教训。

通过沟通复盘他们发现:此次换届组织临近期末,部分同学因为事务繁杂,没有看到工作群内的竞选通知;一部分同学虽看到了通知,但对于参加竞选并没有太高的热情,且对于自己是否能胜任主席一职也没有充足的信心,纠结犹豫之中,就错过参选报名期;有几位同学有竞选意愿,但是看到主席团并未组织广泛宣传,故也在猜测犹豫中放弃了竞选。另有几位同学虽表述委婉,但也说出了心声:他们认为在这一届主席团的带领下,自己的工作能力没有得到足够的提升和充分的锻炼,觉得距离岗位需求仍有差距,故不想参加竞选。还有几位同学,是现任主席团认为能力较强、竞选意愿较高最终却没有投送报名表格的人选,他们自述的理由各异,包括认为自己能力不足,认为自己大三时间紧张,平衡工作与学习压力较大,对自己未来工作中能够做出创新和特色没有信心,等等。

这些真实反馈,极大地颠覆了老一届主席团对换届竞选工作的认知与预设,他们再次为前期工作的不充分与决策偏差感到抱歉,并将此次工作经验与新一届主席团成员做了认真分享,希望团队能吸取经验,规避偏差,砥砺前行。

【案例使用说明】

一、教学目的与用途

1. 本案例主要适用于青年领导力的培养课程。

2. 本案例的教学目的是帮助学生理解知觉的特点和常见错误,学会规避知觉错误,进而提升良好的决策力。

二、启发思考题

1. 如果是你遇到案例中参选人数不够的问题,你会如何解决?

2. 为什么主席团的自我认知与部长们对主席团的认知存在偏差?

3. 主席团的决策偏差以及后续的补救过程,对于下一届主席团而言有什么启示?

4. 请结合自身的学生工作或团队任务经历,分享一个由知觉错误引发决策失误的真实经历。这段经历带给你怎样的经验教训?

三、分析思路

教师可以根据教学目的来灵活使用本案例。这里提出本案例的分析思路,仅供参考。

1. 阅读案例,开展小组讨论,教师结合学生对第一道思考题的分析,引发学生思考:主席团毫不担心竞选人数不足,是出于什么样的认知基础而做出的判断?

2. 完成决策风格测试,探讨测试结果与固有认知的一致性程度。引发学生思考:在工作、生活和学习中,产生认知偏差是必然还是偶然? 频率高或低,认知偏差通常发生在哪些情况下? 有可能避免或减少认知偏差吗?

四、理论依据与分析

1. 知觉的概念

知觉是指人们为了给自己所处的环境赋予意义而组织和解释其感知印象的过程。[①] 一个人所感知的东西可能与客观现实差距很大。人们的行为所基于的现实不一定是现实本身,而是我们感知到的现实。

知觉受到很多因素的影响,包括知觉环境、知觉者和知觉目标。

知觉环境可以分为时间、组织环境、社会环境。

知觉者可以分为态度、人格、动机、兴趣、经验及期望等个人特质。

知觉目标可以分为新奇、运动、声音、大小、背景、临近及类似等。

知觉力是指有着敏锐的知觉能力的人,更善于感知到知觉的影响因素,从而避免因知觉偏差而影响决策。

2. 常见的知觉错误

对比效应:人们对于他人的评价常常会受到最近接触到的其他人的影响,由于对比而降低或升高对他人的评价,从而导致知觉偏差。

晕轮效应:人们以个体的某一特征,比如智力、社交能力和外貌等为基础而形成对他人的正面印象。

刻板印象:基于个体所在群体的认知而去判断个体,即为刻板印象。

易获性偏见:个体倾向于以容易获得的信息为基础做出判断。

风险厌恶:风险是对未来的损失或盈利的不确定性,既包含危险,也蕴藏着机会。风险厌恶是个体渴望获得确定感,进而产生对风险的厌恶。研究表明,压力情境下,为避免消极结果,个体会更倾向于拥抱风险。

风险是一个中性词汇,并不等同于损失。

3. 丁克里奇的决策风格类型

(1)痛苦挣扎型:倾向于用大量的时间和精力收集信息,确认可选项,向专家询问,反复比较,但被一些情绪和非理性信念困住,迟迟难以做出决定。

(2)冲动型:与"痛苦挣扎型"相反,有些人遇到第一个选择就做出决定,不再考虑其他的选择,拒绝进一步收集信息。冲动决策方式可能是出于对困难的回避,不愿意花时间精力去

---

① 斯蒂芬·罗宾斯,蒂莫西·贾奇. 组织行为学,18 版[M].北京:中国人民大学出版社,2021.

探索。这种方式的危险在于风险太大。

（3）直觉型：以感受为决策主要依据，直觉决策的依据可能不符合事实，因先入为主的偏见而产生较大误差。

（4）拖延型：习惯将对问题的思考和行动都往后推迟。

（5）宿命型：逃避自己承担责任，而将生活的主导权交给外界环境。

（6）顺从型：倾向于顺从别人的计划而不是独立地做出决定，并在从众过程中获得安全感。

（7）瘫痪型：难以真正开始决策过程，在内心深处无法为决策的后果承担责任。

五、关键要点

1. 知觉认知偏差分析与决策的关系。
2. 决策风格的自我认知。

六、建议课堂计划

本案例可以作为专门的案例讨论课来进行。以下是按照时间进度提供的课堂计划建议，仅供参考。

整个案例课的课堂时间控制在 45 分钟。

◆ **课前计划**

提出启发思考题，请学生在课前完成阅读和初步思考。

◆ **课中计划**

简述课堂前言，明确课堂主题。

● 分组讨论（5 分钟，告知发言要求）。

● 小组展示（每组 2 分钟，整体控制在 5 分钟）。

● 个人思考（3 分钟思考问题）。

● 个人展示（每人 2～3 分钟，整体控制在 7 分钟）。

● 个人完成决策风格测试和任务单（10 分钟）。

● 小组讨论（3 分钟，告知发言要求）。

● 小组展示（每组 3 分钟，整体控制在 7 分钟）。

● 引导全班进一步讨论并进行归纳总结（5 分钟）。

◆ **课后计划**

如有必要，请学生采用报告形式给出更加具体和翔实的分析与思考，为后续章节内容做好铺垫。

附 录

决策风格测试的任务单

(一)决策风格测试

完成决策风格测试表,并统计测试分数。符合的记 1 分,不符合的记 0 分。

将同一类型的得分记入测试结果表,哪类得分最高,可能你就属于哪种决策类型。

题号组	1、5、9、13、17、21	2、6、10、14、18、22	3、7、11、15、19、23	4、8、12、16、20、24
得分				
决策风格类型	冲动直觉型	依赖型	拖延犹豫型	理性型

(二)决策风格反思

请回想迄今为止你在生活中所做的三个重大决定,并按照以下内容予以描述。

1.目标或当时的情境	4.你的决策方式
2.你所有的选择	5.对结果的评估
3.你做出的选择	

● 我人生中的三个重大决定

- 我在重大决定事件中通常采用的决策风格

　　请你想一想,现在的你会如何描述自己在上述三个重大决定中的决策风格?三个决定中有什么共同之处吗?如果可以回到过去,你会更改决策吗?

决策风格测试表

下列情景描述句是一般人在处理日常事务及做出决定时的态度、习惯及行为方式,请选择与个人的实际情形相符合的描述。符合的打√,不符合的打×。

	情景陈述	符合
1	我时常草率地做出判断	
2	我做事时不太喜欢自己出主意	
3	遇到难做决定的事情,我通常会把它先放一放	
4	做决定时,我会多方收集所必需的一些个人及环境的资料	
5	我常凭第一感觉做出决定	
6	做事时,我喜欢有人在旁边,好随时商量	
7	遇到需要做决定的时候,我就紧张不安	
8	我会将收集到的资料加以比较分析,列出可选择的方案	
9	我经常会改变自己所做的决定	
10	发现别人的看法与我不同,我常常会不知该怎么办	
11	我做事老爱东想西想,下不了决心	
12	做决定时,我会认真权衡各项可选择方案的利弊得失,判断出此时最好的选择	
13	做决定之前,我一般不做什么准备,临时看着办	
14	我很容易受别人意见的影响	
15	我觉得做决定是一件痛苦的事	
16	做决定时,我会参考其他人的意见,再斟酌自己的情况,来做出最适合自己的决定	
17	我常不经慎重思考就做决定	
18	我常常在父母、家人、老师、同事或朋友的催促下才做出决定	
19	为了避免做决定的痛苦,我现在不想做决定	
20	做决定时,我会经过深思熟虑之后,明确决定一项最佳的方案	
21	我喜欢凭直觉做事	
22	我喜欢让父母、家人、师长、同事或朋友为我做决定	
23	我处理事情时常会犹豫不决	
24	当已经决定了所选择的方案,我会展开必要的行动准备,并全力以赴去执行	

案例 5 梦想与抉择：吴英娴的职业生涯

【案例正文】

摘　要：吴英娴在明德大学毕业前夕，面临回到家乡还是留在上海的抉择，她最终选择追求梦想。在上海铭秀有限公司，她从市场部专员成长为品牌部主管，再到市场部总监，每一步都伴随着对个人能力和职业目标的深思熟虑。2023年，她被邀请加入一家新公司担任副总经理，然而，由于一些原因，她最终选择辞职，并在2024年找到了新的工作机会，继续她的职业旅程。

关键词：职业生涯　决策困难　决策方法

一、梦想启航(2009 年)

吴英娴是明德大学 2005 级的一名普通全日制大学生。求学期间，吴英娴的成绩中等偏上，她在院学生会担任过外联部部长，喜欢社交，乐于挑战自己，有一定的管理团队经验和工作能力。

毕业前夕，吴英娴内心难免不安："家乡，那里有我熟悉的街道，有我亲爱的家人，有我成长的记忆。但是，上海充满机遇和挑战，我渴望在这里证明自己，在这个充满活力的城市找到属于自己的位置。但这一切，真的值得吗？我会不会在未知中迷失？"她不禁回想起上次假期时和父母的谈话。

吴英娴："爸妈，我知道你们希望我回到家乡，考个公务员，过上稳定的生活。但我真的想留在上海，那里有我的梦想。"

父亲："英娴，你一个女孩子，独自去那么远的地方，我们怎么放心？ 而且，公务员的工作稳定，待遇又好，你何必去冒那个险呢？"

吴英娴："爸，我理解你们的担忧，但我也有追求。上海机会多，我可以在那里学到更多，成长得更快。我想按照自己的意愿去生活。"

母亲："英娴，我们希望你幸福。如果你决定了，我们会支持你的。"

吴英娴:"谢谢爸妈,我会用努力证明自己的选择是正确的。"

最终,吴英娴用坚持和理性说服了父母。她带着对未知的期待和对梦想的追求,再次踏上了前往上海的列车。

二、职场早期:适应与建立(2009～2013 年)

2009 年本科毕业后,吴英娴通过校招进入上海铭秀有限公司工作,担任市场部专员。作为懵懂新人,吴英娴要学习的内容有很多,加班更是常态。市场部专员的工作内容与吴英娴的大学专业相符,同时要求职员保持终身学习的好习惯。吴英娴在市场部的努力和成长,让她从一个初出茅庐的新人,逐渐蜕变为团队中的中坚力量。同事们开始依赖她的专业判断,上司们也对她的工作成果频频点头。

2013 年,市场部总监的一纸推荐信,将吴英娴推向了一个新的舞台——品牌部。吴英娴手中紧握着那封推荐信,她的眼前仿佛展开了两条道路,一条是熟悉的路,平稳而安全;另一条则是未知的路,充满挑战与机遇。在与市场部总监的谈话中,吴英娴表达了自己的顾虑。

吴英娴:"总监,我很感激您对我的信任,但品牌部的工作对我来说是一个全新的领域。我担心我可能不是最佳人选。"

市场部总监:"英娴,你的能力和潜力是有目共睹的。我相信你能够迅速适应品牌部并带领团队取得成功。这是你成长的机会,也是公司对你的认可。"

回到自己的办公位,她尝试用一种系统的方法来分析这两个选择。于是,她拿出一张白纸,开始列出每个选择可能带来的结果,以及这些结果发生的概率。她将留在市场部的稳定性和转到品牌部的潜在风险进行了对比。她甚至开始计算,如果品牌部的工作不顺利,她可能面临的损失,以及如果成功,她可能获得的收益。她试图用数字来量化这些抽象的概念,希望能够通过这种客观的分析来减轻她内心的迷茫。

同时,她也在考虑自己的风险承受能力。她问自己:如果最坏的情况发生,我是否能够接受?我是否愿意为了可能的巨大回报去冒这个险?她回想起自己过去在面对困难时的坚韧和勇气,这让她对自己的选择有了更多的信心。她心想:"我一直在追求成长和进步,如果留在原地,我可能会错过更多的可能性。但品牌部的挑战是实实在在的,我是否准备好了?我是否有足够的勇气去面对未知?"

在经过一系列的分析和自我反思后,吴英娴做出了决定。她选择接受这个新的挑战,她将那张写满分析的纸收好,然后带着坚定的步伐走向市场部总监的办公室,开始准备她新的职业旅程……

三、职场中期:挑战与成长(2013～2016 年)

吴英娴踏入品牌部的办公室,看到墙上挂着各式品牌海报,桌上堆满了设计稿和市场分析报告。在品牌部的第一天,她的心中充满了期待和决心。从这一刻起,她将不再是只需执行命令的专员，而是需要独立思考、做出更多重要决策的品牌主管。她迅速融入了这个充满活力的团队。

公司即将推出一款新产品，她负责一个关键的市场推广计划。计划成功与否，直接关系到新产品的市场表现，甚至可能影响公司的未来走向。然而，市场竞争激烈，消费者需求又多变，这些都给推广计划带来了不确定性。公司内部对于推广策略存在意见分歧，资源分配存在争议。新产品的特性与市场定位需要精确匹配，这就要求吴英娴必须做出精准的市场分析和预测。对于这个新产品领域，她感到自身知识和能力有限。在一次团队会议上，她表达了担忧。

吴英娴："我们需要一个创新的推广方案，但时间紧迫，我们对新产品的理解还不够深入。我担心我们的考虑可能不够全面。"

同事 A："我们可以根据以往的经验来制定计划，但新产品确实给我们带来了新的挑战。"

同事 B："我觉得我们应该更多地依赖数据分析，而不是仅仅依赖直觉。"

同事 C："我们不能仅凭经验来做决策。需要更多的信息和支持。但时间不等人，我们该怎么办？"

吴英娴决定组织一次头脑风暴会议，邀请市场研究专家以及不同部门的同事，共同探讨推广策略。会上，吴英娴鼓励大家不必拘泥于过去的经验，积极参与讨论，提出见解。团队最终确定了一个结合线上线下、注重用户体验的推广方案。后来，新产品的市场推广计划取得了巨大成功。吴英娴的决策不仅解决了眼前的问题，也为她赢得了公司高层对她的进一步信任。这次成功的决策，不仅仅是因为她个人努力，更是因为她懂得如何利用团队的智慧和力量。

三、职场成熟期：平衡与变革（2017～2022 年）

2017 年，原市场部总监被调到其他城市担任分公司的副总经理，吴英娴被升职为市场部总监。原市场部总监表达了对吴英娴的鼓励和期望，同事们纷纷表示会一如既往地支持吴英娴的工作。

作为新晋的市场部总监，吴英娴面临着一个重大决策：如何在保持市场部稳定的同时，推动创新和变革。吴英娴坐在办公室里，桌上摊着一堆市场分析报告和策略文件。她的目光在这些文件间游移，试图从中寻找到那个能够平衡稳定与创新的黄金点，她深知自己的每一个决策都将对公司的未来发展产生重大影响。可她的内心又充满了矛盾：一方面，她渴望带领团队打破常规，引领市场潮流；另一方面，她又担心过于激进的变革可能会动摇团队的根基，甚至影响公司的整体利益。

她回想起前任总监关于市场部未来的期望和嘱托。她知道，同事们都在看着她，期待着她能带领他们走向新辉煌。同时还有来自公司高层的压力，他们希望看到短期成果。这让她在决策时不得不考虑时间的紧迫性。

在一次团队会议上,吴英娴提出初步想法,但很快就遭到一些团队成员和其他部门同事的质疑。他们担心新策略的风险,会影响他们现有的市场份额。

吴英娴听着他们的担忧,她的内心也开始动摇。她开始怀疑自己的判断,是否自己真的足以引领这次变革。她试图通过数据分析来支持自己的决策,但数据总是冰冷的,无法告诉她未来会发生什么。她感到前所未有的孤独和压力,并怀疑自己的选择,到底是应该坚持自己的创新理念,还是应该保守一些,稳扎稳打?

在这个关键时刻,吴英娴决定寻求外部的帮助。于是,她联系母校的相关专业教授,希望能够从他那里得到一些新视角。与教授的交流,让她意识到变革总是伴随着风险,但只有敢于迈出那一步,才有可能抓住时代机遇。她决定相信自己的直觉,勇敢地迈出那一步。最终,吴英娴在团队支持下,推出一系列创新举措。虽然在过程中遇到了一些挑战,但这些举措最终帮助公司在市场中取得了新突破。

2019年的一天,吴英娴坐在书桌前,面前摊着几本专业书籍和一份在职研究生招生简章。她的心中又充满矛盾。一方面,她渴望通过进一步的学习来提升自己的专业素养,另一方面,她又担心这将会影响她繁忙的工作和家庭生活。她知道,这个决定不仅关乎个人成长,也关乎她能否在职场上保持竞争力。她回想起同事们对她的期望,以及公司领导对她未来可能承担更大责任的暗示。她意识到,如果不抓住这个机会,可能会错过提升自己的最佳时机。然而,她也清楚,这意味着她需要在工作和家庭之外,再挤出时间来应对学业的挑战。

吴英娴的家人对她的决定有着不同看法。她的丈夫担心她的身体能否承受这样的压力,而她的孩子则害怕失去妈妈的陪伴。这些担忧让她充满忐忑,但她也明白,为了长远的职业发展和个人成长,这是必要的投资。

在深思熟虑之后,吴英娴决定接受这个挑战。她制订了一个详细的时间管理计划,确保工作、学习和家庭生活都能得到平衡。她开始利用周末的时间参加课程的学习,工作日则更加高效地完成工作任务。她与家人进行耐心沟通,让他们理解她的决定,最后,获得了家人的支持。

在这段求学旅程中,吴英娴不仅学到了丰富的理论知识,还结识了许多来自不同行业的同学,让她的视野更加开阔,也为她的工作带来新的灵感。期间她协同各部门完成了一系列优质项目,业务能力得到显著提升,同事们对她的赞赏也越来越多。

五、职场转型期:领导与转型(2023年上半年)

2023年5月的一天,陈东明,吴英娴曾经的客户,现在是一位创业者,他电话约见吴英娴,向她介绍他新成立的公司并邀请吴英娴加入,成为他的合伙人,共同管理公司。面对这一提议,吴英娴的心里泛起了涟漪。

吴英娴挂断电话后,回想起在上海铭秀有限公司奋斗的岁月,这里有她的汗水和泪水。她问自己,是否准备好离开这个熟悉的环境,去迎接一个全新的挑战?

她开始在纸上列出留在当前公司和加入新公司的利弊、新公司的发展潜力、自己在新环境中可能面临的挑战,以及如果自己接受了这个职位,生活会有哪些变化、她的家庭会如何看待这个决定等。

在接下来的几天里,吴英娴与几位亲近的同事和朋友交流,征求他们的意见。这些对话让她的视野更加开阔,也让她对决策有更多思考。比如说下面这场对话:

吴英娴:"前辈,我最近遇到了一个职业选择问题。陈东明邀请我加入他的新公司,担任副总经理。我对这个机会既兴奋又犹豫,不知道该如何是好?"

前辈:"英娴,这是一个重大的决定。你有什么顾虑吗? 或者这份邀请有什么特别吸引你的地方?"

吴英娴:"现在公司的工作稳定,团队和环境我都很满意。但陈东明的提议让我看到了新的可能,我担心错过这次机会的话,以后会后悔。同时,我也担心新环境的不确定性,以及这对我的家庭可能带来的影响。"

前辈:"英娴,你的顾虑很正常。每个重大决策都会带来风险和不确定性。但重要的是,你要清楚自己的长期目标是什么。这个新机会是否能够帮助你实现这些目标? 你是否准备好迎接新的挑战?"

吴英娴:"我理解您的意思。我想,我需要更多地了解新公司的运营状况和文化,以及我在那里的角色。这样我才能做出更明智的选择。"

前辈:"没错,做足功课是关键。同时,也要倾听自己的内心。有时候,直觉会告诉你什么是最适合自己的。无论你的选择是什么,都要确保它能让你更接近你的梦想。"

吴英娴:"谢谢您的建议,前辈,我会认真考虑的。您的建议对我来说非常宝贵。"

前辈:"不客气,英娴,记住,每个人的道路都是独一无二的。相信你自己,你会找到属于你的最佳路径。"

在一次次深夜反思中,吴英娴意识到,这个决策不仅仅是关乎工作,更是关乎她个人的成长和未来的选择,要权衡内心渴望与现实责任。她想要的不仅仅是一个职位,而是能够实现自己价值的平台。

最终,吴英娴决定接受这个挑战,加入陈东明的公司。她相信,这个新开始将为她带来新机会。她知道这条路不会一帆风顺,但她也相信,只要有勇气和决心,她能够克服任何困难。

2023 年 5 月,吴英娴向上海铭秀有限公司递交辞呈。6 月,她完成了所有工作交接,正式告别这个她曾经奋斗过十余年的地方。

7 月,吴英娴带着对未来的期待,踏入了陈东明的公司,担任副总经理。

作为空降的副总经理,吴英娴意识到要融入团队并不容易。她需要时间了解每个人的工作风格、个人特质和工作能力。

在最初的几个月里,吴英娴几乎每天都在加班,她努力地熟悉公司的业务流程,与每一位员工进行深入的交流。她试图在保持团队原有氛围的同时,引入新的管理理念,试图通过一系列改革措施来提升公司的运营效率。然而,尽管团队成员在会议上对她的提议表示赞同,但在执行阶段,一些关键任务的推进并不如预期那样顺利。一些团队成员还在私下里抱怨新流程增加了他们的工作负担,而且他们更倾向于维持现状。

吴英娴意识到,要让团队真正接受并执行她的决策,她需要做的不仅仅是提出方案,更重要的是要赢得团队的信任和尊重。她开始花更多时间与团队成员进行一对一沟通,了解他们的顾虑和建议,邀请团队成员参与决策,让他们感到自己的意见被重视,同时也让他们对新方案有更多参与感和责任感。通过这些努力,吴英娴逐渐建立起了自己的权威。她不仅在团队中树立了积极的形象,也成功地推动了新方案的实施。

六、职场转型期:辞职与重启(2023 年下半年～2024 年)

10 月初,陈东明在管理层例会上提出一个新计划:开辟海外业务,以期在国内市场增长放缓的情况下寻找新的增长点。吴英娴在审核该计划的相关材料时,她的眉头逐渐紧锁,她发现了一个问题:宣传材料中的某些亮点夸大了产品的实际性能,这在她看来,无疑是虚假宣传。一方面,她理解在竞争激烈的市场中,有时候需要一些策略来吸引客户。另一方面,她的职业道德和多年的职场经验告诉她,诚信是企业生存的基石。她知道,一旦这种虚假宣传被揭露,公司的声誉将受到严重损害,长远来看,这将是一个巨大的损失。

吴英娴决定,她必须与陈东明进行一次坦诚的对话,希望能够说服他,让他们的公司走上一条更加正直和可持续的发展道路。然而,当他们在办公室面对面坐下时,陈东明的态度却让她感到了深深的失望。他似乎并不认为这是一个严重的问题,甚至有些轻描淡写地说道:"这在业界是常有的事,我们不说,客户也不会深究。"他们的争论越来越激烈,陈东明的固执让她意识到他们之间价值观的差异。她深知,自己的价值观与公司的发展方向已经发生了不可调和的冲突。在深思熟虑之后,她做出一个艰难的决定——辞职。

11 月,吴英娴正式离开了陈东明的公司,成为一名待业者。这段时间,她的心情复杂,既有对未来的不确定感,也有对过去选择的反思。然而,她并没有沉溺于失望之中,而是迅速调整心态,开始积极地寻找新的工作机会。最终,她收到一家公司邀请,担任部门总监。

2024 年,吴英娴站在新起点上。她更加清晰地认识到自己的职业目标和个人价值观,学会了在面对重大决策时,如何更加坚定地维护自己的原则,同时也更加游刃有余地处理各种工作挑战。

职场的起伏和挑战,是成长和自我发现的宝贵机会。无论遇到多大困难,都要坚持原则,保持初心,坚定寻找属于自己的道路。

【案例使用说明】

一、教学目的与用途

1. 本案例主要适用于青年领导力的培养课程。

2. 本案例的教学目的是帮助学生辨析常见的决策分类、学习决策流程及判断、理解决策困难的原因并寻求决策方法。

二、启发思考题

1. 案例中的吴英娴经历了哪几次关键抉择?

2. 面临抉择时,吴英娴表现出了哪些方面的决策困难? 请从环境、组织、问题性质和决策主体四个维度分别展开分析。

3. 请分析吴英娴采取了哪些决策方法? 并评估决策方法的有效性(7级打分)。

4. 如果你是吴英娴,选择其中一次关键选择,代入吴英娴的角色中,请结合课堂知识,尝试探索决策优化路径,你觉得自己会怎么决策? 需要哪些信息或支持以便你做出决策?

三、分析思路

教师可以根据教学目的来灵活使用本案例。这里提出本案例的分析思路,仅供参考。

1. 教师带领学生阅读案例,并就案例中学生不理解的部分,做一些明确与解读。

2. 引导学生思考:吴英娴的人生中出现过的或大或小关键抉择,有什么共同点?

3. 启发学生思考:吴英娴的决策风格是什么? 她经常采取的决策方法是什么? 有什么弊端或隐患?

4. 鼓励学生分析:结合课堂知识,吴英娴的决策可优化路径是什么?

四、理论依据与分析

1. 决策的概念

决策是人们识别问题并从一系列的行动方案中做出选择进而解决问题的过程。从决策的本质来看,个体是其所有决策的综合。[①] 彼得·德鲁克提出,从组织管理的角度,决策是管理活动的核心,贯穿于管理过程的始终,无论是计划、组织、领导和控制都离不开决策。

2. 有限理性决策

面对复杂问题的时候,通常做法是把问题的难度降低到易于理解的水平,在有限理性的范围内,构建简化的模型,从问题中抽取重要的特点,并在简化模型的基础上做出理性的决策和行为。

3. 决策困难的原因

决策活动受到环境、组织、问题性质和决策主体等四个维度的影响。决策困难的原因包括理性有限、信息有限、时间有限、能力有限、知觉力有限、人格价值观等个体差异、文化差异、对于未来的不确定性、决策群体关系融洽程度以及组织信息化程度、组织文化差异等的影响。决策困难时往往伴随着压力、焦虑、无助和忐忑等情绪状态。

---

① 斯蒂芬·罗宾斯,蒂莫西·贾奇.组织行为学(第18版)[M].北京:中国人民大学出版社,2021.

4. 提升决策能力的方法

定性决策方法：主要依托哲学、心理学、社会学等知识，结合决策者的知识、经验、技能、素质和创造力等作出决策。比如说采用头脑风暴法、咨询专家、生涯决策平衡单等。

定量决策方法：依靠数学模型和计算机分析手段进行定量分析，进而作出决策的方法。例如决策树。人们把决策问题的自然状态或条件出现的概率、行动方案、益损值和预测结果等，用一个树状图表示出来，并利用该图反映出人们思考、预测、决策的全过程。

风险型决策方法：由于未来结果的不确定性，决策时根据决策者所持有的不同决策准则进行决策，包括乐观准则、悲观准则、最小后悔值准则。

五、关键要点

1. 决策的依据与困难。
2. 提升决策能力的路径。

六、建议课堂计划

本案例可以作为专门的案例讨论课来进行。如下是按照时间进度提供的课堂计划建议，仅供参考。

整个案例课的课堂时间控制在 30 分钟左右。

◆ **课前计划**

提出启发思考题，请学生在课前完成阅读和初步思考。

◆ **课中计划**

简述课堂前言，明确课堂主题。

● 阅读案例（6 分钟，边阅读边思考）。

● 分组讨论（5 分钟，告知发言要求）。

● 小组展示（每组 5 分钟）。

● 分组讨论（5 分钟，告知发言要求）。

● 小组展示（每组 4 分钟）。

● 引导全班进一步讨论并进行归纳总结（5 分钟）。

◆ **课后计划**

如有必要，请学生采用报告形式给出更加具体的分析与思考，为后续章节内容做好铺垫。

附件教学材料

时间阶段	吴英娴的决策点	决策困难 （环境、组织、问题性质、决策主体）	决策方法
梦想启航（2009 年）			

续表

时间阶段	吴英娴的决策点	决策困难 (环境、组织、问题性质、决策主体)	决策方法
职场早期:适应与建立 (2009~2013 年)			
职场中期:挑战与成长 (2013~2016 年)			
职场成熟期:平衡与变革 (2017~2022 年)			
职场转型期:领导与转型 (2023 年上半年)			
职场转型期:辞职与重启 (2023 年下半年~2024 年)			

案例6　海苏公司的员工管理[①]

【案例正文】

摘　要:对于大多数企业管理者而言,提高公司绩效,保持持续稳定增长是他们一直追求的工作目标,而实现这一目标一定离不开企业所有员工的共同努力。该如何让员工保持持续的工作动力? 是科学设定薪资酬劳体系来进行有效激励? 还是探索发掘员工的内在工作动机? 本案例讲述了海苏公司两个部门的员工对于薪资奖励和工作动机激励的不同选择。

关键词:工作　薪资　动机

海苏公司是一家颇有名气的纳米科技上市公司,短短几年时间里,它通过不断研发新的纳米科技产品,取得了骄人的业绩。在本年末的星级部门评选中,运营部和研发部都提交了申请。综合了业绩指标、人员结构、重大贡献和团队文化等指标分析后,大家发现,两部门在团队管理与员工激励方面,有着截然不同的制度规划与结果呈现。

运营部由一个十人小团队组成,在部门主管的带领下,大家都在自己的工作岗位上按部就班推进各个项目,完成每日目标后就开始为月度目标努力,完成月度目标则向年度目标发起冲刺。基础业绩完成度长期保持中上水准。但日复一日,年复一年,团队每个人的薪资水准都像一片平静的湖水,没有任何涟漪波澜,员工之间也没有太大的待遇差异。主管尽其所能地动员团队成员努力工作,大都是依据上级的阶段性任务规划按部就班完成。长久以来,十人团队的工作状态为:两人工作努力投入,七人保持中等,还有一人工作消极落后,工作任务得过且过。部门发展动力不足。为了打破这一现状,也为激励团队成员,主管决定设立奖励机制。在每个月末,根据员工们当月的工作绩效,综合评定优秀员工,并给予奖励。

奖励机制实施后,一个月的时间很快就过去了,运营部的评选结果也新鲜出炉,两位从内心深处真正热爱工作的员工毫无悬念地当选优秀员工,并赢得了奖金。但令人诧异的是,

---

①　本案例对参考企业的公开资料进行了改写,对于有关名称、数据等进行了必要的掩饰性处理。本案例仅供课堂讨论教学研究使用,并无意暗示或说明某种决策行为是否有效。

奖金发放后团队工作状态改善收效甚微,激励更多人努力工作的目的并未达到,反而将团队原本的平衡状态打破了,员工之间的关系急转直下。七位本就没过多内生动力的员工心生抱怨,他们强调自己也算兢兢业业,但却没有奖金给予肯定。团队的末位成员用看似平淡的语气对其他员工说道:"这么卖力投入有奖金拿吗? 还不是轮不到你们?"结果些许荣誉和奖金激励,让整个团队长达几年的工作默契瞬间土崩瓦解,团队工作效率非但没有提高,反而像过山车一样直线下降,部门主管陷入愁困状态。

反观研发部,类似的团队结构下却取得了业绩的极速增长。由于海苏公司过去几年集中火力搞研发,通过利用纳米技术在医药领域打开了全新市场。研发部也因将新款药品成功推出,取得了十分不错的业绩。部门人员结构中,应届毕业生占比达到了 80%,剩下 20% 的员工则是从社会各界招聘的经验人士,团队成员年龄均在 34 岁以下。研发部的薪酬方案中,应届毕业生本科生月工资为 5 000 元,硕士为 7 000 元,社会聘任员工因有一定工作经验,月工资在 7 000~8 000 元之间。这一薪酬体系中,应届毕业生群体工资收入水平相较于同城同业工作的待遇是偏低的,有社会工作经验的员工工资在其同等资历薪酬水平上也偏低。但在过去几年里,部门薪资方案从未有过变动,工资结构基本成为定值,并且每个人的薪资待遇也没大幅增长。研发部员工也表示短期内工资调整基本不可能,但该部门的工作业绩一直持续增长,团队成员的工作状态也很好。

那么,驱使研发部员工努力工作的动力到底是什么呢? 当这个问题被评委提出后,一位研发部员工的回答解释了大多数人的困惑。"努力工作与获得薪资是两码事,我努力工作的根本原因并不仅仅为了公司,而是我清楚认识到自己只是个没有任何项目经验的小白,我需要在这里打磨自己,我的研发能力能在此得到夯实与提升,这样一段工作经历也有助于我未来的职业发展。在我们部门,每个人都可以得到独立负责的模块开发、负责一个全流程项目锻炼提升的机会,公司给了我们极大的成长空间和宝贵的试错机会,这对于我们这种初出茅庐的职场小白来说真是成长良机,是磨炼自己、提升自己的最佳平台。尽管我目前的工资收入水平不高,甚至在同行中处于较低水平,但是我有信心,随着我各项技术和能力的不断积累提升,跳槽对我而言会越来越轻松,而在后续的岗位平台上,我很大概率会得到可观的更高的薪酬水平。"

评审团调研后发现:事实情况与该同事的表述基本吻合,研发部的跳槽率高达 80%。同时部门管理信息与团队成员的成长档案也表现出一些突出特点:

现象一:研发部在很长的一段时间内会保持固定工资的薪酬方案,并没有调整迹象。

现象二:研发部的员工兢兢业业,工作认真,而且工作的主观能动性强、创造力高,团队取得了极为优秀且超出一般同行水平的业绩水准。

现象三:80% 的人明确表示将在未来合适的时间点跳槽,20% 的人认为自己会在一年之内寻求更高平台,团队成员的流动性较高。

面对运营部与研发部截然不同的员工状态与管理绩效,评审团专家们开始对激励机制的设定与工作动机发掘展开了深入的思考。

【案例使用说明】

一、教学目的与用途

1. 本案例主要适用于青年领导力的培养课程。

2. 本案例的教学目的是帮助学生了解掌握内部动机的重要性,以及内部动机和外部激励的关系,从而能够更深层次地分析个体的行为和动机。

二、启发思考题

1. 运营部主管发了奖金,为什么团队的动力和效率反而降低了? 研发部的薪资标准固化,为什么员工还干劲十足?

2. 研发部员工积极性高但跳槽率也很高的原因是什么? 持续高的跳槽率对公司发展有什么影响?

3. 根据两个部门的案例,你认为内部动机和外部激励是一种什么样的关系?

三、分析思路

教师可以根据自己的教学目标(目的)来灵活使用本案例。这里提出本案例的分析思路,仅供参考。

1. 内部动机和外部动机的区分

外部动机是指由外在力量激发而来的动机,比如为了获得物质或社会报酬,同时也包括避免惩罚而做出某种行为,做出这种行为是为收获行为结果,而不是行为本身;而内部动机是指因为行为本身而做出某种行为,偏好行为可以带来的成就感,例如,兴趣、爱好、责任感、成就感和自我实现需要等,或者个体认为行为本身是有价值的。

2. 当你作为管理者时,你会如何协调内部动机和外部激励?

内部动机的形成往往与个体的性格、兴趣、价值观等方面有所关联,因此需要了解工作能为个体所带来的意义和价值,并且引导个体得知如何通过自我投入与表现,来增加对工作的认同感。在了解个体的内部动机后,进而与外部动机的制度面做更好的结合与引导,对于激励员工会有更好的成效,进而提升组织竞争力,一味地偏向内部动机或者外部激励都会影响激励的效果。

3. 通过情景分析了解德西效应和自我决定理论,帮助学生理解内部动机和外部激励对于个体积极性的影响。

四、理论依据与分析

1. 内部动机的重要性

(1)让个体更加注重行为本身。

(2)自主决定是内部动机的基础。

2. 内部动机与外部激励的关系

内部动机是个体努力的源动力,应成为激励机制设计的核心,外在激励是对内在动机的补充。如果过分强调外在的物质激励而忽视了个体内在动机的话,激励就很难取得预期效果。

3. 德西效应

当个体参与一项兴趣主导的活动时,提供外部的物质奖励反而会减少该活动的内在吸引力,个体的内部动机会减弱。

4. 自我决定理论

人有积极向上的本能,即使没有外部奖励,也会追求自身成长和发展,而外部奖励使用不当,反而会削弱自我成长的本能。根据自我决定论,在激发动机的同时要满足人的自主、胜任、归属三大核心动机,并且三者的满足平衡态才是整体幸福感的重要决定因素。

五、关键要点

1. 内部动机相比外部动机能更直观地激励我们的行动,这类动机是不会被轻易阻止和打断的。

2. 外部动机如果使用不当,则会削弱内部动机。

六、建议课堂计划

本案例可以作为案例讨论课来进行,以下是按照实践进度提供的课堂计划建议,仅供参考。

整个案例课的课堂实践控制在 50 分钟左右。

◆ **课前计划**

提出启发思考题,请学生在课前完成阅读和初步思考。

◆ **课中计划**

简述课堂前言,明确课堂主题。

● 将学生分为两组,两个小组分别针对"内部动机更重要还是外部激励更重要"的主题展开观点论述,两组所持观点相反(15 分钟)。

● 小组针对启发思考题进行讨论(10 分钟)。

● 随机选择一组进行发言,另一组补充完善,提出新的观点(8 分钟)。

● 针对学生的分享和回答逐一进行反馈,引出相关知识点。

● 在结合案例的基础上,给出两个情景内容,提出问题,学生思考(5 分钟)。

情景一:一个老年人在小村庄里休养,而周围却居住着几个非常淘气的小孩,他们每天都相互追逐打闹,嘈杂的吵闹声让老年人没法好好休养。在屡禁不止的状况下,老年人终于想到了一种方法——他将小朋友们都叫在一起,并告知他们谁叫的声响越大,谁获得的奖品就越多,并每天都按照小朋友们吵闹的状况而给出不同的奖品。当小孩们开始习惯于得到奖赏的时候,他就开始慢慢降低给予的奖励,最后不管小孩怎么闹,他都一毛不拔。孩子们渐渐感受到待遇越来越差了,就再也不到老人所居住的房屋附近大声叫嚷了。

情景二:(来自一名母亲的自述)有一段时间,我的儿子非常爱好绘画,为提升儿子的绘画兴趣,我特意制定了奖励制度,每当儿子完整地画好了一张画,就给他 1 颗红星;每当他绘出了一张让我很满意的画作,就给予 10 颗红星;每当红星累积到 20 个的时候就实现孩子的一项心愿。例如,去游乐园里玩耍、购买一个玩具、多给一个星期的零花钱,等等。此外,一旦有画作荣获了校级以上奖项,奖赏的奖金一百至五百元不等。在初期,儿子的兴趣非常高涨,基本上每日都会完成一幅画作。在儿子的努力下,他获得了许多红星,并实现了许多心愿。我满以为儿子会更加勤奋,向着更高远的目标前进,谁知事情的进展并不像我想象的那样。慢慢地,我发觉儿子对绘画的兴趣已经没有从前那样浓厚了,许多时间都只是为了完成任务,甚至只为获得红星。大概过了半年的时间,儿子对绘画彻底没有了兴趣,就算我提高了奖金额度,他也无动于衷。

情景问题:

(1)两个情景中,为什么老人和母亲设置了奖励机制后孩子们的积极性反而减弱了?

(2)情景二中,母亲可以采取什么样的方式来进一步激发她儿子对于画画的兴趣?

● 学生发言(5 分钟)。

● 针对学生的分析和回答逐一进行评价,对案例和情景分析展现出的主题加以总结和归纳(5 分钟)。

—— ·专题三· ——

激励与团队

案例 7 部长,我想退部了!

【案例正文】

摘　要:高校每年开学季的学生组织和社团招新都会吸引大量同学踊跃参与,大多数同学在刚开始加入团队时都热情高涨,但经过一段时间之后就会出现积极性下降、动力不足和项目参与度降低等现象。本案例旨在分析探讨高校学生组织中成员参与动力不足的原因以及相关解决方案,引导学生思考如何在团队中开展有效激励。

关键词:动力　积极性　激励

金毓秀、吴诗文和冯明明是从小一起长大的玩伴,三个女生兴趣相投,一同陪伴彼此度过了美好童年,情谊深厚。今秋九月金毓秀和吴诗文考入梦寐以求的大学,成为大一小萌新,正在努力适应大学的学习和生活节奏。作为稍长一岁的学姐冯明明正在大二的紧张学习生活中努力寻找平衡。虽然三人的大学在不同的城市,但为了丰富大学生活,锻炼提升自我,她们都选择加入学生会和校园社团组织,在这些组织里收获了独特的成长体验。

一、"为什么获评优秀的不是我?"

某高校学生会学期初开展招新工作,新生们都跃跃欲试,对学生组织的各部门充满了好奇。金毓秀作为一名大一新生,当然也不例外,她希望通过加入学生会锻炼、提升自己各方面的能力。由于对各部门的具体情况并不是非常了解,金毓秀凭着自己的感觉报了几个志愿,最后经过选拔进入外联部。金毓秀外向开朗、性格随和,刚加入学生会就和大家打成一片,工作上她热情积极,面对工作任务从不推诿,时不时还冒出一些新鲜创意,喜欢创新并坚持自己的想法。

但金毓秀的这种热情并没有持续很长时间。一段日子之后,部长发现金毓秀工作积极性下降了许多,分配给她的工作任务也开始拖延,不能及时完成,开会多次迟到或者请假缺席,甚至有一次金毓秀偷偷和他说想退部。部长从来没有遇到过这样的情况,不知道问题出在哪里。经了解,原来是由于近期部门开展的一个内部评优考核。金毓秀觉得自己任劳任怨却没能获得荣誉,心里有些不满和失望。部长了解情况后便单独找金毓秀聊了聊,希望尽最大努力挽留她。一方面经过前一段时间的观察,部长觉得金毓秀各方面能力很不错,不管是对内的协作配合还是对外的联系沟通,她都能做到游刃有余,希望培养她作为下任部长的候选人。另一方面,退部事宜不管对个人或是部门还是整个学生会而言都有一定的负面影响。在和部长的沟通交流中,金毓秀坦言自己加入学生会之后非常喜欢团队的氛围,一直以来表现积极、认真工作并完成任务,希望能够获得肯定和鼓励,但这一次的评优事件让自己一下子陷入自我怀疑和自我否定中。明明自己做了很多事,似乎都被部长们忽略了,而被评上优秀的那位部员只是因为资历稍深一些,这让她觉得很不公平。

部长非常理解金毓秀的感受,沟通反馈道:"你的表现和能力大家都有目共睹,看得出来你是一个很有想法的人,也很适合我们部门,所以我希望你不要因为这点小挫折就选择离开团队。这次的评优事件也让我有了一些反思,在今后的部门建设和管理中,我会多关注每个个体的想法,而不是一味地根据制度规定去思考和行动。"金毓秀本以为部长不会在意自己的感受与情绪,听完这样一番话后内心突然有点感动了,想了想那些还没有实现的目标和计划,她决定继续留下来。

二、"为什么我的想法总是不被采纳?"

吴诗文进入大学后也期待着能加入一个心仪的学生组织,由于有一定的绘画基础,她一直对设计类的活动比较感兴趣,并且利用暑假的时间学习了海报制作和公众号运营等技能。在社团招新的时候,她被创意设计学会所吸引,通过投递简历和面试,最终顺利加入这个社团。刚加入的时候一切都是新鲜的,吴诗文对社团的氛围十分满意,对待分配的工作也是认真努力地完成,虽然有时候任务很急很赶,但她总是尽量合理规划时间,以保证任务按时完成。然而,一段时间后她的工作状态开始急剧下滑,原因是经过几个月的相处,她发现会长比较"自我",习惯将任务直接分配,作为一个十分需要创意和灵感的部门,大家提出的新点子好像从来都没被采纳过。会长习惯了自己独立做决策,让团队成员来执行,但是吴诗文却觉得融合不同角色不同思考方式下产生的想法才能更好地做出特色和亮点,也更加符合创意设计的发展理念与核心宗旨。遗憾的是,会长并没有这样的认识,这让她感觉十分受挫。本来决心在这里有一番好好作为,但现在觉得这样的社团经历好像对自己来说意义不大,吴诗文渐渐丧失了当初加入社团时的信心。

三、"我制定的激励计划哪里出了问题?"

冯明明是个思维活跃的女生,经过大一在学生会的锻炼,得到了一定的成长与提升,同时也顺利留任文艺部部长。2023 年的招新让文艺部又收获满满,冯明明清楚地意识到学生会的建设和发展离不开每一位成员的努力,而如何激发大家的工作热情、提升工作动力也成为她持续思考的一个问题。她辅修了人力资源管理课程,认真学习了管理中的激励理论并期待实践应用。在她看来,赫茨伯格的双因素激励理论非常具有可操作性,于是在部门工作例会上,冯明明向分管主席汇报了这一想法,并期望能在自己的部门进行实践试点,效果不错的话再做推广。征得同意后，冯明明迅速制定了团队表彰、个人职责、阶段性成就以及提升工作挑战性等各种激励计划，并开始在文艺部内部推行。但是计划运行了几周后，她开始迷惑了，现实情况和她的期望相差甚远。首先是部门成员对计划内容反应冷淡。大家一致认为文艺部的工作内容本来就具有挑战性，举办各类文艺活动来吸引同学们参加，活动的参与度和口碑评价就是对他们工作成绩的最大肯定，而且每学期的优秀部门评选，文艺部也都是名列前茅。团队成员认为新的激励计划既浪费时间又效果存疑，部门内不同角色分工的同学感受也不尽相同。有些人在新计划的成行过程中受到了表扬，反应良好；但是另一些人则认为这是部长在额外分派任务，占用他们更多的时间和精力，开始有了抱怨与抵触。冯明明万万没有想到事情会发展到这个地步，原来很信任和支持她的主席也开始质疑这个计划，批评她未考虑周全，冯明明一下子不知道如何是好了。她开始困惑自责："我制定的激励计划哪里出了问题？"

【案例使用说明】

一、教学目的与用途

1. 本案例主要适用于青年领导力的培养课程。

2. 本案例的教学目的是帮助学生理解掌握激励的基本原则、激励的措施，同时能够在实践中加以运用。

二、启发思考题

1. 金毓秀的部长在部门管理和团队激励上存在什么问题？根据激励的基本原则，如果你是她的部长，你会怎么做？

2. 吴诗文为什么觉得社团工作对自己来说意义不大了？如果你是她的会长，你会怎么做？

3. 冯明明的激励机制设计为什么失败了？如果你是她，你会采取哪些措施来扭转局面？

4. 在学生组织中，你是否也曾遇到过团队成员动力不足的问题？你是如何解决的？

三、分析思路

教师可以根据自己的教学目标来灵活使用本案例。这里提出本案例的分析思路仅供参考。

1. 引导学生思考：你是否认同"激励只是某个部门的事情""激励面前，人人平等"这类表述？你认为激励的过程中应该注意哪些问题？

2. 引导学生思考：当你身处一个团队或组织的时候，你的工作动力会受到哪些方面的影响？

3. 启发学生思考：如果你是一个团队的管理者，你会如何去制定你们团队的激励措施？

四、理论依据与分析

1. 激励的基本原则

(1)按需激励。

(2)时效性。

(3)明确性。

2. 公平理论

组织管理的过程中,个体对于组织环境公平性的感知,包括分配公平、程序公平、信息公平和人际公平等。

3. 目标设置理论

群体共同参与制定具体的、可行的、且能客观衡量的目标;目标能够告诉团队成员所需操作路径、实施方向以及相关成本,明确的目标能够提高绩效。

4. 双因素理论

双因素理论又称"激励——保健理论",工作中的满意因素主要指使人得到满足和激励的因素,一般与工作内容有关,称为激励因素;工作中的不满意因素指使人产生负面或消极行为的因素,往往与工作以外的因素相关,称为保健因素。该理论认为调动人的积极性主要要从人的内在、工作本身来激动,通过丰富工作内容,提高获得感、成就感和认同感,进而激发责任承担和开展更有挑战性的工作的意愿。

五、关键要点

1. 激励存在正负性,不应盲目使用激励,需要有的放矢,因地制宜。

2. 学生组织中的激励设置应更多偏向精神激励和过程性激励,激励的效果会直接影响到个体对于团队以及组织的认可程度。

六、建议课堂计划

本案例可以作为案例讨论课来进行,以下是按照实践进度提供的课堂计划建议,仅供参考。整个案例课的课堂实践控制在 60 分钟左右。

◆ 课前计划

提出启发思考题,请学生在课前完成阅读和初步思考。

◆ 课中计划

简述课堂前言,明确课堂主题。

● 将学生分为三组,针对启发思考题进行讨论(10 分钟)。

● 小组发言(10 分钟)。

● 针对学生回答进行反馈和点评,引出相关知识点(5 分钟)。

● 介绍情景演绎的内容和要求,将三个情景分配给三个小组,根据给出的提示,结合所学知识来对内容进行讨论和演绎准备(10分钟)。

(1)你作为新闻传媒部的负责人,有一场非常重要的活动需要派一名部员去拍照录像,你把这个任务交给了小L,但他却十分紧张,担心完成不好,这个时候你会怎么做?

提示:了解小L紧张担心的原因(对任务不明确、对自己没信心等),可参考心态管理的内容,告知这个任务的重要性和挑战性,肯定并相信小L的能力。

(2)体育部新来的部员小Y性格开朗,聪明机灵,但工作态度比较懒散,对部门对任务不太上心。作为部长的你会如何调动他的积极性?

提示:可参考工作结构的内容,针对小Y负责的工作进行一定的再设计,来激发他对工作的上进心与责任心;也可以参考兴趣激励来让小Y对工作产生兴趣从而进行激励。

(3)小Q多才多艺,能歌善舞,进校后一心想加入学生会的文艺部,但由于竞争激烈导致落选被调剂到了外联部,开始以为自己能够适应,但慢慢发现外联部的工作内容和自己的预期有些差距,也不能让自己的才能很好地展示发挥,工作上一直动力不足。

提示:可参考人岗匹配和兴趣激励的相关内容来考虑小Q与这份工作岗位的匹配度以及如何对她提供帮助。

● 小组演绎(15分钟)。

● 评价各组的演绎展示并进行归纳总结(5分钟)。

案例8　格菲公司的激励体系^①

【案例正文】

摘　要:格菲公司以感情投入和文化趋同为激励基准,并针对基层工作人员和中高级管理者分别采取不同的激励举措。通过层层递进的长效激励机制设计,不断培养对公司忠诚度高、工作能力强的核心团队成员,形成了公司持续发展的源源动力。

关键词:格菲公司　激励　文化

格菲公司是冰箱业界的实力翘楚,擅长通过严控生产经营成本以开展持续价格战,大幅降低竞争对手的获利空间,从而完成自身产业的升级。在拼搏了三年就夺得国内销售冠军宝座以后,格菲公司又在短短两年的时间里摘得全球该类别产品的销售桂冠。如今,格菲公司已凭其技术实力和骄人业绩,成为全球家电行业五百强中入选的国内公司年度冠军,同时也连续三年保持中国家电出口的前三名。一个企业的持续成功绝不是偶然所得,为何格菲公司能一直保持昂扬进取的状态,在激烈的行业角逐中取得傲人成绩呢? 这背后离不开公司科学的激励机制设计与企业文化打造,保持持续激发职工的工作激情与主动性,给企业的成长带来不竭动力与竞争活力。

格菲公司关注员工对企业的情感与价值认同,认为只有深刻理解企业的宗旨,并对公司有情感投入与价值认同的员工,才能真正积极主动开展工作。据此,公司加强对全体员工的企业文化培训,持续用通俗易懂的方式与语言向员工传递公司的价值理念。在这样的文化浸润下,员工们自然形成归属感变成主人翁,主动维护企业利益,积极开展各项工作,严把质量关,严控企业成本。这样的团队文化自然导向了员工们全情投入持续奋斗。

格菲公司在持续价值情感培养和文化愿景塑造的同时,针对不同层级的员工也设计了不同的激励策略。对于基层员工,制定丰厚的物质激励计划;而对于中高层管理人员,设计了包含物质和精神多重奖励的长期激励方案。

---

① 本案例对参考企业的公开资料进行了改写,对于有关名称、数据等做了必要的掩饰性处理。本案例只供课堂讨论教学研究之用,并无意暗示或说明某种决策行为是否有效。

　　员工的薪酬水平与个人的劳动成果及员工团队的绩效考评息息相关,既鼓励个人全情投入又鼓励员工组建团队提高成效。对员工的考评细则、流程以及成果保持信息公开,在各个车间内都设有大型的宣传栏,记录了各班组及个人的任务完成情况以及考评成果等。对生产班组考评的重点是产品质量、产量、成本费用控制、管理落实以及安全等项目作业责任的完成度,同对也详细记录了每个项目的个人完成工件数量、加班日期、奖惩情况等。通过这种考评公示,每个员工可以很明确地获知自己的薪酬额度、明确自己的长板与短板,从而也能够了解后续需要在哪些地方继续努力。虽然这种考评方法较为繁琐,需要较长时间的人工投入与坚持,但借助这种规范、公平的考评体系,格菲公司的数十个部门和数以万计的员工工作绩效才能得以更高效地被评估与激励运营。

　　公司的中高级管理人员是公司的核心团队,是公司发展策略实施质量与成效的决定因素,同时也是公司的重点激励对象。格菲公司十分重视这支团队的培养,公司并不单纯依赖高薪开展激励。相反,他们认为金钱激励的边际效应是递减的,企业领导者必须对公司保持真实情感关注和坚守职业道德,而不该仅有以企业利润为主导或以自身利益满足为优先的工作动机。公司常以中美"职业军队"的分析为例,他们认为,抗美援朝战争中,美国的失利是"职业军队"的动机导致的,打仗是为了获得薪水和奖金,很多军官存在不能打、不愿打的心态;能打赢就打,打不赢就撤;出现了危机就投降。相比之下,我国的志愿军战士都怀有强烈的爱国主义热忱、保家卫国的民族信念,不畏困难不怕牺牲的勇气,最终赢得了"小米步枪对抗飞机大炮"的胜利。

　　故此,格菲公司极为注重通过职位挑战、未来成长空间拓展以及优秀的工作氛围来激发企业中高级管理人员的工作动力。格菲公司精简职务设置,让部门的职务覆盖面更宽,为管理人员创造了更广阔的平台展现自身能力,同时对他们提出了更多的挑战和责任。在公司内部,虽没有明确的加班要求,但加班加点却经常发生。公司并不在乎工作的时间与形式,而更关注工作的实际成效。这也是一个平等的竞争机制,许多管理人员在岗位上倾力投入,与同事公平竞争,谁能更好地推进并完成工作,谁就能赢得更好的发展平台。而格菲公司也为员工们展示了良好的发展前景,为有能力的人员提供更为充分的成长拓展空间,这也大大鼓舞激励了更具事业心和远大志向的管理团队成员。

　　格菲公司在基于对管理者工作绩效与表现评估的基础上发放基础月薪,并将企业激励的重心放在年度财务奖励上。通过把公司的总体业绩表现、企业收益情况与管理层的工资挂钩,让他们共同参加企业价值分享,从而建立长期的收益共同体与成长共同体。为鼓励表现出色的企业管理层,公司还通过年终奖、干股分配和资本股参与的方法作为特别奖励。每个考评合格的管理团队员工,会有总量不同的年终奖;而考评优秀的人员,可在预留的奖励基金中获得额外的奖励分配。奖励基金通常是基于企业的年度实际收益计提设置。最杰出的几名管理人员还会拿到次年干股,不需用现金购买公司股权,就可获得公司次年相应比率的利润分红。管理人员也可凭借年终考核的出色成绩获得认购公司资本股的资格,从而成为企业真正的股东。目前,已有超过五十余名的企业中高级管理人员持有公司集团的股权,七十余名管理人员还持有干股。这些人员成为格菲公司集团战线上与企业利益和发展目标高度一致的中坚力量。经过层层激励机制的设置,格菲公司不断培养遴选出企业的核心团队,逐渐集结了一支保障企业中长期发展的核心力量。

一家企业要想成功,建立符合自身公司特色的激励制度不可或缺。每个公司都有其特殊的成长历史、团队关系和发展理念,建立一个动态有效、适宜成长的激励机制才可以切实有效地促进企业发展。在这一点上,格菲公司的激励体系或许能给大家带来一点新的启示。

【案例使用说明】

一、教学目的与用途

1. 本案例主要适用于青年领导力的培养课程。

2. 本案例的教学目的是帮助学生了解激励的作用、激励对个体和组织的意义以及对领导力培养的重要性。

二、启发思考题

1. 格菲公司对员工采取了哪些具体的激励举措?分别属于哪种类别的激励?

2. 你认为格菲公司的激励措施发挥了什么样的作用?

3. 格菲公司的激励措施对你有什么启发?你认为哪些可以迁移应用到自己所在团队或组织的建设当中?

三、分析思路

1. 引导学生思考:格菲公司在成员管理和工作资源方面是如何激励员工的?

2. 引导学生思考:你认为格菲公司的激励机制对个人和企业的发展有哪些影响?如果你作为该公司一名员工,这些措施是否能够有效地激励你?

3. 启发学生思考目前在学生组织和未来进入工作岗位后,分别期望得到什么样的激励?

四、理论依据与分析

1. 文化激励

(1)文化形象。

(2)文化建设的三个层次。

(3)文化传播的方式。

2. 竞争激励

(1)压力激励的表现形式。

(2)比较激励的实践方式。

3. 激励对于个体和组织的意义

(1)激发个体的潜力,发挥才能和智慧。

(2)促进个体目标和组织目标的统一。

(3)增强团队凝聚力,构建良性群体行为。

(4)营造良性竞争环境。

五、关键要点

1. 激励贯穿于组织管理的全过程,比如对团队成员的管理、对工作结构的设计、对组织资源的利用等方面。

2. 科学合理的激励体系不仅能让组织中的个体安心积极地投入工作,且能够使他们更加认同和接受组织目标和组织文化,从而对组织产生强烈的归属感和主人翁意识。

六、建议课堂计划

本案例可以作为案例讨论课来进行,以下是按照实践进度提供的课堂计划建议,仅供参考。

整个案例课的课堂实践控制在 40 分钟左右。

◆ **课前计划**

提出启发思考题,请学生在课前完成阅读和初步思考。

◆ **课中计划**

简述课堂前言,明确课堂主题。

● 将学生分为两组,针对启发思考题进行讨论(10 分钟)。

● 随机选择一组进行发言,另一组补充完善,提出新的观点(8 分钟)。

● 针对学生回答进行逐一反馈和点评,引出相关知识点(5 分钟)。

● 发放"激励问卷"[①],让学生现场填写(5 分钟)。

激励问卷列出了领导者为了激励人心所做的事情的 21 个陈述,根据你从事该行为的频率从下列量表中准确挑选出答案,数字代表选项的对应分值,最后计算出自己的总分值。

1——几乎不　2——很少　　3——不经常　　4——偶尔

5——有时候　6——经常　　7——相当经常　8——通常

9——常常　　10——几乎总是

(1)我认为我们团队树立了一套激励我们在将来比现在做得更好的标杆。

(2)我对团队成员有能力完成的事情有较高的期望。

(3)我对团队成员所做过的正面的事情比负面的事情投入更多的注意力。

---

① "激励问卷"引用来源:詹姆斯·库泽斯,巴里·波斯纳.激励人心[M].北京:电子工业出版社,2009.

(4)我亲自对团队成员所做出的贡献表示感谢。

(5)我会展示关于团队成员特殊成就的故事。

(6)我们的团队会一起庆祝我们所取得的成就。

(7)当大家对获得成就的团队成员表示认可的时候,我会亲自参与。

(8)我很清楚地将个人的价值观和职业标准向团队的每个成员传达。

(9)我让团队成员知道我对他们的能力是有信心的。

(10)我愿意付出时间和精力来了解团队成员的需要和兴趣。

(11)我对团队成员给予的认可是因人而异和个性化的。

(12)我寻找机会让团队成员了解我们追求成功达到目标的原因。

(13)我为了庆祝我们的成功举办专门的活动。

(14)我向其他人展示团队成员应该如何被认可和奖赏。

(15)当团队成员正在从事的行为有悖于我们达成一致的目标时,我会重视并给予反馈。

(16)即使在艰难时刻,我仍然表达出积极乐观的态度。

(17)我愿意去认识、了解每一位和我一起工作的人。

(18)我找到富有创造性的方法让我对其他人的认可独特而新颖。

(19)我偏向在公众而不是私下来表达对于团队成员的典范行为的认可。

(20)我会想一些办法让我们的工作场所令人愉快并且有趣。

(21)我亲自向工作表现良好的人表示祝贺。

● 统计总分的区间分布情况,分别邀请总分较高和单项分数较高的同学进行分享(5分钟)。

● 进行总结,对整个案例展现出的主题加以归纳(5分钟)。

案例9 示范寝室

【案例正文】

摘　要：团队的形成与创建需要每个成员共同付出努力。本案例通过还原一个示范寝室的创建过程，让同学们了解团队建设的不同发展阶段，认识各阶段的特点，学会面对并处理不同阶段的各类问题。通过真实成长情境帮助同学们切身理解团队建设的方法路径，提高对于团队形成和团队建设的理解与认知。

关键词：团队建设　团队发展阶段　团队凝聚力　寝室关系

金秋9月，明德大学的校园里迎来了新一届的小萌新，其中孙博文、尚晓才、姚力行和许弘毅四人被安排到同一间寝室，成为室友。孙博文来自高考大省，通过自己的拼搏努力，一路过五关斩六将，成功进入明德大学王牌专业学习。由于父母常年在外打工，孙博文从小学开始就开启了住校生活，个人生活自理能力较强。尚晓才来自浙江省沿海城市，父母为当地医院的职工，家庭环境优越，但成长过程中父母因工作繁忙，对他的陪伴较少，经常让他一人在家，高考的超常发挥使其来到了明德大学。姚力行来自江苏省，父母为中小学教师，平时父母对其学习、生活管理较为严格，大学之前的成长以父母的规划要求为主，高考志愿也是听从父母的安排。许弘毅是本地生源，成长环境较为优渥。

孙博文凭借丰富的住校经验及积极主动关爱他人的热心肠，开学不久就被室友们推选为寝室长，成为其他三位室友眼中的"老大哥"。自从被选为寝室长后，孙博文的责任心也更强了，想努力把寝室氛围打造好。他召集成员共同制定了寝室公约，其中有两条分别是"每天按照值班表打扫卫生"和"每天晚上12点前回寝室熄灯休息"。寝室公约实行的第一个月，大家尽力遵守了这些规定。但是一个月后，许弘毅就率先违反了"12点前回寝休息"的寝室公约。他因为参加社团活动晚归，12点半才赶回宿舍。许弘毅因在学校的社团招新中，对各类社团活动眼花缭乱兴趣极浓，最后同时参加了3个自己最感兴趣的社团。也正因为参加的活动较多，平时基本在各社团项目中奔走，时间投入很多甚至出现了旷课的情况。许弘毅违反寝室公约后，孙博文第二天毫不客气地批评了他，认为他不尊重大家的共同约定,要求他连续打扫一周的寝室卫生作为惩戒。但是许弘毅并未理会孙博文的要求,还是自顾自地继续晚归,完全将当初的寝室公约置于脑后。不久后的某天晚上,孙博文和许弘毅产生了激烈的争吵,最后两人不欢而散。

自许弘毅违反寝室规定后,尚晓才和姚力行也陆续出现了忘记打扫寝室的情况。虽然孙博文每天早上会提醒,但收效甚微。他们二人经常是满口答应,却毫无实际行动。据此,孙博文开始对寝室长的职责与长久以来的信念感产生了动摇,觉得大家并没有把寝室公约当作一回事,甚至故意让各项工作难以开展,同时他也开始感受到三位室友对他的日渐疏远。

一晃一个学期过去了,四位室友彼此间的感情没有增进多少,四人的共同经历也越来越少。尚晓才和姚力行的学习自觉性一般,不像孙博文在学业上有自我目标追求,他们只力求期末考试不挂科。对于未来的大学规划,他们更是没有想过,认为每天开心最重要。尚晓才在大一入学后不久就谈起了恋爱,希望无时无刻不与女朋友待在一起。姚力行则感觉终于可以摆脱父母的监督和掌控,开始报复性玩乐,对打游戏日渐沉迷。许弘毅则忙于各种社团活动,依然早出晚归,经常旷课导致他的很多科目成绩不理想,他在与室友的沟通交流中也对学习避而不谈,刻意回避。

假期开始后,孙博文认真复盘寝室情况并做出反思,刚入学时四人都希望能够成为彼此的成长伙伴、一生挚友,然而现在的情形离当初的期待差距甚远,问题究竟出在哪儿?他特别羡慕隔壁寝室四人一起完成作业、一起做课题,寝室氛围轻松愉快、友好融洽的状态。既然自己被推选为寝室长,那更要努力带领大家建设成彼此心目中的理想寝室。上学期自己的督促和提醒显然是不能调动大家的积极性,也许下学期应该转换一种思维和相处模式,认真思考后他决定开展一些新的尝试。

新学期伊始,孙博文首先主动和寝室每一位成员沟通,对于上学期的惩戒行为进行了真诚道歉,并表示要在新学期有所改变。他开始与室友相约一起上课,尤其是遇到早课时,主动发挥自己高中时养成的早起习惯,第一个起床,为室友买好早餐,提前在教室里占好座位,其他三位室友也不好意思辜负这番好意,慢慢克服了自己的惰性,准时参加早课。同时,孙博文主动相约其他三位室友一起聚餐,为室友间的沟通创造更多机会,增进感情。例如,庆祝完成一项大作业、庆祝室友生日,等等。此外,他也不再计较打扫卫生等任务的分工安排,开始自己主动承担。

真正推动关系实质转变的是孙博文尽心尽力为每个室友排忧解难。新学期开学后,尚晓才与女朋友间出现了一些矛盾,经常自己在寝室里生闷气,孙博文敏锐地觉察到尚晓才的情绪波动,主动开导并为其提供一些可行性建议,让尚晓才与女友间的紧张关系得到缓解,尚晓才也从中感受到孙博文的善良和智慧,认定他是可以相处的好兄弟。针对姚力行痴迷游戏的情况,孙博文引导大家一起帮他设立适度游戏的环境与提醒,并组织室友们组队竞技,体验齐心协力、共同获胜的感觉。

在自我管理能力的塑造上,孙博文也及时提醒室友在打游戏和学习之间要做好平衡。许弘毅由于挂科很多,学期初需要补考,他便主动将自己的学习笔记做了分享,同时帮弘毅补习难度较大的课程,最终使他各门功课在补考中都顺利通过,这让他感激不已。而孙博文面对问题积极主动寻求解决的心态,以及乐于奉献勤于助人的品格,也在潜移默化中开始影响寝室里的其他人。

学期中,学校推出了"示范寝室评比活动",孙博文把这个消息向室友们做了通报并表达了参加评比的期望。他认为参与这个活动将更有利于寝室的文化建设,也有利于大家更好地学习和生活。他表态自己会主动承担创建职责和相关评比事务,希望室友能够配合、共同参与,为大学生活留下浓墨重彩的一笔。这一提议立刻就得到了其他三位室友的响应支持,他们在寝室长的带领下,主动构建小组学习计划,寝室学习氛围也日渐浓厚,大家经常因为一个学术问题讨论到很晚。同时,大家也重新梳理和确立了新的寝室公约,并承诺每个人都会认真遵守。新公约补充完善了很多内容,比如,不能在没有完成学习任务时就开始玩游戏,不能在寝室他人学习的时候公放语音、视频,自己专用垃圾桶的垃圾要及时倾倒,外卖餐盒不能在寝室过夜等。重新拟定的公约充分尊重各位成员的实际生活习惯,从问题入手进行约束引导,大家也都努力适应遵守公约并形成良好习惯,孙博文更是自己带头做好各方面的表率,也身体力行帮助每一位小伙伴共同成长。寝室氛围日渐融洽,寝室成员的成绩稳步提升,寝室也焕发出家的温馨氛围。

学期末,在全体室友的努力下,他们的寝室获得了校级"示范寝室"的荣誉称号。寝室里的四人纷纷表示:这不仅仅是一个荣誉的取得,更是他们团队情谊与大学记忆的难忘见证。

【案例使用说明】

一、教学目的与用途

1. 适用于青年领导力的课程教学。

2. 本案例的目的是帮助学生理解团队建设中的难点和问题,尤其是掌握解决团队冲突和增强团队凝聚力的方式方法并能灵活运用。

二、启发思考题

1. 请对寝室长以及其他三人的行为进行分析,哪些行为方式是不利于团队建设的?

2. 请结合团队发展阶段、团队凝聚力建设等相关理论知识来分析寝室长在第二学期的行为改变,是如何促进了寝室四人小团队的发展?

3. 你认为增强寝室团队凝聚力的方法还有哪些?

三、分析思路

教师可以根据自己的教学目标(目的)来灵活使用本案例,以下分析思路仅供参考。

1. 教师带领同学们分析案例中的寝室 4 人小团队在第二阶段——激荡期中遇到的现实

问题以及产生这些问题的原因,引导学生认识和领悟到真正有效的团队领导者是通过运用非强制性手段来达到影响和改变成员行为的效果。

2. 教师带领学生归纳分析在第三阶段——规范期中,孙博文的哪些领导行为导致团队成员之间形成和谐融洽的团队关系,以及通过分析这一阶段中第二次寝室公约的制定过程,引导学生思考形成和确立团队行为规范、价值准则的路径。

3. 从团队领导者和被领导者两个角度出发,结合团队五阶段中各阶段呈现的不同特点,启发学生思考如何规避或顺利解决团队发展各阶段中易出现的问题,确保其团队保持较强的团队凝聚力。

四、理论依据与分析

1. 团队发展五阶段理论

布鲁斯·塔克曼提出了团队发展五阶段模型,一个团队发展分为组建期、激荡期、规范期、执行期和休整期五个阶段。[①]

(1)组建期团队成员彼此比较陌生,团队沟通较少,团队的人际边界以及任务边界比较模糊。

(2)激荡期团队中各种不均衡因素造成团队成员之间、团队与环境之间和新旧观念之间会出现矛盾。

(3)规范期团队的规则、价值、行为、方法及工具均已建立,团队成员之间开始建立起互谅互让互助的关系。

(4)执行期团队角色功能化,团队人际结构是执行任务活动的工具,团队运行是一个有机整体。

(5)休整期团队成员的动机水平下降,团队效率降低,关于团队未来的不确定性开始回升。

2. 团队凝聚力建设理论

团队凝聚力是指团队对成员的吸引力,成员对团队的向心力,以及团队成员之间的相互吸引程度。团队凝聚力对团队潜能的发挥有重要作用。

提高团队凝聚力有以下 6 种方法:提高成员相似性、缩小成员规模、提高成员准入难度、增强成员互动、共享团队成果以及引入外部竞争。

五、建议课堂计划

本案例可以作为小团队建设的案例讨论课进行,以下是按照时间进度提供的课堂计划建议,仅供参考。

整个案例课的课堂时间控制在 30 分钟。

---

① 布鲁斯·塔克曼的团队发展阶段模型,https://baike.baidu.com/item/布鲁斯·塔克曼的团队发展阶段模型.

1. 课堂前言、案例阅读(3 分钟)。

2. 分小组讨论、告知讨论、发言要求(12 分钟)。

3. 小组发言(每组 5 分钟,总共控制在 10 分钟)。

4. 教师点评,归纳总结(5 分钟)。

·专题四·

时间管理

案例 10　学生会主席的时间管理

【案例正文】

　　摘　要:孙博文同学当选学院学生会主席后,面对学习和学生工作等众多事务总感觉时间精力不足,同时也因为自身的能力与沟通方法等问题,经常与部长、部员伙伴们产生一些摩擦。在经历了种种困扰之后,他意识到自己有效时间管理方法的缺失是引发这一系列问题的根本所在。案例将通过学生会主席孙博文的一天,来观察他是如何开展时间管理,同时对他的管理方法进行剖析,以帮助他走出时间管理的误区。

　　关键词:时间管理　精力管理

背景介绍

　　孙博文,男,某某学院的学生会主席。

　　自从担任学生会主要负责人一职后,孙博文总感觉自己的时间不够用,好像每天有做不完的事情。尤其是期中考试期间恰逢学院 30 周年院庆,他更是感到时间无法平衡,虽然超长时间地工作,但还是有许多事情不能兼顾,经常贻误项目任务。同时,自己课程复习的计划也无法落实,不仅影响了学业成绩,还造成学生会团队管理上的种种问题。为此,孙博文感到非常苦恼,总是反省是不是自己还不够努力? 是不是自己的责任心还不够? 是不是自己的领导能力不行?

　　孙博文同学的工作习惯属于大事小事一把抓的类型,习惯大小事情都由自己做主。他一直认为做学生会主席就是抓细节的,一件事情能否较好地完成完全取决于细节。所以,他格外关注工作细节的完成度,常常直接到现场指挥,团队成员虽然对他的领导风格颇有微词,但是,由于孙博文同学在学生会的威信较高,所以大家都默默忍受,唯一表现的就是工作有些消极罢了。团队成员越消极,孙博文就越是急于冲到一线,再苦再累他都顶着,即便如此,他还是非常失落地发现,总有越来越多重要的事情被遗漏,或来不及做完,严重影响了团队工作进度和自己的学习计划。接下来我们一起来看一看孙博文的一天是如何度过的。

学生会主席孙博文的一天

8:00

这是一个星期天,孙博文起床前就下定决心:今天一定要好好安排时间,抓紧做完作业后,还要为下周的院庆工作做准备。为了确保自己能准时开始,他给自己定了8点的闹钟。闹铃响起,博文准时坐在书桌前,看到凌乱的桌面,心想:不如先收拾整理下书桌,为学习提供干净舒适的环境。

8:30

半小时后,书桌变整洁了,博文喝了口水休息一下。这时手机的屏幕上突然弹出了淘宝的推送,原来是他关注的一家淘宝店上新了,刚好上新的内容是这次院庆需要购买的一批物资——彩色气球,他便情不自禁拿起手机来看,并且货比三家,不知不觉看到了10点半。这期间还有一些学生会的部员们不断发微信或者打电话给他,问他关于院庆会场布置的细节问题,比如,桌子要摆放多少张,朝什么方向等,孙博文也都一一进行了回复。

10:30

看了两个多小时的手机,突然感到眼睛有点酸涩。他想,不如放松放松休息一下,吃完午饭再开始用功吧。于是,他趴在桌子上睡着了,且没有设置闹铃提醒自己,直到11点半他的舍友将他叫醒,才一起去食堂吃饭。

12:00

匆匆忙忙用了半个小时的时间和舍友们一起吃完午饭,在回宿舍的路上他突然想起有一位老师交代他做的学习报告还没有完成,明天早上7点就是最后时间截止期。想到这里他感到一阵恐慌,急忙飞奔回自己的宿舍,坐到书桌前开始准备写报告。

13:30

与学院各部门的部长们约好讨论院庆会场的布置事宜,由于对部长们的工作不放心,主席孙博文又全包了本应是部长们的工作职责,包括购买物资、桌椅摆放等具体细节等都亲自确定,此项工作又占去了2个小时。

15:30

刚要开始写明天就要提交的学术报告,一个部长进来询问有关院庆校友迎接的安排,同时还跟孙博文诉苦,说最近团队成员不配合工作,对待工作的态度都很消极,已经严重影响了工作。孙博文一听,不禁有些着急,立马把相关团队成员召集起来,打算就此事沟通调解一下。但是这个调解并没有起到多大的作用,还拖延了时间,会议一直开到17点。

17:10

回到宿舍后,孙博文心想总算能安静地写一下学术报告了。写着写着突然发现老师交代过,这份报告需要根据某本书上已有的研究思路和框架来撰写,这本书目前仅在图书馆中能够借到。于是他又匆匆从东校区的宿舍跑到西校区的图书馆,来到图书馆后发现大门紧锁,原来当天学校图书馆进行内部维护,不对外开放。孙博文瞬间感到有些崩溃,又赶紧想办法通过朋友圈发布询问有没有人手头上有这本书的信息。一个半小时以后,孙博文终于从另一位同学那里借到了所需书籍。

18:40

不知不觉又到了晚饭时间。孙博文一看,心里一紧。报告目前只写了三分之一不到,看样子今天又要加班熬夜了。而本来计划要复习的功课也被搁置到了一旁。

随着时间的推移,很多任务没有按时完成,孙博文的苦恼也就越积越多:为什么自己的时间老是不够用呢?是不是自己在时间的掌控和安排上出了什么问题?为什么现在团队成员这样消极,自己是不是某些方面做得不对,应该如何改进?

【案例使用说明】

一、教学目的与用途

1. 本案例主要适用于青年领导力的培养课程。

2. 本案例的教学目的是帮助学生理解时间管理的误区,洞悉时间管理中应考虑的主要因素。

二、启发思考题

1. 学生会主席孙博文的时间管理存在哪些方面的问题?(至少找出 5 个方面并归纳总结),同时提出相应的解决措施。

表 1 　　　　　　　　　　　孙博文的时间管理困境及解决措施

困境	解决措施

2. 作为学生会干部的你,出现过哪些类似问题?

三、分析思路

教师可以根据自己的教学目标来灵活使用本案例,以下分析思路仅供参考。

1. 引导学生这样思考:做事不做计划、组织工作不当、时间控制不够时会产生什么样的后果?

2. 启发学生思考:帮助学生认识规避时间管理误区的重要性。

四、理论依据与分析

1. 目标设置。

2. 时间管理的误区。

五、关键要点

1. 提高效率的最有效方法之一是识别并纠正时间管理的误区。

2. 当你花时间理解并克服这些错误时,你的工作效率将会产生巨大的变化,高效的工作也会带给你更多轻松愉悦的好心情。

六、建议课堂计划

本案例可以作为专门的案例讨论课来进行。以下是按照时间进度提供的课堂计划建议,仅供参考。

整个案例课的课堂时间控制在 30 分钟左右。

◆ **课前计划**

提出启发思考问题,请学生在课前完成阅读和初步思考。

◆ **课中计划**

简述课堂前言,明确课堂主题。

● 分组讨论告知发言要求(10 分钟)。

● 小组发言(每组 3 分钟,控制在 10~15 分钟)。

● 引导全班进一步讨论,并进行归纳总结(5~8 分钟)。

◆ **课后计划**

如有必要,请学生给出更加具体的方案与职责分工,为后续章节内容做好铺垫。

案例10

延展阅读

案例 11　尚晓才的精力去哪儿了？

【案例正文】

　　摘　要：一天的 24 小时不可改变，但个人的时间精力管理却可极大地提升每段时间的效用。管理精力是高效、健康与快乐学习生活的基础。本案例着重描写了尚晓才认知并学习精力管理的过程，同时剖析精力管理中存在的误区，帮助他发觉内在价值，以目标为导向，形成更为良好的行为习惯。

　　关键词：精力管理　时间管理

一、尚晓才的一天

　　尚晓才是一名大三的学生，身高 175 厘米的他体重已达 90 公斤。因为经常熬夜晚睡导致他每天早上起床延迟，经常错过食堂早餐，等到上午十点左右往往就开始饥肠辘辘，只能靠一些甜食和咖啡补充精力。他不喜欢学校食堂的餐食风味，偏好油腻厚重的外卖作为午餐和晚餐，饭后还经常买可乐或冰激凌当甜点。晚上十点钟以后，他也经常点外卖作为宵夜。虽然办了一张健身卡，但总因为拖延或者各种理由很少去健身房锻炼。在周围朋友的提醒下，尚晓才意识到自己这样的饮食和作息是极不健康的，想要做出改变。以下是他某个周末休息日的安排尝试。

　　周六。8 点钟尚晓才起床以后，发现睡眠质量不错，突发奇想地尝试了晨跑 5 公里。回到宿舍洗漱后，吃了个苹果，冲了一杯咖啡。他感觉自己的精神状态很好，体力也很充足，便坐到电脑前，准备开始一天的学习。

　　坐到桌前以后，尚晓才发现自己的注意力无法集中，他的大脑就好像处在"待机状态"，注意力是"发散"的，尚晓才很清楚现在应该做什么，但是无法切换聚集……尚晓才忧郁地看着窗外，做了几个深呼吸，看看那飞翔的鸟儿和在草坪上打滚的猫猫，他叹了口气，抿了一口咖啡，又刷了下朋友圈，看起了朋友们的动态。朋友圈里某小伙伴的托福考试因为疫情而取消的消息让他感到沮丧，同时尚晓才想起自己最近一场考试也出现了类似的情况，不由得焦虑起来。

同样让他感到焦虑的是,最近因为临时要求,很多学生活动变为线上进行。作为学生会的一名部长,他感觉自己的团队有些松懈,很多交代给团队成员的小事情小细节他都要反复确认才能放心。因为这样的完美主义,有时候仅因为一份表格格式没有改好,尚晓才看到后不满意就会自己重新再做一份。最近一段时间,他觉得自己的工作量越来越大,这也让他的情绪变得暴躁易怒。

接下来尚晓才为了进入状态,放了一首白噪音,也许是坐姿不太舒服吧,尚晓才又调整了一下座椅,可以说是"万事俱备"了,可这个"东风",它就是不来,并且,这个时候他开始有了发困的感觉……

尚晓才依旧是坐在电脑前发愣,挠了挠后脑勺,然后又拿起手机刷了下朋友圈,之后再打开新闻看了下热点,端起杯子抿一口咖啡,打开淘宝看了下快递到哪儿了,这个时候尚晓才又意识到:不对不对! 我不是正想要学习吗?! 尚晓才叹了口气,站起来走了两圈,再坐下来调整坐姿……就这样,一个小时过去了,尚晓才还没动笔。

尚晓才心里想:我现在明明精神不错,体力也充沛啊,可我为什么就是无法进入学习状态呢? 在连续几周的困扰之后,尚晓才发现自己始终无法找到解决问题、改善状态的好办法,于是他带着疑问,找到了自己的辅导员老师,请求帮助解惑。

辅导员老师听完尚晓才的诉求,并没有先跟他讲道理。而是拿出了一张彩色的画有表格的纸,对尚晓才说:"我现在非常能理解你的困扰,但是讲一些大道理或许并不能帮助到你,你可以跟我来尝试做一个时间管理的小练习,然后你就能明白问题出在哪里了。"

尚晓才若有所思地点了点头,他接过辅导员递过来的表格,上面除了表格外,还密密麻麻地印了很多文字,他仔细一看,原来这是一个规划日程的任务表。

二、规划一周日程

题目:假设现在是星期一的晚上,你要计划未来六天的日程,下面是这些天要完成的项目:

1. 你从昨天早晨开始牙疼,想去看医生(牙科门诊需提前半天预约)。

2. 星期六是一个好朋友的生日——你还没有给她买生日礼物。

3. 你已经两个星期没有给父母打过电话了。

4. 有份双休兼职待遇不错,但你须在周二或周三晚上去面试。19 点以前需要到,面试时间约为 1 小时,路上来回再加面试时间估计要花 3 小时。

5. 周二晚上 8 点有个 1 小时长的视频节目,与你的学习有密切关系。

6. 周五在体育场有五月天的演唱会,票早已售罄,你还在打听黄牛票。

7. 你在图书馆借的书周二到期。

8. 外地一个朋友邀请你周六去苏州玩,你需要整理行李。

9. 你要在星期五交创新创业项目计划书,交之前把它复印一份。

10. 周二下午 2 点到 4 点有一个学生会的会议。

11. 你欠某人 200 元钱——他周二也将参加那个会议（他只要现金）。

12. 你周二早上从 9 点到 11 点要听一场讲座。

13. 你的导师留下一张便条，要你尽快与他见面。

14. 你没有干净的内衣，另外还有一大堆脏衣服没有洗。

15. 你想好好洗个澡。

16. 你负责的创新创业项目组将在周二下午 6 点钟开会，预计 1 小时。

17. 周五 15 点，你有一门时长 2 个小时的考试。在这之前至少需要 4~5 个小时的复习时间。

18. 你所在地的学生会在周二晚上部门聚餐。

19. 你错过了星期一的例会，要在下星期一之前复印一份会议记录。

20. 这个星期有些材料没有整理完，要在下星期一之前整理好，约需 2 小时。

21. 你收到一个国外朋友的邮件 1 个月了，但是你一直没有回邮件，也没有在任何社交平台上给他回消息。

22. 星期天早上要做一份简报，预计准备简报要花费 10 个小时，而且只能用业余时间。

23. 周四晚上是父母结婚 20 周年纪念日，虽然无法回家，但是你打算帮他们订个蛋糕庆祝一下。

24. 你身上只有 10 元钱了，需要去银行取一些现金放在钱包中备用。

提示与建议：在这些项目中，有些是互相冲突的，有些则富有弹性。如何制订一份合理实用的计划表呢？在制订时间表以前，请做到以下几点。

1. 把要做的事情全部看一遍。

2. 确定每件事情的重要等级。

3. 根据重要程度把事情重新排序。

任务：结合作业题目，展开分析和讨论，将事件清单中的各种事件划分不同的优先级，按优先级把它们重新排序，然后根据这些事件，制订一个本周的时间安排表，并说明情况。

1. 哪些事情被放弃不做？为什么？

2. 哪件事情有最高的优先级？为什么？

3. 你是否高兴执行这个计划？为什么？

要求：尽可能地安排、完成更多的任务，并在 PPT 中显示日程安排数量。时间表可以参照下页的格式，同时不局限于以下格式。

日程时间表

时间	星期二	星期三	星期四	星期五	星期六	星期日
8:00						
9:00						

续表

时间	星期二	星期三	星期四	星期五	星期六	星期日
10:00						
11:00						
12:00						
13:00						
14:00						
15:00						
16:00						
17:00						
18:00						
19:00						
20:00						
21:00						
22:00						
23:00						

尚晓才对这个充满挑战的任务非常感兴趣,辅导员要求他在本周内完成,并且再约时间谈一谈做这个任务的感想。尚晓才回到宿舍就开始着手尝试安排这一周的日程规划……

【案例使用说明】

一、教学目的与用途

1. 本案例主要适用于青年领导力的培养课程

2. 本案例的教学目的是帮助学生理解时间管理的方法,洞悉精力管理中应考虑的主要因素。

二、启发思考题

1. 尚晓才为什么无法进入学习状态？他的精力是被哪些事情消耗掉的？

2. 假如你们小组现在是负责尚晓才的辅导员,请用15～20分钟的时间从体力、情绪、注意力和意义感四个方面着手,分析尚晓才目前的境遇,并为尚晓才制定一个精力管理的方案,帮助他摆脱困境。

3. 讨论:你有没有出现过类似的情况？请分享一下相关的经验。比如,一天当中,你在什么时候精力值最高,什么时候精力值最低？你是怎么统筹自己的精力值分配的呢？

4. 如果你是尚晓才,你会如何安排案例中一周的时间规划？请给出你认为最合理的方案。

三、分析思路

教师可以根据自己的教学目标来灵活使用本案例,以下分析思路仅供参考。

1. 引导学生这样思考:哪几个层面会影响我们的精力？

2. 启发学生思考:你是否会认为自己的任务或者工作没有意义？如果你觉得自己的工作毫无意义,那么再好的管理都无济于事,如果你对自己的工作充满意义感,你就会意志坚定,并生发出不可思议的力量。

四、理论依据与分析

"精力金字塔"模型。

五、关键要点

1. 当我们精力不够时,除了无法工作,其他什么都能做。

2. 时间管理的重点在于精力,而精力需要从体能、情绪、思维和意志四个方面着手去管理,其中身体层面是基础。

六、建议课堂计划

本案例可以作为专门的案例讨论课来进行。以下是按照时间进度提供的课堂计划建议,仅供参考。

整个案例课的课堂时间控制在 30 分钟左右。

◆ **课前计划**

提出启发思考问题,请学生在课前完成阅读和初步思考。

◆ **课中计划**

简述课堂前言,明确课堂主题。

● 分组讨论告知发言要求(10 分钟)。

● 小组发言(每组 5 分钟,控制在 10～15 分钟)。

● 引导全班进一步讨论,并进行归纳总结(5～8 分钟)。

◆ **课后计划**

如有必要,请学生给出更加具体的方案与职责分工,为后续章节内容做好铺垫。

案例 12　大学四年的目标管理

【案例正文】

　　摘　要:时间对于每个人来说,都是公平的,互联网时代的人们每天都在忙着与时间赛跑,有效的时间管理、精力管理以及目标管理便显得尤为重要。本案例着重描写了孙小迪、胡宇、艾哲和赵可四人在大学四年不同阶段的目标管理及成长经历,也展现了在目标管理理念引导下他们规划人生、收获成长的过程。

　　关键词:目标管理　精力管理　时间管理

一、案例背景

　　孙小迪、胡宇、艾哲和赵可四人是明德大学 2018 级的本科生,作为朝夕相处四年的同宿舍舍友,四人的关系非常要好,也即将在 2022 年夏天迎来自己的毕业季。在大学四年的时间里,由于每个时期的关注重点不同,四人的行动计划、成长方式和路径也不尽相同,每个人的短期、长期目标规划也各有精彩。接下来,让我们一起回顾一下四人的成长经历吧。

二、大一,在探索中前行

　　大一学年,四人经常和师哥师姐们进行交流,尤其是和大四的毕业生聊得最多,询问他们就业升学的情况。由于大一的课程任务并不是很重,他们四人都积极参加学校各项活动。赵可同时加入了校学生会和院系学生会组织,结识了很多其他学院的优秀小伙伴。艾哲喜欢学习与计算机相关的知识,大多数的课余时间他都通过计算机和网络辅助提升自己的专业学习。胡宇选修了法学作为第二专业,还参加了各种各样的辩论比赛。孙小迪担任班级团支书,他还递交了入党申请书,经常组织班级同学开展丰富的团日活动,深受班级同学的信任。四人经常在宿舍里交谈经历的新鲜事或者分享彼此的成长感悟。

三、大二,树立人生目标

　　大二学年,孙小迪的学习成绩在年级专业排名中名列前茅,同时他还积极参与学科竞赛,代表学校拿到了一些国家级、省市级奖项。赵可在学院的学生会做了部长,锻炼提升自己的各项能力,同时也在不断完善自己的专业知识储备。艾哲在大二学年开始尝试实习等社会实践活动,既和自己的专业对口以提升专业能力,又跟公司的前辈们学习到了很多计算机方面的知识技能。在实习的过程中,他感觉自己的责任感、主动性和抗压能力都增强了。胡宇在创新创业方面的表现可圈可点,他和打辩论赛时结识的朋友组成了科创团队,共同组建课题小组,开展法律援助方向的创新创业计划。四人在大二这个学年都通过了英语四、六级的考试和计算机二级的证书考试,并开始有选择地学习其他相关专业的知识以充实自己。

在一次宿舍的"卧谈会"上,大家的话题聚焦在未来的发展目标的选择上。孙小迪说他想继续保持好自己的成绩,争取保研。赵可说他在学生会结识了很多优秀的学长学姐,看到他们申请了国外的名校,心生羡慕,希望自己也能成为国外名校的研究生,到更广阔的平台去开阔眼界提升自我。胡宇说:"相比较自己现在的财经类专业,更喜欢法学专业,我打算后面要跨专业考研,攻读法律硕士。"艾哲说:"我毕业后想要直接工作或者创业,对于我来说事业才是最重要的,我想更早一点有经济实力,在上海落地生根。"那个晚上,他们聊了很久,睡梦里也充满了对未来的美好憧憬。

四、大三,实现梦想需要合理规划目标

进入大三学年,大家变得越来越忙碌了。而每个人的目标进展,也并不像当初想象得那么顺利。赵可立志要去斯坦福大学读研究生,对他来说最重要的就是一定要过语言关。他经过调研发现,满分为 120 分的托福考试,115 分左右才会比较有希望拿到斯坦福大学的录取通知书,设定 115 分的托福考试目标,是他的第一个目标。明确目标后,他开始规划自己的备考时间。托福考试不同于高考等常规专业考试,可以多次参考。在经过认真的分析以后,他认为想要达到 115 分这样的高分,备考时长大约为 10 个月。后来的实际情况是,从第一次参加托福考试到完成自己 115 分的目标,赵可足足投入了 13 个月的时间。为了达到 115 分的目标,赵可认真评估了自己的英语基础,规划了备考安排,将自己第一次考试的目标定在 105~110 分之间。如果这一目标能够顺利达成,则可以极大地验证自己的评估与规划,也可以更有信心坚持下去。在半年后的首次考试中,他取得了 108 分的成绩,这给了他极大的鼓舞和自信。同时,更大的挑战也随之而来:如何在下次考试中取得 115 分的达标成绩? 赵可开始梳理自己的短板。他发现托福的写作是自己接下来要重点攻克的目标。经过一年左右的努力,最终他达成了自己的小目标,拿到了 117 分的托福成绩。在拿到成绩单后他也坦言:备考托福的过程充满艰辛,在备考战线持续一年多却没有达到理想目标时,自己也曾经不止一次想过要放弃,因为实在太疲惫了。

大三学年对于孙小迪来说也是充满波折的一年。或许是过于自信的缘故,孙小迪并没有给自己制订详细的学习计划,只是单纯地认为保持好现状就可以了。结果大二学年的成绩绩点远不如大一,名次也有很多退步。这对于想要保研的他来说,无疑是当头棒喝。大二伊始他还递交了去德国交流学习的申请,计划在大三下学期出国交流。但现在心里却很纠

结,国外交流修读的课程数量少,会直接影响到未来的绩点。自己大二学年的绩点已经低了许多,再不努力挽回的话,保研就没有什么希望了。但是这个出国交流学习的机会也是自己投入了很多努力才争取到的。当保研攻读硕士的长期目标和出国交流的短期目标发生冲突的时候,孙小迪的内心无比纠结,连着好几天都辗转反侧,无法入眠。最终,在经过深思熟虑之后,孙小迪放弃了去德国交流学习的机会,下决心要通过一年的努力把绩点提上去。功夫不负有心人,大三期末孙小迪的绩点又重新回到了年级前三。

胡宇同学打算跨专业考研,除了平常没有放松学习法律第二专业以外,他还早早地规划了考研的时间安排。在大三的下半学期,他计划用三到五个月的时间先熟悉专业课的知识,并购买了全套的网课材料辅助备考。暑假他也没有回家,选择在校复习,直至考研结束。艾哲同学则一直在实习,他也经常和同学交流求职的心得体会,学习写简历、求职信,了解搜集工作信息渠道,并积极尝试加入校友网络,和已经毕业的校友沟通了解历年的求职情况,并在大三升大四的暑假,拿到了心仪公司的暑期实习 Offer。

五、大四,做好精力管理是成功的前提

大四学年,孙小迪凭借优秀的绩点和学科竞赛的加分,成功实现了保研到复旦大学的梦想。赵可也通过留学顾问的帮助,向斯坦福大学递交了申请,并凭借托福的高分和扎实的专业成绩获得了斯坦福大学的录取通知。艾哲则通过暑期实习的优异表现,成功拿到了心仪公司的秋招 Offer。

胡宇还在努力备战考研。在备考的过程中,胡宇也归纳总结了一套自己的高效备考方法。早上七到九点是他效率最高的时候,胡宇会把最需要用脑的学习任务放在早上起床后的这段高效时间。中午吃完饭容易犯困,他会午休 40 分钟以保证下午精力充沛。下午三点左右,他还会选择做一些不是特别烧脑的练习,比如一些时政阅读。而在感到疲惫以后,他还会及时调整所在场域状态,比如出去透气十分钟、买杯饮料。通过变换环境有效地刺激大脑,从而保持更加清醒的状态。晚上七到九点,他会利用好大脑的第二个黄金学习时段,去攻克专业课上的知识难点,或者强化刷题。每天晚上十一点左右他会上床睡觉,第二天七点半左右起床以保证充足睡眠。这样的作息安排,让他在整个备考过程中都保持了很好的精神状态,保质保量地完成了复习备考任务。

2022 年 2 月底,传来了胡宇考研成绩超过往年同专业录取分数线 20 多分的好消息,这下妥妥能进复试了。然而大家又突然得知艾哲因忙于实习而没有认真完成毕业论文,初稿未按规定时间上交,需要进行二次答辩,并将延迟获取毕业证、学位证时间的消息。虽然十分震惊,但艾哲也很快在多方的帮助下调整好状态与心情,开始认真拟写论文。在第二次论文提交时间节点前,完成了论文的提交并最终通过答辩,让所有人都松了一口气。

四人的成长故事先到这里,未完待续……

【案例使用说明】

一、教学目的与用途

1. 本案例主要适用于青年领导力的培养课程。

2. 本案例的教学目的是帮助学生理解目标管理、精力管理和时间管理，洞悉时间管理中应考虑的主要因素。

二、启发思考题

1. 根据赵可备考托福的经历，简要地说一下他成功的原因有哪些？ 从规划目标、确定时间和实施计划三个层面对其进行分析。

2. 结合孙小迪放弃出国交流的事件和自身的实际经历，谈一谈短期目标和长期目标的关系，以及两者发生冲突时该如何面对。

3. 从精力管理的角度出发，分析胡宇在考研期间的日程规划。

4. 从目标设置的角度来看，艾哲没有完成论文的原因是什么？ 如何避免此类事情再次发生？ 请你提供一些时间管理/精力管理/目标管理的建议给他。

三、分析思路

教师可以根据自己的教学目标来灵活使用本案例，以下分析思路仅供参考。

1. 引导学生这样思考：长期目标和短期目标的区别是什么？目标过高或者过低会有什么影响？

2. 启发学生思考：分阶段管理自己的目标时应注意什么？

3. 帮助学生理解精力管理对实现目标的重要性。

四、理论依据与分析

1. 长期目标与短期目标的关系。

2. 如何管理目标。

五、关键要点

1. 初级目标要比自己的能力定得稍微高一点点，但是踮踮脚就能够够到，一旦跨出这个成功的一小步，就会收获极大的成就感，那么接下来挑战更高难度的任务会更有动力。

2. 根据目标规划准备时间，战线拖得太长很难坚持，而战线太短则给人的压力过大，很容易崩溃。

六、建议课堂计划

本案例可以作为专门的案例讨论课来进行。以下是按照时间进度提供的课堂计划建议,仅供参考。

整个案例课的课堂时间控制在 30 分钟左右。

◆ 课前计划

提出启发思考问题,请学生在课前完成阅读和初步思考。

◆ 课中计划

简述课堂前言,明确课堂主题。

- 分组讨论告知发言要求(10 分钟)。
- 小组发言(每组 3 分钟,控制在 10～15 分钟)。
- 引导全班进一步讨论,并进行归纳总结(5～8 分钟)。

◆ 课后计划

如有必要,请学生给出更加具体的方案与职责分工,为后续章节内容做好铺垫。

·专题五·

压力与情绪管理

案例 13　初入大学:张弘毅的压力挑战

【案例正文】

摘　要:本案例记录了大一新生张弘毅进入明德大学后第一学期在班委竞选后和临近期末时遭遇的各种压力困境,拟通过新生最常遇到的一些问题帮助同学们在场景中感受压力来源的多样性和压力管理的重要性,帮助他们学会识别并转变压力,促进自己效率的提高。

关键词:压力　情绪　压力管理　情绪调节

在一个风景秀丽的偏远小镇上,张弘毅度过了他的中学时代。作为一名理科生,他对知识有着浓厚的兴趣和不懈的追求,经过多年的努力,高考后他终于收到了明德大学的录取通知书。明德大学位于繁华的都市中心,以其卓越的学术水平和丰富多彩的校园文化而闻名。对于张弘毅来说,这不仅是他求学的新起点,更是他拓宽视野、锻炼自我的重要舞台。

初入明德大学,张弘毅对周围的一切都充满了好奇和期待。他渴望在这里结交新朋友,融入新的社交圈子,同时也希望通过参加各种学生组织和社团活动来锻炼自己的领导力和团队协作能力。于是,在短短的一个月内,他报名参加了科技创新协会、环保志愿者团队、摄影社等多个社团和组织。在这些社团活动中,张弘毅结识了许多来自不同专业、不同背景的小伙伴。

一、班委竞选

开学一个月后,班委正式竞选成为每位新生关注的焦点。张弘毅并没有过多的想法,他觉得自己只是一名普通的新生,而且没有过相关经验,所以对于班长这个职位他并没有太多的奢望。然而,在同学们的鼓励下,他决定试一试,希望能够为班级做出一些贡献。

让他意想不到的是,他凭借着自己踏实的性格和真诚的态度,在班委竞选中脱颖而出,成为班长。这让他既感到荣幸又感到压力倍增。他知道,作为班长,他不仅要为同学们树立榜样,还要积极地和同学们打交道,尽可能地帮助他们解决问题。

　　然而,面对陌生的同学和陌生的环境,他感到有些手足无措。他努力地与同学们交流,但总是觉得有些吃力,不知道该如何与他们建立深厚的友谊。更让他感到焦虑的是,他发现其他班长几乎都有过相关经验,可以游刃有余地运用各种办法与同学们打成一片。比如,他们通过建立微信兴趣群、问卷收集同学关心的问题等方式,与同学们保持着紧密的联系,而张弘毅却对这些感到很陌生。

　　看着其他班长与同学们欢快地交流,张弘毅开始怀疑自己的能力。他觉得自己无法胜任班长这个职位,自己应该把这个机会让给更有能力的人,让他们为班级做出更多的贡献,开始萌生了辞职的想法。

　　然而,就在他准备向辅导员提出辞职的时候,他遇到了一位热心的同学。这位同学看出了张弘毅的困惑和焦虑,主动向他伸出了援手。他告诉张弘毅,只要用心去和同学们交流,去了解他们的需求和想法,大家就会充分信任你。张弘毅决定放下自己的不安和自卑,努力去学习和适应。

　　随着时间的推移,张弘毅慢慢适应班长这个职位。他与同学们的关系也越来越融洽,班级的氛围也越来越和谐。他感到自己的努力得到了回报,也感到自己正在为班级作出一些有意义的贡献。

二、期末困境

　　随着大一第一学期期末的临近,张弘毅开始感受到前所未有的压力。虽然学生活动减少了,但他发现自己面对多门科目的复习时有些力不从心。高中时期的学习方法似乎在这里行不通了,他需要更加深入的理解和独立的思考。与此同时,宿舍内也因为期末复习的作息时间不一致而发生了争吵。来自不同地区的室友们有着各自的生活习惯和学习节奏,如何在尊重彼此的同时保证自己的学习效率,成为张弘毅需要解决的另一个问题。

　　除了学业和宿舍问题,张弘毅还感受到了来自家长的过度关心。学期初,家长和他聊的更多的是在大学交到什么样的新朋友,自己参加了哪些活动等,但随着时间的推移,家长的关注点逐渐转移到了他的学业上。家长频频打来的电话中,不再是嘘寒问暖,而是提醒他要抓紧期末复习,争取取得好成绩,为保研打下扎实的基础。张弘毅理解家长的担忧和期望,但他也渴望得到家长的理解和支持,让他能够更轻松自信地面对困难。

　　面对这些压力,张弘毅开始感到有些力不从心。他试图平衡好复习和社交之间的关系,但往往顾此失彼,这让他感到十分焦虑和苦恼。有一天,他决定给自己放一天假,不去想学业和社交的问题,而是静静地思考如何解决当前的困境。

　　在这一天里,张弘毅将自己目前所面对的问题一一列举出来,再按照重要程度和解决的难易程度对这些问题进行了归类。他意识到,要想解决这些问题,首先需要调整自己的心态和规划。

　　于是,张弘毅开始详细地制定自己最后一个月的学习生活计划。他首先安排了每天的学习时间,将每门课程的复习计划都列得清清楚楚。同时,他还预留了一些时间用于体育锻炼,保持健康体魄。在解决宿舍关系问题上,他主动与室友们进行了沟通,坦诚地表达了自己的困惑和压力,并寻求他们的理解和支持。经过一番协商,他们共同制定了一个相对合理的作息时间表,以确保大家的休息和学习都不受影响。

对于家长的过度关心,张弘毅给父母写了一封长信,详细介绍了自己在大学的学习和生活情况,并告诉他们自己已经制定了详细的复习计划,会努力取得好成绩。同时,他也请求父母能够理解他的压力和挑战,给予他更多的信任和支持。父母收到信后非常感动,表示会尊重他的决定并给予他更多的空间和时间来应对学业压力。

三、成长收获

在实施计划的过程中,张弘毅不仅注重提高自己的学习效率,还学会了如何调整自己的心态。他明白,大学生活中的挑战和困难是不可避免的,关键在于如何积极面对和解决它们。于是,他开始尝试通过运动、音乐等方式来缓解压力,保持良好的心态和情绪。他也经常与朋友们分享自己的经历和感受,从他们的建议和支持中找到前进的动力。

经过一段时间的努力和调整,张弘毅逐渐找到了平衡复习和社交之间的诀窍。他的学习效率得到了提升,也在社团活动中取得了不俗的成绩。更重要的是,他学会了如何在压力中保持平衡和积极面对挑战。

回首这段经历,张弘毅感慨良多。他感谢明德大学为他提供的广阔舞台和丰富资源,也感谢那些陪伴他渡过难关的同学和老师。这段经历让他更加坚定了自己的信念和目标,也让他更加珍惜大学这段宝贵的学习时光。

【案例使用说明】

一、教学目的与用途

1. 本案例主要适用于青年领导力的课程。

2. 本案例的教学目的是透过案例帮助学生了解压力来源的多样性、及时认识到自己的情绪变化,帮助他们在不同情况下应采用何种原则进行压力和情绪管理。

二、启发思考题

1. 请结合所学知识和案例故事,列举出张弘毅的压力来源及其类别。

2. 针对大学第一学期遇到的各种压力,张弘毅分别是通过什么方法去化解的?

3. 结合所学知识和案例故事进行分析,张弘毅的故事体现了压力管理的哪些原则?

4. 结合张弘毅的经历,谈一谈压力和情绪是一种什么样的关系?张弘毅是采取什么方式进行情绪调节的?

5. 回想一下你的大一第一学期,当情绪不稳定时你是如何处理的?

三、分析思路

教师可以根据自己的教学目标(目的)来灵活使用本案例,这里提出本案例的分析思路,仅供参考。

1. 可以让学生进行角色代入,感受真实场景。

2. 引导学生理解进行压力和情绪管理的重要性,同时启发他们这样思考:如果你是张弘毅,在遇到同样的情况时你会怎么做?

四、理论依据与分析

1. 压力的分类

(1)积极的压力反应。

(2)消极的压力表现。

2. 压力管理应具备的四种能力

(1)思维力。

(2)心性力。

(3)生命力。

(4)支持力。

3. 压力的潜在来源因素

(1)环境因素:经济的不确定性、政治的不确定性、技术变革。

(2)组织因素:任务要求、角色要求、人际要求。

(3)个人因素:家庭问题、经济问题。

4. 压力管理的原则

(1)次序原则:面对、接受、处理、放下。

(2)拆分原则:重建认知、分解问题、拆分目标。

(3)并轨原则:压力与绩效的正向促进关系。

5. 情绪调节的策略

(1)认知再评估。

(2)社交分享或发泄。

(3)正念。

(4)情绪抑制。

五、课堂计划建议

案例讲授可控制在 45 分钟左右完成。授课之前,先将案例及将要讨论的问题发放给学生。请学生在课前完成阅读并初步思考。

本案例分为四个阶段。

第一阶段是老师简要介绍案例和要求,并提出讨论主题(5 分钟)。

第二阶段是分组讨论,每组 4～5 个人,首先阅读案例,并讨论思考题(25 分钟)。

第三阶段是集中讨论,请各组汇报本组讨论结果,老师逐一加以点评、追问。这一过程中将理论指导融入进去,可适当扩展视野、提升认知层次(10 分钟)。

第四阶段是小结,对整个案例涉及的知识点以及想要展示的主题进行归纳总结和升华(5 分钟)。

案例13

延展阅读

案例 14 情绪管理塑造高效团队

【案例正文】

摘　要:压力与情绪管理是帮助提升效率和领导力的重要能力,本案例再现了尚晓才成长为项目主管后如何识别和管理自我情绪,以及如何识别与转化团队情绪的过程,以此引导并鼓励学生要善于观察,并学会发挥情绪的领导力价值。

关键词:情绪识别　情绪稳定　团队情绪　情绪转化

2020 年 7 月,当明德大学毕业典礼结束后,尚晓才的手上多了一份世界 500 强企业的入职通知书。这名经勤奋好学、怀揣梦想的学子,终于凭借大学在读期间的优异表现,踏上了自己人生的新征程。刚进入公司的他,和大多数白领一样,每天兢兢业业地完成着各项任务,不放过任何一个学习和进步的机会。

尚晓才的踏实和肯干很快得到了上级的认可,他的努力没有白费,他逐渐从一名普通员工晋升成为项目主管。然而,随着职位的提升,他的工作压力也越来越大,加班时间也日益增多。

一、分手危机

金毓秀,这个与尚晓才青梅竹马的女孩,一直是他心中的牵挂。过去,虽然他们不在同一个学校,但每当尚晓才没有课的时候,他都会特意跑到金毓秀的学校去看她,陪她度过那些美好的时光。然而,现在的工作让尚晓才无法再像过去那样陪伴金毓秀。他回家的时间越来越晚,有时两人甚至一周都见不了一面。金毓秀虽然心里有些不满,但她深知尚晓才的辛苦和付出,所以一直默默地支持着他,没有抱怨过一句。

直到金毓秀 25 岁生日的那天,她满心期待地等待着尚晓才给她的惊喜和祝福,然而,尚晓才却完全忘记了这个重要的日子。金毓秀的心彻底凉了,她觉得自己在尚晓才的心中已经变得不再重要,于是,她提出了分手。这个消息对尚晓才来说无异于晴天霹雳,他这才意识到自己在工作和生活之间失衡得太严重了。他焦急地想要挽回这段感情,但金毓秀这次铁了心要分手。

尚晓才的心情跌到了谷底,第二天上班前他甚至不小心把包落在了出租车上。在取回包的路上,他深深地反思自己的行为和情绪。他意识到自己已经陷入工作的漩涡中,忽视了生活中最重要的人和事。这种失衡不仅让金毓秀感到失望和伤心,也让自己陷入了困境。

回到公司后,尚晓才努力调整自己的情绪和态度。在项目会上,面对一个实习生的简单错误,他没有发火或责备,而是耐心地指出错误所在,并提出了修改建议。他鼓励团队成员集中精力,尽快拿出项目方案。在他的带领下,团队最终提前 3 天交出了一份满意的答卷。这次的经历让尚晓才更加深刻地认识到自己的情绪管理对于工作和生活的重要性。他决定改变自己的生活方式和工作态度,重新找回工作与生活之间的平衡。

于是,尚晓才向公司申请了休假,他决定用这段时间来挽回感情。他找到金毓秀,真诚地向她道歉,表达了自己对她的感情和未来的承诺。他告诉金毓秀,他以后会努力安排好工作和生活,多陪伴她、关心她,让她感受到温暖。在尚晓才的真诚和努力下,金毓秀最终原谅了他,两人重新走到了一起。他们约定要一起面对未来的挑战和困难,共同创造幸福的生活。

二、共情铸就团队力量

从成为项目主管以来,尚晓才在工作中逐渐感觉到要确保项目的顺利进行,不仅要自己保持专注精神,还要关心团队成员的成长与状态。这段时间,他注意到团队成员张晓明有些不对劲。张晓明不仅频繁请假,而且每当他回到工作岗位后,总是显得心不在焉,经常走神。尚晓才明白,如果不及时解决这个问题,不仅会影响张晓明个人的工作效率,还可能对整个团队造成不良影响。

于是,尚晓才决定采取行动。他首先尝试与张晓明进行深入的交流。在交谈中,他耐心倾听张晓明的诉说,不打断、不评判,只是用心去感受对方的情绪和想法。张晓明感受到了尚晓才的真诚和关心,慢慢地敞开了心扉。

原来,张晓明的家里有人生病住院,病情较为严重。由于陪护人员不够,他不得不频繁请假去医院陪护家人,这导致他在工作时分心,无法集中精力完成任务。张晓明深感愧疚和无奈,他不想因为个人原因影响团队的整体进度。

听完张晓明的诉说,尚晓才心中涌起一股同情。他明白,家庭责任对于每个人来说都是至关重要的,张晓明能够承担起这份责任,说明他是一个有担当的人。于是,尚晓才向张晓明表达了自己的理解。他没有劝张晓明尽快调整情绪投入工作,而是告诉他,每个人都会遇到困难和挑战,关键是要学会面对和解决。他鼓励张晓明要坚强面对家庭变故,同时表示会尽力为他提供工作上的帮助和支持。

为了让张晓明能够更好地平衡工作和家庭,尚晓才首先与团队成员商量,重新分配了工作任务,确保张晓明在请假期间不会给团队带来过大的压力。同时,他还建议张晓明与医院和家人沟通,看是否能够调整自己的陪护时间,以便他能够更好地安排工作。

在尚晓才和团队成员的关心和支持下,张晓明逐渐走出了困境。他能够更好地平衡工作和家庭,将精力投入工作中,为团队贡献自己的力量。同时,他也更加珍惜与团队成员之间的情谊,更加努力地工作,回报团队的关心和帮助。

在尚晓才的带领下,团队成员共同努力,最终项目取得了圆满的成功。这次的经历让尚晓才深刻体会到团队力量的重要性,也让他更加坚定自己关心团队成员、营造和谐工作氛围的信念。他深知,只有团队成员之间的相互支持、团结一心,才能共同面对挑战、创造更大的价值。

三、裁员风波

尚晓才坐在办公桌前,手指无意识地敲打着桌面,他的眼神在办公室的每一个角落游离,似乎在寻找什么答案。公司内部裁员的消息像一股冷风,悄无声息地吹到每一个角落,让人心生寒意。

尚晓才的项目组原本是公司的明星团队,每个成员都出类拔萃,是精挑细选出来的精英。但现在,这个团队却像是失去了灵魂,每个人都在为自己的未来担忧。尚晓才的一些新想法,以前总能引起热烈的讨论,但现在,他的话语仿佛落入了深渊,回应他的只有沉默。分配工作任务时,以前总是争先恐后、生怕自己闲下来的团队成员们,现在也开始推三阻四,总是找各种理由推脱,不愿意承担更多的工作。尚晓才知道,这背后原因是他们对未来的恐惧和不安,他们害怕自己成为被裁员的那一部分。以前干劲十足的团队成员们开始对工作失去斗志,即使是必要的任务也总是能拖就拖。

李同新是团队里资历最老的员工,他见证了公司的起起落落,也深知自己对公司的重要性。但这次裁员的消息让他感到前所未有的压力。他担心自己的经验和能力不再被公司所需要,担心自己会成为第一批被裁员的对象。

下班后,李同新不再像往常一样直接回家,而是选择留在公司,和几个有同样担忧的同事一起商量对策。他们试图找出裁员消息的来源,希望能从中找到一些线索。但无论他们怎么努力,都无法确定这个消息的真实性。

尚晓才看着这一切,心里五味杂陈。他理解他们的担忧和不满,但他也知道,这样的态度只会让公司的状况更加糟糕。因为不知道裁员消息是真是假,他试图向公司的管理层求证,但得到的总是模棱两可的回答。这让他感到束手无策,他既想为团队做些什么,又不知道该如何下手。

【案例使用说明】

一、教学目的与用途

1. 本案例主要适用于青年领导力的课程。

2. 本案例的教学目的是帮助学生了解情绪的领导力价值,学会如何在团队中识别自我和他人情绪,并通过情绪影响和转化帮助提升团队绩效。

二、启发思考题

1. 当遭遇分手危机后,尚晓才是如何识别自我情绪的? 他又是如何处理的呢?

2. 当得知张晓明的特殊情况后,尚晓才是如何通过识别与理解他人情绪来发挥领导力的?

3. 裁员风波来临之际,尚晓才项目团队的负面情绪有哪些方面的体现?

4. 结合所学知识,如果你是尚晓才,面对团队成员的担忧和不满,你将如何帮助团队转化情绪?

三、分析思路

教师可以根据自己的教学目标(目的)来灵活使用本案例,以下分析思路仅供参考。

引导学生这样思考:尚晓才之所以能够成长为项目主管,他具有哪些领导力的品质? 面对案例中的情形,你觉得尚晓才有哪些可取之处? 如果你是尚晓才,你将如何带领你的团队克服负面情绪?

四、理论依据与分析

1. 自我识别和情绪稳定——实现领导力价值的第一步

(1)私人情绪不会影响到团队其他成员。

(2)工作情绪的反馈标准是稳定的。

2. 识别与理解他人情绪——领导者的心电影响力

(1)感受他人的情感。

(2)理解他人的观点。

(3)接受他人的感受。

(4)理解背后的原因。

(5)对他人表示关注。

(6)表达共情。

3. 影响与转化负面情绪——积极情感在领导力中的运用

(1)毫无保留的关心。

(2)鼓励积极行为。

(3)不吝赞赏。

4. 团队情绪的辨识与理解

(1)发现团队的日常行为变化。

(2)注意负面情绪的特征行为。

（3）接受团队成员的情绪而不是压抑。

（4）分析团队成员的情绪。

5. 团队情绪的转化——成员激励与价值观整合

（1）保持及时、双向、坦诚的沟通。

（2）推动团队专注于"目标"，而不是"过去"。

（3）用"自我反省"和"换位思考"来帮助团队成员扭转心态。

（4）利用团队中"意见领袖"的积极影响。

五、课堂计划建议

案例讲授控制在 45 分钟左右完成。授课之前，先将案例及将要讨论的问题发放给学生。请学生在课前完成阅读并初步思考。

本案例分为四个阶段。

第一阶段是老师简要介绍案例和要求，并提出讨论主题（5 分钟）。

第二阶段是分组讨论，每组 4～5 个人，首先阅读案例，并讨论思考题（25 分钟）。

第三阶段是集中讨论，请各组汇报本组讨论结果，老师逐一加以点评、追问。这一过程中将理论指导融入进去，可适当扩展视野、提升认知层次（10 分钟）。

第四阶段小结，对整个案例涉及的知识点以及想要展示的主题进行归纳总结和升华（5 分钟）。

·专题六·

人际管理与沟通

案例 15　曲折的视频制作之路

【案例正文】

　　摘　　要：本案例真实记录了某集团员工尚晓才在筹备微电影大赛活动视频时的工作经历，通过第一人称的情景回述让学生在场景中感受沟通的重要性，理解不同情况下使用不同沟通渠道的影响、有效沟通的障碍以及如何进行有效沟通。

　　关键词：沟通　沟通渠道　有效沟通

　　某集团团委拟在建党百年之际举办一场微电影大赛。活动发起时是5月初，微电影大赛计划于6月底举行。尚晓才是这次大赛的主要负责人，这是他第一次组织该类型和规模的活动，由于经验不足，经历了不少波折。以下是他以活动视频制作环节为例所做的一个项目回述。

一、启动受挫

　　为了配合"微电影比赛"的开展与最终宣传呈现，我们决定将整个活动用视频串联起来，包括活动开场的片头、"五四"表彰环节的先进事迹介绍和比赛颁奖环节的片花，共计12个视频，时间总长度将近30分钟。由于视频制作的专业性较强，决定将这项工作外包给广告公司或者具有这方面专业背景的人员去做。整个项目由我负责。作为负责人我要选择合适的外包方，让对方清楚地了解企业的需求，及时跟进制作进度并提出修改意见。于是沟通在这一系列环节中就起着至关重要的作用。

　　首先，我列出了外包方需要具备的条件。

　　1. 具有视频制作的专业水平。

　　2. 能够理解集团 CI 的内涵以及此次活动的意义。

　　3. 具有时尚感、创意性，能体现出青春的特色。

　　4. 报价合理。

　　5. 能够按时完成并提交作品。

当相关资质条件列出来之后,我的脑海中立刻闪现出了一个人——某高校艺术设计和视频制作专业的刘老师。由于微电影制作和拍摄的专业性比较强,在活动通知发出后集团组织了各参赛人员参加过一次培训,培训讲师就是我刚刚想到的刘老师。他的专业能力无可挑剔,同时在准备培训时已经对集团的 CI 和活动目的有了较为清晰的理解。从他向我们展示的一些作品中可以看出他设计制作的水平。于是,我赶紧拿起电话与他沟通,了解他的意向、报价和时间安排。

我:"刘老师,您好啊! 我是小才。我们这次的微电影大赛需要制作片头、颁奖片花以及'五四'颁奖事迹介绍的视频。之前的培训合作很愉快,想看看您有没有兴趣继续合作,帮我们做这些视频?"

刘老师:"小才,你好啊。有多少视频? 具体有些什么要求? 制作的时间给多长?"

我:"总共 12 个视频,加起来半小时左右,需要在 1 个月之内做完。特别是片头,要能体现我们集团 CI、团组织和微电影的各类元素,形式上要青春活泼,能够体现出创意性。其他两类就结合片头的风格进行设计。可以的话每类视频请您先做一个样片,5 天后给我。"

刘老师:"没问题。"

我:"对视频的要求您还有什么具体的问题吗?"

刘老师:"没有了,之前做培训时我已经对活动内容很清楚了,到时看作品再沟通吧。"

我:"好的,如果您有设计的想法了,我们也可以先沟通一下,看看是否符合集团的预期。"

刘老师:"好的。"

他的反馈让我非常开心,报出的价格也很具吸引力,比广告公司便宜一半。我们约定 5 天后提供片头、片花和颁奖视频的样片。对于这项工作的计划完成时间——1 个月来说,还是比较宽裕的。我将沟通好的事项以邮件的形式发送给刘老师进行再次确认,并且表示若有疑问或需要相关资料都可以及时与我联系。事情进展得如此顺利让我满心欢喜,轻松地等待样片出炉。

在接下来的几天里,我没有收到刘老师关于视频制作的任何疑问。约定的 5 天时间还未到,我就收到了刘老师的邮件,让我对他的工作效率又一次获得良好印象。然而当我满心期待地打开邮件,看到的作品却让我大失所望:片头完全不符合要求,无法使用;片花经过修改后差强人意;颁奖视频勉强合格。由于片头是所有视频中最重要、时间要求最高的一项,它决定了整个活动宣传的总基调。我再次确认了当时沟通中对视频要求的表述,并拨通了刘老师的电话。他这才告诉我前面的要求太笼统,希望能有一个参照模板。尽管担心模板会限制了设计创意,但由于时间紧迫,我还是给他提供了去年"七一"活动中某广告公司制作的片头以供参考。我给他两天时间对片头进行重新设计制作,且明确表示,有了创作想法先提前沟通,避免作品出来后再被推翻,不仅会耽误时间而且浪费、消耗团队的精力。接下来的两天等待让人焦虑不已,这期间我也与刘老师进行了一次关于设计理念的沟通,但并没有获得实质性进展。我开始对即将修改出来的第二轮作品不抱太大希望。果不其然,两天后看到的作品只是用提供的模板进行了翻版,离本次活动的要求相差甚远。我不禁对他的水平产生了怀疑,也对他的作品失去了信心。再次沟通后,他表示愿意继续修改。但我评估他调整的可能性不大,而且时间已经过去一周,其他相关工作的进展也由于片头迟迟不出而有所拖延。除片头之外的其余视频工作量也不小,要立即着手推进,时间开始变得紧迫。

为了不耽误后续进程,我开始考虑其他的制作团队方案。前年"七一"活动与集团合作的广告公司是个不错的选择,与之合作非常顺利,效果也令人满意。美中不足的是对方报价太高,远超出了此次活动经费的预算。我陷入艰难的抉择之中。

二、峰回路转

经过再三权衡,我决定将活动的质量保证放在第一位,费用预算根据实际情况再申请调整。明确了这个想法后,起用备选广告公司的意愿便十分强烈,我赶紧与对方进行了沟通,并让其在两天内提供片头样片。再次经过两天的焦急等待之后,此次的作品样稿没有让人失望。于是我们针对以下两方面进行了进一步的沟通:其一,整体报价能否再优惠。其二,后续全部视频由该公司制作,时间能否保证。得到的反馈喜忧参半:价格争取到了让人满意的优惠幅度,但由于时间太赶,对方只能保证完成一个片头。即便如此,他们的答复也为我提供了新的解决问题思路:将片头交给该广告公司制作,片花和颁奖视频仍交给刘老师完成。这样既可以保证全部视频在规定时间内完成,又预留了部分修改调整的时间。费用方面,总报价是原预算的1.8倍,比全部由广告公司承接的2.5倍预算报价便宜了不少。

有了这么一个解决方案暂解燃眉之急,终于可以稍稍松一口气了。于是,我开始与双方进行下一阶段沟通。我与广告公司很快就谈妥并投入制作。在和刘老师进行邮件沟通时,一件意外的发现让我之前对他的失望有了合理的解释。我发现刘老师提供的修改视频的邮件是转发过来的,这说明制作人并不是刘老师本人。在随后的电话沟通中我委婉地指出这一发现,他非常尴尬地道歉了且欣然接受了我们更换制作人的决定,并给出了一些价格上的让利。更重要的是,他提供了视频制作人的直接联系方式,这样后续的沟通就更为直接,大大提高了准确性和时效性。

最终所有的视频均在规定的时间内完成,微电影大赛如期举行。青春大气的舞台布置、到位的现场安排、顺利的进程控制、让专业评委惊叹的参赛作品,所有的展示都让当天的活动现场熠熠生辉。集团的领导们在活动之后专门准备了庆功宴,对本次活动给予了充分肯定。

三、当事人分析

1. 如果一开始在与刘老师沟通时就明确指定视频制作人需由他本人担任,就不会造成后面多重沟通所造成的信息失真,也不至于耽误了整个事情的开展进度。

2. 反馈在沟通中非常重要。如果在第一次沟通中对方就明确表示我的制作要求不够清晰具体,也不至于在作品小样出来后遭到直接否定。如果在修改过程中及时反馈设计思路,就不至于造成时间和精力的双重消耗。

3. 在沟通中,信息的表达要尽量准确、清晰,能量化的指标要尽可能量化,例如时间点等,这样更能确保事情的开展效果。

【案例使用说明】

一、教学目的与用途

1. 本案例主要适用于青年领导力的培养课程。

2. 本案例的教学目的是通过帮助学生了解沟通的重要性,理解不同情况下使用不同沟通渠道的影响、有效沟通的障碍和如何进行有效沟通。

二、启发思考题

1. 从沟通渠道的角度,你认为案例中的主人公是否有更好的选择?

2. 请结合案例实际阐述反馈的重要性。作者对于案例的分析你是否认同?

3. 案例中有效沟通的障碍有哪些?

4. 你认为在此次沟通中应注意的问题还有哪些? 如果你是作者,结合你的经历,在此情景下,哪三个建议让沟通更有效?

三、分析思路

教师可以根据自己的教学目标(目的)来灵活使用本案例,这里提出本案例的分析思路,仅供参考。

1. 让学生进行角色扮演,实践感受沟通的真实场景。

2. 引导学生这样思考:如果你是尚晓才,在遇到同样的情况时会怎么做? 如果你是刘老师,在遇到同样的情况时会怎么做?

四、理论依据与分析

1. 沟通渠道

沟通渠道:口头沟通、书面沟通、非言语沟通。

2. 反馈是沟通中的重要环节

沟通是一个信息传递、交流的过程,如果信息没有被传送到,则意味着沟通没有发生。信息的发出者,通过自己的理解选择语言、文字等方式将信息传达给接收者,接收者根据自己的理解接收这个信息。到这个阶段,这个沟通过程还没有结束,一个完整的沟通过程是,信息发出者不仅是要将信息进行传递,同时接收信息方也要有反馈。

3. 有效沟通的障碍

(1)过滤:指信息发送者有意操纵信息,以改善接收者对信息的看法。

(2)选择性知觉:信息接收者在接收信息的过程中会把自己的兴趣和期望融入其中。

(3)信息超载:个人处理信息的能力是有限的,当需要处理的信息超过我们的信息加工能力时,就会出现信息超载。

(4)情绪:对于同一份信息,在愤怒或暴躁时的解读能力可能与快乐时的解读能力截然不同。极端的情绪体验最有可能阻碍有效沟通。

(5)语言:同样的词语对于不同的人来说意义也会不同,年龄和情境是导致差异的两个最显著的因素。

(6)沉默:沉默和不沟通是非常棘手和普遍的,是有效沟通很大的障碍。

(7)沟通恐惧:据估计,约 20% 的大学生有某种程度的沟通恐惧或社交焦虑。在组织中也有极少数的人竭力避免使用口头沟通,他们会告诉自己,不需要太多沟通就能有效工作,从而使自己的行为合理化。

(8)撒谎:显然撒谎对于正确有效地传递信息是有害的,撒谎的频率以及识别谎言的难度使谎言成为有效沟通中的一大障碍。

五、课堂计划建议

案例讲授可控制在 45 分钟左右完成。授课之前,先将案例及将要讨论的问题发放给学生。请学生在课前完成阅读并初步思考。

1. 老师简要介绍案例和要求,并提出讨论主题(5 分钟)。

2. 分组讨论,每组 4~5 个人,深入理解案例(15 分钟)。

3. 集中讨论,请各组汇报本组讨论结果,老师逐一加以点评、追问。这一过程中将理论指导融入进去,可适当扩展视野、提升认知层次(15 分钟)。

4. 对整个案例涉及的知识点以及想要展示的主题进行归纳总结和升华(10 分钟)。

案例 16 上行沟通的故事

【案例正文】

摘　要：上行沟通是组织沟通中非常重要的内容，本案例展现了从上行沟通中遇到问题到如何解决问题的全过程，帮助学生准确认识上行沟通，并学习如何进行上行沟通。

关键词：上行沟通　沟通障碍　沟通技巧

金毓秀是公司的业务主管，她很珍惜公司给予她的成长机会，在工作上非常努力。最近，金毓秀所在的部门经理调动，从外单位空降了一位新的部门经理。

一、沟通不顺，矛盾产生

这位新领导姓张，刚 30 岁出头，是一个很有工作激情的人，但她以往的工作经历与现任部门的工作性质差异较大。张经理到岗后立即全身心投入工作，由于金毓秀是部门主管，张经理便经常找金毓秀了解工作背景，布置工作任务。在这个过程中，金毓秀觉察到张经理是个性子很急的人，很多事情都想尽快处理掉，但由于不太了解部门的具体情况，专业知识也不充足，因此提出的解决办法往往难以操作，造成经办人员工作量陡增，人力资源过度消耗。金毓秀十分关注细节，也很关注下属的执行难度与困难，因此每次与张经理讨论工作时，都会详细地向张经理阐述可能遇到的困难并提出自己的建议。但是张经理大多数都没有听取金毓秀的意见，坚持自己的决策判断。

在一次内审检查时，张经理为确保工作无误，要求金毓秀通知所辖分支机构的人员在一天内把全部档案找出来自查一遍，金毓秀跟张经理解释说工作量太大，分支机构人员不可能在一天之内完成。张经理坚持说："检查时间快到了，就让他们辛苦一点，晚上加加班，肯定能做完的。"金毓秀为难地说："张经理，这个工作量真的很大，即使加班也不可能查完的，如果我们这样要求他们去做，他们会觉得公司的指令有问题的。"张经理不耐烦地说："我已经决定了，你按照我的意思去通知下面就可以了。"金毓秀只好退出办公室。

如此这般，金毓秀每次向张经理提出反对意见，都要与她反复沟通解释，导致每次工作沟通的时间短则一小时，长则半天，致使金毓秀的日常工作也受到了影响，时间花费在了种种低效或无效沟通上，只好通过加班来处理日常事务。金毓秀逐渐感到力不从心，对自己的沟通能力也开始没有了信心。

二、沟通对抗，冲突激发

随着工作忙季的到来，金毓秀和张经理的沟通矛盾越发升级，金毓秀的责任心很强，同时也为了帮助下属减少承接难以完成的工作，她一次又一次地和张经理据理力争。张经理开始认为金毓秀时常与自己的意见相左，是觉得自己是空降人员，没有岗位经验，决策能力也一般，因而不认同自己，与其对抗是为了有意凸显她的工作能力。因此，张经理对金毓秀的不满也越来越深。久而久之，两人的工作沟通经常以面红耳赤的争吵结束。

一天下午，张经理要求金毓秀向财务部拿一批数据，而且当天下班前就要发给她。金毓秀了解了数据提取需求后，向张经理提出数据量太大，财务不可能一两个小时就完成，而且可能还涉及保密工作要求，主管层不一定能被授权获取数据。

张经理立即回答说："你还没有问，怎么知道？"

金毓秀只好打电话问财务部主管，对方果然回答数据不好拿。于是金毓秀再次跟张经理汇报，问能否减少一些敏感数据，并将期限宽延至第二天。张经理不冷不热地说："就算有困难，你作为主管，可以想办法去解决啊！"

金毓秀没办法，再次打电话给财务主管。由于两人平时关系较好，财务主管答应尽量提供所需数据，但时间实在不够，最快也要第二天上午才能提取出来。金毓秀又一次向张经理汇报最新情况，张经理却扔了一句："这点小事都办不到，你的沟通能力怎么这么差啊！"

金毓秀无助地退出张经理办公室，回到自己的座位上，她感到非常委屈，长时间积压的情绪终于爆发，情不自禁地趴在办公桌上哭了起来。这件事情发生以后，金毓秀非常害怕跟张经理沟通，工作也很难开展。按照张经理的要求落实，很多工作都让人感觉加倍辛苦；不按照张经理的要求推进，张经理就觉得金毓秀是在搞对抗。金毓秀感到没有办法承受这种工作压力，开始萌生辞职的想法。

三、沟通尝试，关系缓和

在一次内部培训中，金毓秀参加了沟通艺术的专题课程，里面提到了各种沟通障碍的形成、表现的内容，她联想到自己的实际工作，发现很多内容都是相符的，她开始明白自己与张经理的沟通问题是基于她的沟通方式停留在简单沟通的状态中，没有在复杂情境沟通的时候调整自己的沟通方法和技巧。于是她开始尝试将学习到的沟通知识，联系自身工作实际，制订走出沟通困境的实施计划。她首先做了性格测试，确定自己的个性偏好，同时也对张经理做了对照分析，了解她的性格类型，通过认知类型表现，尝试理解张经理的个性、处事习惯和兴趣偏好等。然后，金毓秀对双方的沟通障碍缘由进行分析，发现最主要的原因来自双方信息掌握程度的不同，导致决策方案不同。这一点并不是沟通障碍的不治之症，是可以避免的。金毓秀找到症结所在后,便尝试在与张经理沟通前,有意识地向张经理提供大量的背景信息资料,让张经理了解更多的具体情况,使张经理感到工作决策时有了更多的信息支持,觉察到这是金毓秀的工作转变,也开始主动找她询问一些自己不清楚的问题,两人的关系开始缓和。

四、沟通转变,走出困境

金毓秀通过观察分析发现:较之过程,张经理是更看重结果、一旦做出决定不会轻易改变的人,因此她调整了与张经理的沟通方式。在与张经理沟通工作时,重点放在明确任务目标上,不再纠结于细节的讨论,在实际工作中如果张经理提出的操作办法难以实施,金毓秀则在不影响最终结果的前提下自行调整,同时减少进展步骤的汇报频率,从而避免了耗费大量的沟通时间。为了提高决策正确性,金毓秀在沟通前会先准备若干方案,在张经理还没有做出决定前提出自己的相关考量供她选择。张经理也觉得这种方式有效补充了自己考虑问题的片面性,有助于科学决策,因此以更开放的心态接受金毓秀的信息方案交流汇报,增加了对她的信任度,并逐渐加大了授权的程度。

又到了内审检查的时候,跟上次一样,时间很紧急任务很重,张经理问金毓秀:"如果通知分支机构完成全部档案自查,一天时间来得及吗?"这次,金毓秀提交了一张表格给张经理,上面清晰地列示了各分支机构档案种类、数量,涉及重点检查的材料种类、数量,然后金毓秀跟张经理汇报备查情况:"张经理,因为档案数量太多,在这么短的时间内您看是否让他们先针对重点检查材料开展自查,这类档案只占了全部档案的 30%,用 1 天时间应该可以完成。"

张经理想了一下说:"万一检查组抽到了重点项目检查之外的档案进行检查呢? 这也是有可能的啊!"

金毓秀说:"重点检查的业务都是比较复杂的,而非重点的业务材料相对比较简单,可以在检查组提出提档需求时,我们再很快地自查一下提档的档案,我相信后者不需用很长的时间团队也有能力完成。"

张经理点头说:"可以,这样既能确保检查不出问题,又不会让分支机构的人员压力太大。"

此后,金毓秀和张经理的工作配合越发融洽与密切,金毓秀的工作能力也得到了张经理的充分认可,部门的各项工作开展得有条不紊,团队工作氛围也得到了极大改善。

【案例使用说明】

一、教学目的与用途

1. 本案例主要适用于青年领导力的培养课程。

2. 本案例的教学目的是帮助学生理解上行沟通时可能遇到的障碍以及如何解决。

二、启发思考题

1. 上行沟通障碍会导致什么问题？请指出案例中金毓秀采用了哪些上行沟通技巧？

2. 金毓秀的做法对你有何启发？

3. 你是否有类似的经历可以分享？

三、分析思路

教师可以根据自己的教学目标（目的）来灵活使用本案例，以下分析思路仅供参考。

1. 让学生进行角色扮演，感受沟通的真实场景。

2. 引导学生这样思考：在和上级沟通时出现问题的原因有哪些？从沟通主体的角度来说，上级沟通与下级沟通、平行沟通有什么区别？

四、理论依据与分析

1. 上行沟通的障碍

（1）沟通焦虑。即没有胆量与上级沟通，例如同学不敢跟老师交流。

（2）选择性认知。依据自己的动机、经验、需要、兴趣、理想、信念以及世界观等个体倾向性特征，有选择地汇报与之有关的信息，对其他重要的信息却充耳不闻、视而不见。

（3）信息过滤。只传递有利的信息。

2. 上行沟通的技巧

（1）做好沟通前的准备。

（2）注重效率。

（3）发挥反馈的作用。

五、关键要点

1. 把握上行沟通的特点并掌握底层逻辑才可在实际操作中学会沟通。

2. 上行沟通不是一朝一夕即可练就的，需要在实践中多尝试和体会才可让沟通游刃有余。

六、课堂计划建议

案例讲授控制在 55 分钟左右完成。授课之前，先将案例及将要讨论的问题发放给学生。请学生在课前完成阅读并初步思考。

1. 老师简要介绍案例和要求，并提出讨论主题（5 分钟）。

2. 分组讨论，每组 4～5 个人，首先阅读案例的第一、第二部分，并讨论思考题（10 分钟）。

3. 集中讨论,请各组汇报本组讨论结果,老师逐一加以点评、追问。这一过程中将理论指导融入进去(10分钟)。

4. 进行分组讨论,阅读案例的第三、第四部分,并讨论思考题(10分钟)。

5. 集中讨论,请各组汇报本组讨论结果,老师逐一加以点评、追问。这一过程中将理论指导融入进去,可适当扩展视野、提升认知层次(10分钟)。

6. 对整个案例涉及的知识点以及想要展示的主题进行归纳总结和升华(10分钟)。

案例16

延展阅读

—— ·专题七· ——

演讲的魅力

案例 17 一次成功的课堂演讲

【案例正文】

摘　要:本案例记录了朗杰特在大学课堂上的两次演讲,拟通过同学们在高校学习生活中最为常见的课堂报告情景,引导同学们了解成功的课堂报告和失败的课堂报告的鲜明对比,帮助他们学会日常演讲训练提升的技巧与方法。

关键词:演讲训练　危机应对　演讲类型

演讲内容请见以下百度网盘的分享。

【案例使用说明】

一、教学目的与用途

1. 本案例主要适用于青年领导力的课程。

2. 本案例的教学目的是通过案例帮助学生了解在学习生活中常见的领导力演讲类型、方法和技巧,帮助他们掌握演讲训练的基本要求。

二、启发思考题

1. 结合所学知识,判断朗杰特的演讲属于哪种类型? 他在第一次演讲中遭遇哪些危机或问题? 如果要改变现状,朗杰特需要提高哪些能力?

　　2. 在接受老师和同学的建议后,朗杰特的第二次演讲体现了哪些素养的提升?

　　3. 结合课程内容和你自身参与课堂演讲的经历,分享至少 3 点经验或教训。

序号	常见问题	经验做法
1		
2		
3		

三、分析思路

　　教师可以根据自己的教学目标(目的)来灵活使用本案例,这里提出本案例的分析思路,仅供参考。

　　1. 可以让学生进行角色代入,感受真实场景。

　　2. 引导学生理解开展演讲训练的重要性,同时启发他们这样思考:如果你是朗杰特,在演讲遭遇危机时你会怎么做?

四、理论依据与分析

　　1. 几种常见的领导者演讲类型,以高校场景为例。

　　(1)告知型演讲:如各类学生组织的年终工作总结汇报等。

　　(2)礼仪型演讲:如各类学生活动的开场致辞、开学/毕业典礼致辞、会议总结等。

　　(3)说服型演讲:如学生干部竞选发言、竞赛动员会等。

　　(4)传授型演讲:如党课、团课、各类课程的小组演讲等。

　　(5)即兴演讲:如各种学生活动场合中的自我介绍等。

　　2. 演讲锻炼、助力青年领导力培养

　　(1)提高自信心和表达能力。

　　(2)培养有效的沟通技巧。

　　(3)增强团队合作和协调能力。

　　(4)培养批判性思维和解决问题的能力。

　　3. 精彩开端:成功演讲的根基

　　(1)如何设置引人入胜的开场白。

　　(2)避免哪些开场白。

　　4. 进退有度:打造出色的结尾

　　(1)总结演说的重点。

　　(2)请求采取的行动。

　　(3)简洁真诚的赞扬。

（4）幽默的结束语。

（5）名人诗句结尾。

5.充满激情:点燃他人情绪

（1）选择熟悉的话题。

（2）表达真实感受。

（3）演讲充满热情。

6.直面危机:从容不迫清障碍

（1）要有巧妙穿插、活跃气氛的能力。

（2）要有控制情感、把握分寸的能力。

（3）要有从容不迫、妙语解说的能力。

（4）要有将错就错、灵活处理的能力。

五、课堂计划建议

案例讲授可控制在 45 分钟左右完成。授课之前,先将案例及将要讨论的问题发放给学生。请学生在课前完成阅读并初步思考。

本案例分为四个阶段。

第一阶段是老师简要介绍案例和要求,并提出讨论主题(5 分钟)。

第二阶段是分组讨论,每组 4~5 个人,首先阅读案例,并讨论思考题(25 分钟)。

第三阶段是集中讨论,请各组汇报本组讨论结果,老师逐一加以点评、追问。这一过程中将理论指导融入进去,可适当扩展视野、提升认知层次(10 分钟)。

第四阶段小结,对整个案例涉及的知识点以及想要展示的主题进行归纳总结和升华(5 分钟)。

案例 18　明德大学学生会年度述职

【案例正文】

摘　要:本案例记录了明德大学学生会的三位部长匡小时、金毓秀和李明德在年终述职大会上的表现,拟通过不同性格特征的任务形象帮助同学们在场景中真实感受不同演讲风格带给听众的不同感受,帮助他们能够在日后学习生活中更好地进行演讲训练。

关键词:演讲训练　告知型演讲　领导力特质

在明德大学学生会的年终述职大会上,学生会的三位部长——匡小时、金毓秀和李明德——将分别进行工作总结汇报。这场汇报不仅是对他们一年来工作成绩的检验,更是他们全面展示自己个人能力的舞台。

一、匡小时:热情与失误交织

匡小时是明德大学学生会宣传部部长,他总是充满活力和热情。他热爱自己的工作,总是全情投入,希望能把宣传部的声音传播到校园的每一个角落。然而,这次年终汇报演讲,却是他的一次难忘经历。在准备演讲的过程中,匡小时自信满满,认为可以凭借自己的直率和幽默打动所有人。因此,他没有像其他部长那样花费大量时间去打磨和演练演讲稿,而是选择相信自己的即兴发挥。他认为,过往自己看过的年终汇报都比较乏味,他想要用脱口秀的形式来吸引全场的目光。

然而,当他站在讲台上,面对着众多期待的目光时,他突然感到一阵紧张。他试图用自己的幽默去感染大家,但在夸张地描述某个项目时,他突然忘记了具体的数据,他尴尬地停顿了一下,然后试图用自己的语言去弥补这个失误,但效果并不理想。接着,在描述另一个活动时,匡小时又出现了逻辑上的混乱。他的话语变得支支吾吾,让人难以理解。他努力想要调整自己的状态,但紧张和不自信的情绪已经占据了他的心头。

尽管匡小时在后续的演讲过程中努力想要弥补这些失误,但效果却并不理想,演讲结束后,台下只响起了稀稀拉拉的掌声。匡小时知道,自己的表现并没有达到预期的效果。

回到座位上，匡小时感到非常沮丧。他反思自己的表现，意识到自己的过于自信和认识错误是导致这次失误的主要原因。他决定在未来的工作中要更加谨慎和认真，不再让自己的热情和直率成为自己的弱点。

二、金毓秀：完美的追求者

金毓秀是明德大学学生会组织部部长，她一个以严谨认真和追求完美著称的女生。在学生会的工作中，她始终保持着高度的责任感和敬业精神，对待每一项任务都如同对待自己的学业一般严谨。因此，当年终汇报演讲的任务落到她的肩上时，她决定要倾尽全力，做到最好。

为了这次演讲，金毓秀提前数周就开始了准备工作。她梳理了过去一年组织部的所有活动和数据，逐一进行分析和比对，以确保报告中的每一个数字、每一个事实都是准确无误的。她还亲自绘制了多张图表，以便更直观地展示组织部的工作成果。在这个过程中，她几乎没有休息过一天，甚至牺牲了许多与朋友们聚会的时间。然而，正是由于对细节的过分关注，金毓秀在正式的演讲中显得有些拘谨和紧张，她担心自己会犯错，会遗漏什么重要的信息，因此语速不自觉地加快了许多。这使得部分听众难以跟上她的思路，有些人甚至开始感到困惑和不满。

此外，在展示图表和数据时，金毓秀也没有提前做好充分的准备。她原本打算在现场进行实时的数据解读和图表展示，但由于紧张和对细节的过分关注，她在操作过程中出现了几次失误。这使得现场出现了短暂的混乱，也让她的演讲失去了应有的流畅和连贯。

尽管如此，金毓秀的报告仍然得到了与会人员的高度评价。他们认为她的报告内容丰富、分析透彻，充分展示了组织部在过去一年中的辛勤付出和显著成果。这种严谨认真的态度也赢得了大家的尊重和赞赏。

演讲结束后，金毓秀并没有因为自己的失误而气馁或沮丧。相反，她从中汲取了教训，认识到了自己在演讲技巧和现场应变能力上的不足。她决定在未来的工作中会更加注重这些方面的提升，努力成为一个更加全面和优秀的学生会干部。

三、李明德：直击听众内心

李明德，学生会外联部部长，一个性格沉稳、做事有条不紊的男生。在学生会中，他以其扎实的工作态度和高效的执行力而闻名。当得知自己将代表外联部进行年终汇报演讲时，他深知这是一个展示部门成果和个人能力的绝佳机会，也是一次巨大的挑战。因此，他决定投入大量的时间和精力来策划和准备这次演讲。

为了确保演讲的顺利进行，李明德对自己的演讲稿进行了反复修改和打磨。他不仅梳理了过去一年外联部的所有工作，还深入分析了部门在合作、交流和创新方面所取得的亮点和成果。同时，他也坦诚地指出了外联部存在的问题和面临的挑战，并提出了切实可行的改进措施和发展规划。

除了演讲稿的准备,李明德还进行了多次演练。他站在镜子前,一遍遍地练习着自己的表达和仪态,力求在演讲过程中表现得更加自信和从容。他还邀请了部门成员和好友作为听众,听取他们的意见和建议,以便不断完善自己的演讲。

终于,汇报演讲的日子到来了。李明德站在讲台上,面对着众多期待的目光,他深吸了一口气,开始了自己的演讲。他以清晰的逻辑和流畅的语言,详细介绍了外联部过去一年的工作情况。他讲述了部门如何与其他高校、企业和社区建立合作关系,为学生会带来了许多宝贵的资源和机会。他还分享了部门在组织各类活动和项目中的经验和教训,以及取得的显著成果。在演讲过程中,李明德不仅展示了自己的能力,更展现了外联部在学生会中的重要地位和作用。他的汇报不仅赢得了与会人员的阵阵掌声,更让外联部的同学们备受鼓舞和激励。

演讲结束后,李明德受到了大家的高度评价。他的同事们纷纷表示,他的演讲不仅展示了外联部的工作成果,更让大家看到了外联部的未来和希望。他们相信,在李明德的带领下,外联部将会取得更加令人期待的成绩。

这次年终工作总结汇报演讲不仅是一次工作成果的展示,更是一次个人能力的锻炼和提升。三位部长都从中学到了宝贵的经验和教训,也将在未来的工作中更加努力地发挥自己的优势,弥补自己的不足,为学生会的发展贡献更多的力量。

同时,这次公开演讲也给其他学生会成员以深刻的启示。他们看到了三位部长在演讲中的不同表现,明白了准备充分、逻辑清晰、表达流畅以及与听众互动的重要性。在未来的演讲和汇报中,他们也将更加注重这些方面的提升,努力展现自己的最佳状态。

此外,这次演讲还增强了学生会内部的凝聚力和向心力。三位部长的演讲不仅展示了他们各自部门的工作成果和亮点,也展现了学生会整体的团结和协作精神。这种精神将激励更多的学生会成员积极参与学生会的各项工作,共同为学生会的发展贡献自己的力量。

【案例使用说明】

一、教学目的与用途

1. 本案例主要适用于青年领导力的课程。

2. 本案例的教学目的是通过案例帮助学生了解演讲训练和演讲准备的重要性,帮助学生养成更好的演讲习惯以及更加从容地应对演讲现场的突发状况。

二、启发思考题

1. 结合所学知识和案例故事,列举出匡小时和金毓秀在演讲准备中存在的问题,并提出建议。

2. 结合所学知识和案例故事,分析李明德在演讲中是如何展现领导力特质的?

3. 假如你将代表部门参加学生会年度述职汇报,你将如何准备？请结合所学内容和生活实际展开小组讨论,共同列出一个年终述职汇报从前期准备、现场表现和总结反思等各方面需要注意的问题清单。

问题清单	前期准备	现场表现	总结反思
1			
2			
3			
4			
5			
...			

三、分析思路

教师可以根据自己的教学目标(目的)来灵活使用本案例,这里提出本案例的分析思路,仅供参考。

1. 可以让学生进行角色代入,感受真实场景。

2. 引导学生理解进行演讲训练的重要性,同时启发他们这样思考:如果你将要面临一场述职汇报演讲,你会如何准备？

四、理论依据与分析

1. 何谓演讲

(1)脱口秀是演讲吗？

(2)演讲＝在公众面前说话吗？

2. 演讲:可以帮助夯实四种领导力特质

(1)传达和表达能力。

(2)激励和激发能力。

(3)建立信任和共鸣。

(4)影响力和说服力。

3. 精彩开端:成功演讲的根基

(1)如何设置引人入胜的开场白。

(2)避免哪些开场白。

4. 进退有度:打造出色的结尾

(1)总结演说的重点。

(2)请求采取的行动。

(3)简洁真诚的赞扬。

(4)幽默的结束语。

(5)名人诗句结尾。

五、课堂计划建议

案例讲授可控制在 45 分钟左右完成。授课之前,先将案例及将要讨论的问题发放给学生。请学生在课前完成阅读并初步思考。

本案例分为四个阶段。

第一阶段是老师简要介绍案例和要求,并提出讨论主题(5 分钟)。

第二阶段是分组讨论,每组 4~5 个人,首先阅读案例,并讨论思考题(25 分钟)。

第三阶段是集中讨论,请各组汇报本组讨论结果,老师逐一加以点评、追问。这一过程中将理论指导融入进去,可适当扩展视野、提升认知层次(10 分钟)。

第四阶段小结,对整个案例涉及的知识点以及想要展示的主题进行归纳总结和升华(5 分钟)。

案例18

延展阅读

—— ·专题八· ——

团队合作与领导力

案例 19   "Find U"团队成长记

【案例正文】

摘　要:一个组织能否最大程度地发挥团队作用,实现团队目标,在组建初期就能略见端倪。优秀的团队领导者能够识别符合团队目标的成员,准确定位并发挥其职能。本案例选取大学生自建组织"Find U"团队建设案例,介绍了一个以任务为导向的自我管理型团队的成长过程。引导同学学习如何组建团队、发挥团队协调效用、高效完成团队目标。

关键词:团队建设　团队成员角色　领导力

"Find U"团队是由上海 H 校和 J 校两所综合性大学的学生自发组成的一个兴趣组织。两校地理位置相近,校际正式和非正式交流互动尤为频繁。团队成员也是在一次跨校的学生活动中相识的。

2017 年冬至,H 校为了丰富同学们的课余生活,举办了暖心冬至包饺子活动。H 校 A 同学与 J 校的 B 同学是好友,闲暇时聊及这个活动,B 同学听后表示非常感兴趣。A 同学咨询主办方后,邀请了好友 B 一起参加。活动当天,H 校的 B 同学除了自己前来以外,还邀请了几位本校同学一起到场参加了活动。活动组织得极其成功,大家也玩得特别开心,几位外校同学的到来意外平衡了当天参与同学的性别比例,很多同学在其中收获了友谊和恋情。

此后,B 同学也敏锐地捕捉到一个信息,两校研究生群体对于联谊交友有很大需求,各学校性别比例的特殊性导致本校内不能完全满足活动人员需求,于是跟 A 同学商量决定,搭建一个跨校交友的活动平台,拓展同学们的人际圈。A 同学和 B 同学都是当年保研本校的"土著",对于各自学校的管理模式和学生群体特点都比较熟悉,且二人研一期间的学业压力都不是很大,可自主规划的时间较为宽裕。于是二人正式商讨研究项目策划,明确了工作目标并开始实施筹建团队。短期目标以构建两校同学交友平台为主,定期开展线上线下交流活动,为同学们提供一个拓展朋友圈的机会。中期目标是在前期宣传的基础上,落地实施活动策划,逐渐提升影响力,形成品牌。长期目标是不断丰富活动形式,提高活动质量,扩大宣传范围,团队让逐渐成长为同学们信赖并具有一定影响力的学生组织。"Find U"项目团队的 1.0 概念版形成了。

　　随后,两位主创人开始着手团队组建。对于一个大学生团队来说最关键的还是团队成员的招募,怎样确保团队成员是志同道合且靠谱的小伙伴? 他们开始根据团队任务特点开展选拔招募。A 同学所在学校的优势专业是文科,活动的宣传需要中文系和新闻系的同学来发挥他们的文案特长。活动策划则由社会学、社会工作、心理学的同学来发挥专业技能。B 同学所在学校的优势专业是理工科,平台的开发和设计更需要计算机专业和设计专业的同学来加盟。

　　明确了团队所需成员的特点需求,他们便开始了团队成员的招募,一个月后 6 名研究生同学被成功吸纳,顺利加入团队,团队由 2 人扩展到了 8 人。新加盟的 6 位新成员分别是沈中文、吴新闻、郝社会、郑心理、赵设计和张开发,作为 A 同学和 B 同学的社团队友或曾共事的同学,他们也都是暖心冬至活动的积极参与者,且都是研一新生。至此,"Find U"初创团队正式形成。

　　8 人团队在 J 校的咖啡厅组织了第一次见面会,开展了自我介绍和破冰活动。B 同学再次向各位队友重申了团队的愿景目标,介绍了各位成员的分工与期待。最后 A 同学还为其他 7 名队友送上了本校的小礼品钥匙扣作为纪念,感谢大家携手同行。第一次会议后 B 同学让大家对团队名称、logo、活动方案等进行设想和思考,并确定了下次工作例会的时间。

　　一个星期后,团队再次在咖啡厅相聚,并进行了头脑风暴。B 同学让大家畅所欲言。会上大家都非常兴奋,金点子频出。结合上次大家讨论的内容,B 同学梳理出了重要的观点、想法和建议,并有针对性地组织大家讨论。在大家的积极参与下,共同确定了团队名称为"Find U",意为"发现你",旨在给同学们提供一个发现彼此的机会;同时"U"谐音为"友",寓意着不仅发现彼此,还希望大家成为彼此的朋友,一语双关。团队 logo 确定以粉色和白色为主色调,以给人温暖的感觉;形状为飘逸的纽带,代表团队所展现的联结作用。会上还明确 logo 由赵设计同学进行设计组稿,并请吴新闻同学为团队申请公众号,打造团队宣传的主渠道。

　　会上他们还讨论了拟开展的首场活动方案。不过,对于这项任务大家产生了较大分歧,郝社会提议先以目前大学生中比较流行的线上活动"做一天朋友"启动,再逐步拓展至线下活动;沈中文认为第一次就应该用线下实体活动提升校园知名度。两人你一言我一语,针锋相对,一时间会议气氛非常紧张。后来郑心理同学说道,考虑大家临近期末,对于耗费半天时间参加一个线下活动的兴趣可能不大,线上开展会更为稳妥。大家也纷纷附和并达成一致。举办线上活动对吴新闻同学提出了比较高的工作要求,他需要尽快把公众号各项事宜落实,时间紧任务重。最后 B 同学综合队友们的意见以及团队目前的客观情况,决定先从举办线上活动"做一天朋友"开始,再根据同学们的参与反馈确定下一场活动,也为第一次线下活动争取更多的准备时间。

　　会后大家按照要求建立了团队公众号,顺利完成了第一条活动推送,公众号信息活动的发布获得了广大同学的积极响应,每位团队成员分别带领 4 对"朋友"来完成他们当日的小任务,任务都是根据个人特点、团队性质进行个性化设计定制的。一时间,同学们高涨的热情极大地增强了团队的信心,也让他们发现了工作团队的不足之处。8 名成员在这场活动中极为忙碌,这让他们意识到还需要招募更多的成员来协助专项活动落地实施。于是团队又吸纳了少量拥有学生工作经验且对此活动感兴趣的志愿者作为现场活动的工作人员。

寒假期间,团队完成了成员结构优化,组建后的新团队迫不及待地开始为新学期的首次线下活动展开筹备。春节期间,A 同学为每个团队成员都精心准备了新年礼物,大家通过云相聚的方式一起过年,在群里实时分享和讨论过年期间的所见所闻,两位新成员在大家的带领下也很快融入团队,幽默轻松的聊天氛围让大家发现彼此的连接感越来越强。

新学期开学后,"Find U"团队很快就组织实施了他们的首场线下活动。由于前期大家的精心准备和默契配合,第一场线下活动成功举办并获得好评。紧接着第二场、第三场活动分别在两校交替举行,也都获得了成功。参加活动的同学口口相传,甚至有了项目"回头客"和"催更团","这也让"Find U"团队感到意外。活动在学校里产生一定影响之后,随之而来的拓展资源也让"Find U"团队备受激励,一些商务合作方开始找到他们寻求合作。如 UU 共享单车希望能够在下次活动中植入单车的广告。也有一些拥有创业经验的同学找到该团队,希望与他们一起将项目孵化,打造商业化升级项目。让团队转型为商业型创业团队还是继续做校园里的公益组织,成为团队发展面临的又一个重要课题。

B 同学针对团队目前的发展及未来转型再次召集全体成员开会讨论。有人赞同转型升级,认为一方面可以解决活动组织过程中资源不足的问题,另一方面团队也可以不断成长发展;有成员认为团队还是要坚守初心,如果有了商务项目他们会受品牌方掣肘,难免会违背项目设立的初心;也有成员说若转型为专业团队,自己未来的时间和精力投入不能完全保证,专业化需要大家做更多投入,可能自己不太能胜任并萌生退意。初创团队出现了明显分化,B 同学综合考虑下来最终决定转型升级。他认为团队未来的发展充满无限可能,现阶段不要轻易设限,即使转型失败也没有过多损失,反而积累了宝贵的实践经验。面对转型后团队未来将面临的发展与挑战,他觉得一切皆有可能。

【案例使用说明】

一、教学目的与用途

1. 本案例主要适用于青年领导力培养课程。

2. 本案例的目的是帮助学生理解团队组建和发展过程中作为领导者应该如何选择和优化团队成员结构,使其各司其职发挥各自最大的作用。

二、启发思考题

1. "Find U"团队领导者在团队是组建和发展阶段有哪些好的做法?

2."Find U"团队建设中有哪些是领导者值得借鉴的地方?

3."Find U"团队的成长历程对于团队领导者的启示是什么?

三、分析思路

教师可以根据自己的教学目标(目的)来灵活使用本案例,以下分析思路仅供参考。

1. 教师引导学生从团队角色理论出发,思考团队领导者应如何组建团队:"Find U"团队在团队成立初期阶段是如何遴选成员加入团队的? 在团队发展中期是如何增补成员保证团队任务顺利完成的? 团队发展的整个过程有哪些关键因素促成了团队团结协作的良好氛围?

2. 启发学生结合"Find U"团队面对是否转型升级问题时有较大分歧的情况,围绕领导力内涵,思考:作为一个自我管理型团队的领导者应该具备哪些素质和能力?

3. 帮助学生理解团队领导力需综合个人领导力和团队建设两方面的知识、能力要求,将二者做到有机融合,并在具体的团队实践中相互促进,融会贯通。

四、理论依据与分析

1. 贝尔宾团队角色理论

贝尔宾团队角色理论,即一支结构合理的团队应该由九种角色构成(智多星、专业师、监督者、协调者、凝聚者、外交家、鞭策者、执行者、完成者)。[①]

(1)智多星

智多星在团队中充当着创新者的角色,他们思维活跃,观念新颖,富有创造力和想象力,喜欢标新立异,特立独行,天马行空,不拘泥于条条框框,经常打破常规,爱出主意,想法较多,会对团队提出有建设性的观点甚至是批判性的意见;遇到困难时能够积极思考,总是能够产生出其不意的效果,可以说他们是团队里最聪明的人,是"点子型的人才"。

(2)专业师

指的是在某一领域中,他们依靠自己的专业知识、专业技能超群而在团队中具有权威性,同时他们是在该领域内经验丰富的团队成员。有时被称为技术专家。

(3)监督者

在团队中通常是态度严肃、理智严谨的。他们天生就比较冷静,不太容易情绪化,不太容易激动。他们每做一件事情都三思而后行,经过缜密思考,谨慎考量,考虑周全后才做出判断和决策。

(4)协调者

协调者通常是团队中最优秀的最适合的领导者。他们最突出的特征就是协调能力非常强,在处理矛盾冲突方面非常突出。虽然他们可能不是团队中最聪明、最智慧、最专业的那个,但是他们能够将团队中各种性格类型、各种角色的成员凝聚起来,最大限度地发挥出团

---

① 贝尔宾 Belbin 中国官网,http://www.belbin.cn/bebtdjs。

队的潜力。

（5）凝聚者

凝聚者是团队中给予最大支持的成员。他们会把团队目标居于首位,团队利益高于个人利益,合作意识较强。他们通常观察能力较强,因此总能善解人意,容易获得团队成员的信任。他们通常是团队中最听话的,不会提出反对意见,也不会对其他人构成威胁,凡事讲究以和为贵,在团队中更加注重人际关系的打造。

（6）外交家

团队中的外交家角色是热衷于挖掘外部信息的人。他们善于人际交往,能够很快跟不熟悉的人建立关系,他们擅长谈判和沟通,能够为团队挖掘新的外部资源,对于外界信息非常敏感和好奇,他们是团队中最早知道外界变化的人。

（7）鞭策者

鞭策者是团队中负责督促、鞭策团队成员完成工作任务和工作目标的人。他们通常目标明确,进取心强,精力充沛,风风火火,注重工作效率,对于结果看得比较重。他们自己目标坚定,自主性、内驱力较强,干劲十足,工作中遇到困难和挑战时,他们不会选择退缩,反而激发他们的干劲,总是自己设法解决。他们不仅擅长激励自己,同时还擅长推动他人行动,让团队成员按照他们的意志行事。因此,他们是团队中最具竞争性的角色。

（8）执行者

执行者是团队中努力工作、务实肯干的人。他们对团队的忠诚度较高,认同团队,只要是有利于团队目标达成的,他们都会不打折扣地执行、落实,他们较少地考虑个人利益。他们喜欢有组织、有纪律的工作方式,崇尚努力的工作态度,工作讲究实际,说到做到,计划性强,喜欢用系统的方法解决问题,工作有条不紊,一丝不苟,认真可靠。

（9）完成者

完成者是团队中注重细节、追求卓越的人。他们通过内部焦虑,激励自己工作追求完美,不太会去做对于他们来说挑战性较大的事情,一般都在自己有把握的领域内做事。他们工作态度认真,无法忍受态度随意的人,对于他人不敢放手,不喜欢委派他人完成任务而是自己亲自完成所有的任务。[1]

贝尔宾团队角色理论认为:要组建一支成功的、高效的团队,作为组织领导者应该注意以下问题:[2]

（1）角色齐全

打造一个成功的团队首先要努力保证以上 9 种角色齐全,这样才能实现各角色功能保障发挥齐全。

（2）知人善任

在组建团队时,应该充分认识到各个角色的优缺点特征,包容缺点,发挥优点。

---

[1]　http://www.belbin.com/about/belbin-team-roles.

[2]　http://31.toocle.com/zk/29123.html.

（3）差异互补

利用团队成员的异质性、多样性，进行有机组合，实现差异互补。

（4）弹性补位

团队要有一定弹性，当某个成员离开或缺少时，其他成员能够主动补位，补足其角色功能。

2. 团队发展五阶段理论

布鲁斯·塔克曼提出了团队发展阶段模型，他认为团队发展有 5 个阶段：组建期、激荡期、规范期、执行期和休整期。所有五个阶段都是必需的、不可逾越的，团队在成长、迎接挑战、处理问题、发现方案、规划以及处置结果等一系列经历过程中必然要经过上述五个阶段。详细内容参见案例九的理论依据与分析。

3. 领导力理论

（1）领导特质理论

大五人格中，外倾型、责任型和经验开放型的人格特质更容易使个人在领导力方面表现较好。

（2）领导权变理论：结构维度、关怀维度、情境维度。

①结构维度

结构维度是指领导者以工作为核心，采用工作导向和指导式的领导行为。[①] 领导者更加强调工作任务的完成和工作目标的达成。高结构性的领导者会采取多种不同的与任务相关的行为，来督促员工完成工作任务，甚至必要的时候会采取强硬的手段和方式迫使下属完成既定的工作目标。他们不太会站在员工的角度考虑问题，更多的时候是站在组织层面、结构的立场作为行为的出发点。

②关怀维度

关怀维度是指以员工为核心，满足员工需求和建立和谐关系的领导行为。[②]关怀维度高的领导者会注重员工的体验和感受，他们对员工表现出真诚友善的关心，愿意倾听员工的意见和看法，会想办法帮助员工解决问题，更加注重团队的文化氛围。

③情境维度

情境维度是指领导者根据不同的工作情境，采取不同的领导行为。情境因素包括：领导和成员之间的关系、任务结构和职位权力、成员的教育程度、成员的工作态度、成员的技能经验以及成员的自我效能感，等等方面。因此一个成功的领导过程特别需要领导者对情境的理解和把握，根据不同的情境来采取相对应的领导行为。

（3）领导风格理论：魅力型、变革型、愿景型、真实型

①魅力型领导

魅力视为一种人格的体现，下属会把他们观察到的某些特定行为归因于能够引起激动人心的英雄主义或者超乎寻常的领导能力。魅力型领导者需具备以下 5 点：具有非凡卓越的才

---

①② 傅剑波，屈陆，杨明娜. 大学生领导力[M]. 北京：中国人民大学出版社，2018.

能;一个不稳定、危机动荡的情境;使用激进的办法解决危机;拥有一群被他的才能吸引且相信他的才能来源于神秘力量的追随者;领导者的非凡神秘才能在日后被得到进一步验证。

②变革型领导

领导者是擅长鼓励下属将个人利益升华为组织利益的人。变革型领导者会关注员工的个体利益和需求,真诚关爱员工,会区别对待不同员工,为员工提供指导和建议;帮助下属用新视角来看待老问题,从而改变下属对问题的看法;激励、鼓舞、调动下属为实现组织利益而付出更多努力。

③愿景型领导

该领导风格是从变革型领导分化出来的,更强调他们对于下属的激励是来源于动机激励。通过给下属灌输荣誉感、使命感,激发下属的工作动机;给下属勾勒和描绘出比现在好很多的美好未来,向他们提供明确清晰的愿景,对下属传递出高期望,来激发下属的工作热情;通过关怀和授权的方式,来获得下属的信任;加上营造积极的组织文化,共同助力愿景型领导功能发挥其有效性。

④真实型领导

真实型领导指的是从不伪装自己、言行一致的领导风格。真实型领导者在下属面前呈现的形象是自我真实的表达,而不是遵从他人、组织或社会的期望。他们从事领导的过程不是为了获得权力、地位和荣誉等,而是基于一种自己对于内心的价值序列。他们通过鼓励不同观点以及与下属建立协作关系网而赢得下属的尊敬和信任。

五、建议课堂计划

本案例可以作为小型初创团队建设的案例讨论课进行,以下是按照时间进度提供的课堂计划建议,仅供参考。

整个案例课的课堂时间控制在 30 分钟。

1. 课堂前言、案例阅读(3 分钟)。

2. 分小组讨论、告知讨论、发言要求(12 分钟)。

3. 小组发言(每组 5 分钟,总共控制在 10 分钟)。

4. 教师点评,归纳总结(5 分钟)。

案例 20 "小叶子"志愿服务团队成长记

【案例正文】

摘 要：一个团队能否发挥积极作用、实现团队目标，在团队组建初期时就能初见端倪。优秀的团队领导者能够识别并吸纳与团队目标一致的成员，准确定位成员的团队角色并发挥其相应的职能。本案例选取明德大学进博会"小叶子"志愿者团队建设的案例，介绍了一个以任务为导向的自我管理型团队的发展过程。引导同学们学习如何组建团队、发挥团队组织协调效用、高效完成团队目标。

关键词：团队建设 团队成员角色 领导力

每年 11 月初，中国国际进口博览会都会（简称进博会）在上海举行。这是世界上首个以进口为主题的大型国家级展会。进博会不仅是一场中国拥抱世界、世界聚焦中国的博览盛会，也是青年学生参与公益志愿、丰富求学体验、了解全球行业动向与科技发展的大好舞台。为保障进博会的顺利举行，主办单位每年都会组织高校遴选组建进博会"小叶子"志愿服务团队，参与展会筹备筹办、现场引导咨询、嘉宾联络接待和新闻宣传辅助等志愿服务工作项目，来自各高校的"小叶子"们积极投入，热忱奉献，成为每年进博会组织举办过程中的一道亮丽风景线。

"小叶子"选拔与团队组建

10 月初，明德大学就在全校范围内启动了"小叶子"的选拔招募和志愿服务团队的组建工作。作为明德大学学生志愿服务中心负责人的匡小时，自然成为该项目工作的牵头人，他需要组建并带领明德大学"小叶子"志愿服务团队高效、顺利完成本年度的志愿服务保障工作。

项目启动伊始，匡小时通过新媒体公众号平台，向全校同学进行了进博会以及进博会志愿者的系列宣传推介，并通过线下宣讲报告会的形式，邀请往届"小叶子"向同学们分享自己的进博会志愿服务成长经历，在同辈的引领下，激发起同学们的报名热情。

项目宣传预热完毕,匡小时适时启动了进博会志愿者的报名和选拔工作。报名初期,匡小时时刻关注着报名进度与数据反馈,前两天的关注与报名情况不是特别理想,匡小时立刻协同团队找学院同学调研了解情况,得知一部分同学想等到报名截止日那天再提交报名表,一部分同学还没有看到该项目的报名信息。匡小时决定再次扩大宣传,改变宣传方式。他们开始在食堂、教学楼、宿舍楼和明德步行街等人流密集区投放宣传招募海报,同时积极寻求各学院辅导员老师的帮助,在班级群里再次通知提醒同学们报名,确保信息覆盖率。新一轮的宣传启动没多久,同学们的关注度及报名数就有了迅速改观,到报名截止日,有 300 余名同学提交了报名表格,充分保证了候选志愿者基础遴选数量。

接下来就是团队成员的选拔工作,这是决定团队未来能够有优秀表现的关键环节。在指导老师的带领下,匡小时与志愿服务中心的骨干们一起对候选同学展开了系统专业的面试选拔,并设定选拔基准线:一是在时间精力上能保证完成志愿服务工作,行动力强、能吃苦耐劳、有纪律性、有责任心;二是要有一定的新媒体技能(摄影、摄像、视频剪辑),有演讲、写作、外语等特长;三是要有志愿者服务经历,有团队组织领导、协调沟通的经验。最后,通过面试共计选拔出 120 名同学,成功组建明德进博会"小叶子"志愿服务队。

面试选拔结束后,匡小时结合志愿服务团队的工作任务将团队细分为不同的工作组。他将有新媒体技能、写作特长以及思维活跃的同学分配到宣传组,负责明德"小叶子"志愿者团队的宣传工作;将有外联工作经验、人际交往能力强的同学分配到联络组,负责与条线组织、其他高校的联络工作;将踏实肯干、认真细心、协同能力较强的同学分配到后勤组,负责物资发放、制度保障、每日提醒等工作。同时,将有团队管理经验的同学作为各志愿岗位的小组长预备人选。对于三个项目组的团队负责人实行竞聘上岗。最后通过竞选的方式,宣传组组长由钟毓秀同学担任,她曾任明德大学学生会融媒体中心负责人,精通视频拍摄和剪辑,曾负责的社团文化节主题视频在全校获得一致好评。外联组组长由许弘毅同学担任,他曾任校外联部部长,开朗外向,阳光积极,沟通能力强,曾策划组织沪上 8 所高校定向越野活动。后勤组组长由姚力行同学担任,他是下一届研究生支教团团长、校志愿服务先锋,曾参加过校庆志愿服务、暑托班志愿服务,今年也是再次参加进博志愿服务,乐于奉献、稳重踏实、行动力强。三位组长确定后,匡小时召开了组长会议,将每个组的工作定位和目标向组长们进行沟通传达,确保信息对称,并布置三个小组需要在破冰后形成各项目组的共享工作文档,内容包括具体的工作任务、时间节点、交付成果和负责人等信息。

行前培训与出征仪式

明德"小叶子"团队组建成功后,成员之间并不十分熟悉,他们都来自不同年级、不同专业,仅因为共同的目标——志愿服务进博——走到一起。因此,凝聚团队成为项目小组的首要目标。匡小时与团队骨干一起为每名"小叶子"精心设计和准备了团队"大礼包":志愿者工作服、进博会徽章、文化衫、帆布包、眼罩、水杯和充电宝等各类志愿服务专属文创用品。这些文创品不仅实用性强,更是明德大学志愿服务的精彩文化展示,凝聚了对"小叶子"们的期待与志愿服务精神的传承。

发放完团队大礼包后,匡小时便召集"小叶子"们着志愿者专属文化衫开展了团队破冰。通过团队游戏让大家打破陌生与隔阂,彼此尽快熟悉了解。各成员加入三个工作组后,各小组也组织召开了自己的小组会议,确定小组合作方式,发布各自的工作文档。规范的工作文档、严谨的工作流程让每位"小叶子"在大集体中迅速找到自己的团队角色和定位,同时也鼓励每一个成员参与团队建设,共同完善和更新工作文档。

团队破冰完成后,"小叶子"们对于这支志愿服务团队形成了初步认同与归属。专业科学的行前系列培训也随之开展,各项目的指导老师对于志愿者的工作地点、工作性质、工作内容、工作纪律及基本礼仪等专题向志愿者们进行了详细讲解和介绍。系统培训一方面让志愿者们对即将到来的进博会志愿服务工作有了了解,另一方面也让每位成员对于团队目标、团队规则、团队运行有了清晰的认识。大家逐渐进入团队角色,开始各司其职并相互协作、取长补短,在知识储备和能力拓展方面为进博会志愿工作做好充分准备。

进博会开幕前夕,明德大学组织召开了进博会志愿者出征仪式。学校的校、院各级领导、专项指导老师和全体"小叶子"志愿者们共同出席了该仪式。现场,明德大学进博会年度主题视频正式发布,回溯了七年来明德大学"小叶子"们的出色表现。接着,往届"小叶子"代表分享了他的进博会记忆,希望今年的明德"小叶子"们能够传承志愿精神,绽放青春风采,续写进博会故事! 随后,宣布成立了进博会志愿者临时党、团支部,希望"小叶子"们在进博会服务期间充分发挥党、团组织的凝心聚力、战斗堡垒作用。紧接着,全体明德"小叶子"们庄严宣誓,服务进博会必将全力以赴。仪式最后,校领导为志愿者队伍授旗并宣布出征。"小叶子"们精神焕发,期待满满,积蓄力量,整装待发。

汗水挥洒与青春绽放

"小叶子"们在正式上岗前,经组委会组织进行了系列到岗实训,他们在场馆内每日暴走两万步,用脚步丈量国家会展中心,做到对场馆的布局与方位了然于心。同时每位"小叶子"志愿者均对接各自的带教老师,充分熟悉岗位信息、掌握服务任务。岗位实训期间,"小叶子"们白天进场馆巡馆学习,返校后仍开展各项目组筹备,为即将正式启动的志愿服务做好宣传、联络、后勤工作。

经过充分的准备,进博会正式开展日终于到来,明德"小叶子"们以饱满的热情、耐心的态度、专业的服务向来自世界八方的来客展现中国青年的朝气蓬勃与责任担当。虽然每天披星戴月,早出晚归,但团队成员们都尽职尽责,努力完成每一项工作。通常是白天进馆服务,晚上推进各项目组工作。宣传组在组长带领下完成了进博会明德"小叶子"整体宣传方案设计,并按照预计的时间节点稳步推进;联络组负责对接各条线信息,如每日更新工作任务的传达与落实、接送车辆大巴的安排、"小叶子"突发应急情况的处理,等等。后勤组合理安排每一位"小叶子"的起居提醒、早餐发放、团队物资搬运回收、人数清点签到等工作。此外,匡小时作为团队负责人,全程陪伴团队成员,白天最早到达上车点,确保成员不掉队,晚上返校后召集各个项目组组长以及各岗位小组长开展团队复盘会,及时信息对称、跟进各小组工作进展、协调解决团队中的各类问题。

在"小叶子"们志愿服务期间,匡小时带领项目组成员在国家会展中心的"小叶子"之家组织举办了一场特别的主题党团日活动。明德大学党委书记开展了一场题为"一带一路十年巨变"及"明德青年的责任担当"微党课。向"小叶子"们介绍了近年来明德师生主动服务国家战略、充分发挥学科优势,在学术研究、项目建设、人才培养和志愿服务等方面取得的众多成果,为建设开放包容、互联互通、共同发展的世界贡献了力量,并以此激励同学们在做好进博会志愿服务、展现明德青年风采的同时,挺膺担当,勇担使命,与祖国同向同行,与时代互荣创新。

明德大学校长也在进博会期间走进国家会展中心,为"小叶子"们带来了一堂以"向新而行,链接未来"为主题的宏观经济课,勉励同学们去感受经济脉搏,与新时代同向同行,在提高自身专业素养的同时,为国家发展和经济复苏贡献青年力量。课程结束后,校长亲切慰问在进博会上辛勤工作、热情服务的志愿者们,了解了志愿者们的岗位工作与身体健康情况,为他们热情奉献、挺膺担当的精神点赞。书记微党课和校长专业课让大家倍感振奋与温暖,"小叶子"们纷纷表示,将继续用专业知识助力进博会的举办,以更加饱满的精神状态完成接下来的进博会各项工作,在进博会的大舞台上持续展现明德青年的风采。

表彰激励与接续前行

在进博会四叶草场馆里,除了可以看到"小叶子"志愿服务时忙碌的身影外,还可以看到各高校的"小叶子"开展进博会徽章交换的场景。明德"小叶子"与兄弟院校的"小叶子"们交换徽章、互叙友谊是他们的打卡必备项目。每届进博会期间,主办方都会发布一系列志愿者激励徽章来提升"小叶子"志愿服务的专属幸福感,今年,除了能获得相应的激励徽章外,明德大学又推出了隐藏徽章、人偶盲盒、礼物盲盒等一系列激励项目。进博会徽章早已成为"小叶子"用来记录进博会、见证友谊的珍贵载体,在"四叶草"里搭起一座小叶子专属文化交流桥梁。对于他们来说,这是一种荣誉,更是一种激励,是勤劳与汗水的象征,是属于他们的荣耀徽章。进博会结束时,许多"小叶子"的工作证上挂满的琳琅满目的徽章,正是他们努力拼搏的成长经历的见证。

除了小小徽章外,明德"小叶子"志愿服务主题视频的发布,也又一次让"小叶子"们收获了温暖与感动。宣传组的每一位成员在志愿服务工作之余,拍摄、剪辑身边"小叶子"们的工作瞬间,在服务结束之际通过新媒体平台发布,该视频记录了他们从培训到上岗的点点滴滴、精彩一刻与动人瞬间。视频发出后,"小叶子"们感动之余也纷纷泪目,这一路的成长记录,是一生难忘的青春回忆。

为期一周的在岗服务转瞬即到终点,进博会举办方在"小叶子"们离园当晚,举办了专属离园仪式。晚上18点,在国家会展中心东登录厅的天桥上,进博会志愿者主题曲《年轻的力量》再次响起。东登录厅的走道两旁,志愿者服务保障组的工作人员们举着各式灯牌,头戴闪光发箍,向迎面走来的"小叶子"挥手道别,离别氛围浓厚。"明年见""小叶子辛苦啦""好好休息"……伴随着工作人员的一声声道别,各高校学子陆续列队执校旗从场馆走出。志愿者们或举起手机记录这难忘时刻,或伴随着音乐晃动手机闪光灯,或用力挥舞灯牌,大声喊着"再见",带着对伙伴们的祝福和感谢,向服务了半月有余的"四叶草"告别。

进博会结束后,每一位"小叶子"都收到了来自主办方精心制作的专属志愿服务证书,表现优秀的同学还获得了一项项专属荣誉。证书与荣誉称号带给了"小叶子"们对于公益志愿服务的又一份自我认可与自豪,他们将带着这份付出、收获、感动和荣耀继续奔赴新的未来。

【案例使用说明】

一、教学目的与用途

1. 本案例主要适用于青年领导力——小型初创团队建设培养课程。

2. 本案例的目的是帮助学生理解团队组建和发展过程中作为领导者应该如何选择和优化团队成员结构,使其各司其职发挥各自的最大作用;如何营造团队氛围,提高凝聚力;如何灵活运用不同领导风格,发挥情境领导力作用。

二、启发思考题

1. 在明德大学进博会"小叶子"志愿者团队中,匡小时是如何运用团队角色理论来搭建起项目工作团队的?

2. 假如是你通过竞选成功担任一个工作小组的负责人,你会如何建设自己的工作团队? 如何让小组成员都发挥好各自的功能和作用?

3. 在团队组建初期,匡小时是如何凝聚团队、让团队向规范期发展的? 这一时期他主要采取的领导风格是什么?

4. 结合领导行为理论分析,明德大学进博会"小叶子"志愿者团队中哪些领导行为对于团队建设有值得借鉴的地方?

结构维度	关怀维度	情境维度

5. 从激励理论角度分析,明德大学进博会"小叶子"志愿者团队的激励措施有哪些? 是否合理? 如果你是举办方或者组织者,你还会使用什么激励措施?

三、分析思路

教师可以根据自己的教学目标(目的)来灵活使用本案例,以下分析思路仅供参考。

1. 教师引导学生从团队角色理论出发,思考团队领导者如何组建团队:在团队初期阶段,如何挑选成员加入团队中来？应该采取何种领导风格,促进团队向表现期转化？

2. 启发学生结合团队发展阶段的不同情况,围绕领导力内涵、领导力风格理论等,思考作为一个自我管理型团队的领导者应该具备哪些领导素质和能力？

3. 帮助学生理解团队领导力需综合个人领导力和团队建设两方面的知识、能力要求,将二者做到有机融合,并在具体的团队实践中相互促进,融会贯通。

四、理论依据与分析

1. 领导行为理论

领导行为理论主要从领导的行为入手研究,领导者的哪些行为能有效促进团队目标完成、提高团队绩效,该理论认为有以下 3 个影响因素:结构维度、关怀维度、情境维度。

(1)结构维度

结构维度是指领导者以工作为核心,采用工作导向和指导式的领导行为。领导者更加强调工作任务的完成和工作目标的达成。高结构性的领导者会采取多种不同的任务相关的行为,来督促员工完成工作任务,甚至必要的时候会采取强硬的手段和方式迫使下属完成既定的工作目标。他们不太会站在员工的角度考虑问题,更多的时候是站在组织层面、结构的立场作为行为的出发点。

(2)关怀维度

关怀维度是指以员工为核心,满足员工需求和建立和谐关系的领导行为。关怀维度高的领导者会注重员工的体验和感受,他们对员工表现出真诚友善的关心,愿意倾听员工的意见和看法,会想办法帮助员工解决问题,更加注重团队的文化氛围。

(3)情境维度

情境维度是指领导者根据不同的工作情境,采取不同的领导行为。情境因素包括:领导和成员之间的关系、任务结构和职位权力、成员的教育程度、成员的工作态度、成员的技能经验以及成员的自我效能感等方面。因此,一个成功的领导过程特别需要领导者对情境的理解和把握,根据不同的情境而采取相对应的领导行为。

2. 领导风格

(1)指令型

对员工的角色和目标给予详尽的指导,并密切监督员工的任务完成情况,以便对工作成果给予及时的反馈。

(2)教练型

不但要给予指导,密切监督任务,还解释说明、征求建议、支持取得的进步。

（3）支持型

领导者和员工共同面对问题，制定解决方案，并给予鼓励和支持，并分担员工决策的责任。

（4）授权型

完全相信员工的能力，将工作任务交由员工全权负责、独立作业，将决策和解决问题的责任都托付给员工，仅在必要时提供适当的资源。

五、建议课堂计划

本案例可以作为小型初创团队建设的案例讨论课进行，如下是按照时间进度提供的课堂计划建议，仅供参考。

整个案例课的课堂时间控制在 30 分钟左右。

1. 课堂前言、案例阅读（3 分钟）。

2. 分小组讨论、告知讨论、发言要求（12 分钟）。

3. 小组发言（每组 5 分钟，总共控制在 10 分钟）。

4. 教师点评，归纳总结（5 分钟）。

案例 21　文艺部部长的故事

【案例正文】

摘　要:领导力是帮助一个群体实现愿景或目标的重要能力,本案例介绍了一名学生干部的团队成长经历与领导力的提升过程,帮助同学们真正理解领导力的内涵,体验个人领导力的学习过程与应用场景,并思考如何形成自己的领导力风格。

关键词:领导力　影响力　领导力风格　团队建设

匡小时在院学生会文艺部做了一年干事后,凭借其出色的工作能力和较高的人气成功当选为新一届的文艺部部长。新学期伊始,踌躇满志的他对于未来文艺部的工作有着无限的憧憬与期待,准备在新的一年里"大展宏图"。

一、文艺部招新

每年新生入校前,各学院的学生组织都会在迎新平台上面向学院萌新开展各种招新活动。通过学院的 QQ 群,还未入学的准大一新生们可以找到学院组织,向老师或者学长学姐咨询各类问题。肩负新一届文艺部的招新重任,匡小时和另一位部长在群里积极发掘有文艺才能且有想法、有责任心的准新生同学。他们在新生交流群里做到有问必答、有求必应,匡小时还针对常见的问题汇总整理了一份 Q&A 清单,着实帮助不少同学解决了他们的实际问题。

经过前期的精心准备,在专场线上交流会上,匡小时以不一样的校园生活为切入点,与他们一起分享自己的高中及大一生活体验,跟准新生们开展互动。认真细致的交流咨询也使得匡小时对新生群体中,谁有什么特长,性格爱好是什么,家乡来自哪里等这些信息都了如指掌。对于文艺部的未来部员人选他已有预判,但最终是否能招募成功还有待进一步努力。

新生入学后,学院学生会组织招新宣讲活动,文艺部顺利完成了招新任务,还帮助其他部门解决了人员招募不足的问题。招新结束后新一届的文艺部正式成立,部员们可谓个个

"身怀绝技",有在高中做过话剧编辑的,有会弹钢琴及其他两种乐器的,有擅长唱歌跳舞的,有擅长书法创作的。而这些才艺都将在未来文艺部的工作项目上大展身手。匡小时和团队成员对于新组建的文艺部都非常满意,充满期待。

二、迎新晚会

在第一次部门例会上,匡小时将自己对文艺部未来的发展和定位跟部员们做了认真介绍,他希望新一届文艺部能做出给同学们带来大学美好回忆的品牌项目。同时,他也希望文艺部是一个温暖的大家庭,大家不仅是工作伙伴,更能在此收获友谊。匡小时向部员们提出了一个建议约定:部门每个月都将为部员组织策划难忘的集体生日活动,这个想法大家一致认同。之后经历的每个部员生日,大家都会想尽各种创意组织策划活动或仪式环节,匡小时还会精心拍摄记录美好瞬间的小视频和照片,在朋友圈发布自己的真挚祝福与体验,通过互联网把与部员们在一起的快乐时光印刻下来。

当然,作为部长的匡小时并不是只会带部员玩耍的"游戏"青年,他也一直关注部员们的学习成长。他告诉大家:"在大学里,成绩虽然不是唯一的标准,但它永远是最重要的标准之一。"平日里他会将每位部员的困难默默记下并尽最大努力帮助他们。例如,听到部员抱怨说:"我们学院的数学分析课太难了,感觉自己期末要挂了。"他便主动找到班级学习委员,要来课堂笔记和复习重点分享给部员。再如,在了解到部分部员的英语基础不好后,曾就读国际学校高中部的他便主动带领部员一起进行单词打卡、口语练习,并组织大家一起分享优秀美剧的视听练耳片段,以提升英语综合水平。

文艺部的第一个大型工作任务是给学院新生办一场迎新晚会。按照惯例,每年的迎新晚会时间都临近学期中后期,需要较长的准备投入期。匡小时根据上一年度的工作经验,认为晚会最大的问题是,学院同学的参与积极性不高,节目质量参差不齐。他准备改变去年的做法,为同学们呈现一场"真正"的迎新晚会。具体从两方面着手:一是充分调动新生班级成员的积极性。二是升级晚会策划方案。针对第一个问题,匡小时认为应该先加强新生班级成员间的了解,只有在熟悉彼此之后同学们才更愿意展现才艺。于是他向学院学生会的负责老师提议,在迎新晚会之前先举办一次学院班级游园会。

考虑到文艺部的时间安排和经费等问题,指导老师并未马上同意匡小时的建议。匡小时积极争取,努力沟通,终于打消了老师的两点疑虑。针对时间问题,他向老师说明,团队成员目前积极性及投入度很高,可以合理规划安排,并将已有的工作分工规划向老师进行了详细介绍。同时他也跟新生班级的辅导员老师进行了沟通,考虑到游园会可起到提升班级凝聚力的效果,新生班级辅导员老师都表示会给予大力支持,老师和新生班的班委愿意一起参与并组织游园会活动。组织人手问题由此得到圆满解决。针对经费问题,匡小时向老师表明,只需要保证基本项目费用即可。活动奖品他们拟通过班级成员物物交换的机制来解决,这样既节约经费又可增进参与人员的相互了解。最后,指导老师终于被他说服,通过了游园会的工作策划。正如最初的预判,游园会取得了非常好的效果,活动的宣传和现场的氛围非常到位,吸引了很多同学参与,极大地增进了新生同学之间的感情交流和了解。

游园活动将新生各班级的氛围都调动了起来,在随后的迎新晚会筹备过程中,大一同学积极参与,为迎新晚会建言献策,给予了文艺部很多支持。匡小时又做了举办场地的设计调整,将学院教室改为多功能报告厅,规避了之前教室舞台局促和多媒体音响设备陈旧的问题。经过精心的准备策划,在克服种种困难之后,迎新晚会最终成功举办,赢得了大家的一致肯定和喝彩。班级节目、现场视频、舞台灯光设计和观众互动等,都将本届迎新晚会的精彩深深烙印在了每一个参与者的心中,晚会结束时全场掌声雷动,匡小时和部员们开心得激动不已。虽然一次次遇到难题,但都一次次成功地被破解,最终获得成功,团队的友谊也在此之中悄悄升华。

三、卸任文艺部部长

对于学生会文艺部的热爱已成为匡小时大学生活中不可或缺的一部分,他曾说过自己的朋友圈都是学生会带来的,学长学姐学弟学妹、跟他共事过的同学最终都成为他的好友。大三竞选学生会主席时,匡小时一度是团队中最有力的竞争人选。最后因为学业规划与出国交流等需求,他放弃了主席竞选。大三期间,虽然身在国外,但是他时常关心国内的学生活动,尤其是对文艺部关注有加,虽然组织关系已不在部门内,但依然是文艺部活动的重要参与者与策划人。

新学期伊始,曾经的文艺部部员、现任文艺部部长许弘毅同学就本届金翼杯话剧比赛的策划与学生会指导老师发生了冲突。许弘毅同学以上一年度的工作方案为蓝本,做出了工作策划等,但并不符合当年金翼杯的主题定位和学院期待。指导老师在与许弘毅谈话之后发现,今年的金翼杯策划主要是许弘毅听从了匡小时的个人想法。出于对老部长的完全信任,许同学坚定地认为老部长的方案是最好的。当方案与今年的实际工作要求发生偏离时,许弘毅开始仿效匡小时的做法,与指导老师进行沟通谈判、据理力争,因而产生了前序冲突。

学生会指导老师经过认真思考后,与身在国外的匡小时取得了联系,肯定他对学生会工作的关心和支持,也善意提醒他不要给新部长过度指导,这样会影响到新人的能力成长与发展。对于学生会的工作有好的建议可以直接跟指导老师沟通,学院是非常欢迎的。匡小时意识到自己的"未退休"状态对团队带来的影响,开始转变做法,通过学生会的宣传推送关注部门活动,及时点赞喝彩,助力宣传。新的文艺部也渐渐步入正轨,新部长顺利完成了角色转换,圆满完成了各项部门工作,成功当选为下一届的学生会主席。

四、毕业晚会

时光荏苒,转眼匡小时已是大四,进入了忙碌的毕业时节。他主动向辅导员请缨,想组织策划一场送给本届同学的毕业晚会,辅导员老师欣然应允。考虑到项目工作量较大,辅导员拟帮他组织筹建团队、招募同学,但匡小时表示不用麻烦老师动员,他可以联系同届的工作伙伴,让他们一起加入团队。辅导员老师虽知道他拟邀请的同学大都奔波忙碌于实习工作、毕业论文和期末考试的各项准备中,可能无法成团,但看到他态度坚决,便说如果实在搞不定,一定来联系老师,不用给自己太大压力。一个星期后,匡小时向老师反馈同届的主席、部长全部集齐,团队组建完毕。老师好奇地询问匡小时如何完成了这个动员组建任务。匡小时笑道:保密!

后来了解到,匡小时辞去了实习,专心筹备毕业晚会,大家都被他的情怀所打动,也想为自己的大学经历画上一个圆满的句号。这次毕业晚会不仅是一项任务,更是每个人的青春见证,是未来一生难忘的美好回忆。作为曾经的团队成员,大家都对自己的老部长感情很深,愿意投入时间与部长再度合作,共同完成大学最后的心愿。

最后,匡小时带领主席和部长们分工合作,白天实习不在学校的同学,承担线上工作任务;在校的同学,负责线下活动的组织筹备;重要节点匡小时还会再约上辅导员和全体晚会的工作成员一起开会讨论。在大家的齐心协力下,毕业晚会成功举行,学院全体毕业生对晚会频频点赞,朋友圈里充满了大家的感动瞬间。晚会散场的那一刻,匡小时终于控制不住地哭了出来,他知道属于自己的大学生活就要结束了,四年所热爱的学生组织也真的要淡出自己的世界了,这是一段旅程的终点,但也是又一段精彩人生的起点。

【案例使用说明】

一、教学目的与用途

1. 本案例主要适用于青年领导力的培养课程。

2. 本案例的目的是帮助学生理解领导力的真正内涵,认知领导与管理的本质区别,以及领导力在团队建设中的重要作用。

3. 引导学生学会在团队组建过程中锻炼和提升自己的领导力水平,形成自己的领导风格。

二、启发思考题

1. 请结合领导力概念、内涵,来分析案例中文艺部部长匡小时在哪些方面较好地发挥了自己的领导力水平?

2. 请结合领导力相关理论知识来分析:两任文艺部部长匡小时和许弘毅在领导力水平发挥中遇到的问题或者错误。

3. 请运用领导力风格理论来分析匡小时的领导力风格的短板与长板。

4. 请根据自己在某次带团队中的经验表现,来分析评价一下自我领导力发挥的情况。完成领导力复盘表格。

时间节点	关键事件	好的做法	改进建议
团队组建期			
团队动荡期			
团队规范期			
团队执行期			
团队调整期			

三、分析思路

教师可以根据自己的教学目标(目的)来灵活使用本案例,以下分析思路仅供参考。

1. 指导学生归纳总结匡小时担任文艺部部长的工作方法、工作态度和团队凝聚力构建三方面的经验,并引导学生分析:作为团队领导者,应如何兼顾结构、关怀和情境维度来发挥自己的领导力水平?

2. 教师引导学生对比分析:新部长许弘毅和老部长匡小时在担任团队领导者时不同的团队表现,以及这些表现对于个人青年领导力水平的提升产生了什么影响?

3. 教师通过让学生分析毕业晚会中匡小时领导力发挥的过程,帮助学生认知个人领导风格的不同之处,学会培养适合自己的领导风格,更好地提升出个人领导力水平。

四、理论依据与分析

1. 领导与管理

(1)概念定义

领导是在一定条件下,指引和影响个人或组织,实现某种目标的行动过程。其中,把实施指引和影响别人的人称为领导者,把接受指引和影响的人称为被领导者,一定的条件是指所处的环境因素。领导的本质是人与人之间的一种互动过程。

管理是指在特定的环境条件下,以人为中心通过计划、组织、指挥、协调、控制及创新等手段,对组织所拥有的人力、物力、财力和信息等资源进行有效的决策、计划、组织、领导及控制,以期高效地达到既定组织目标的过程。

(2)二者的区别

①权威来源

领导是来源于个人影响力,有时与其职位赋予的权威相叠加。管理主要依赖于职位赋予的强制权力。

②发挥作用的空间

领导起作用的方式既有正式工作场域,也有非正式生活场域;管理主要在正式工作场域。

③目标指向

领导侧重目标愿景的实现,管理则侧重完成组织赋予的要求和任务,以及眼前具体的事。

④行为方式

领导侧重对人的观念和思想的影响改变以激发个体改变自身行为,管理侧重规范他人的行为而达到改变他人的行动。

2. 领导力特质理论

外倾型、责任型和经验开放型的人格特质更容易使个人在领导力方面表现较好(详细内容参见案例 19 理论依据与分析)。

3. 领导权变理论

该理论从领导行为入手,认为领导力的过程是一个权变模型,影响领导力效果有 3 个关键变量:结构维度、关系维度和情境因素(详细内容参见案例 19 理论依据与分析)。

4. 领导力内涵理论

(1)以身作则

成功的领导者只有将自己的行为、态度和价值观保持一致,才能让他人感受到个人的独特魅力。

(2)共同愿景

领导者要能设计和描绘出吸引人心、给予希望的愿景,能够激起他人无限的希望和强大的动力。

(3)挑战现状

领导者能够有勇气和智慧去引领改变现状。

(4)使众人行

领导力体现的关键是不利用任何强制性手段却能够改变他人的行动。

(5)激励人心

能够持续不断地激励人心,他人能够通过他的影响受到感召,获得激励,拥有能量,能够不断地让他人改变行动。

五、建议课堂计划

本案例可以作为大学学生干部的领导力发挥的案例讨论课进行,如下是按照时间进度提供的课堂计划建议,仅供参考。

整个案例课的课堂时间控制在 45 分钟。

1. 课堂前言、案例阅读(4 分钟)。

2. 分小组讨论、告知讨论、发言要求(16 分钟)。

3. 小组发言、展示(每组 8 分钟,总共控制在 16 分钟)。

4. 教师点评,归纳总结(4 分钟)。

—— ·专题九· ——

冲突管理

案例 22　分道扬镳的舍友

【案例正文】

摘　要:我们日常工作生活中难免存在不同情境的人际冲突,团队协作中也可能会面临由于关系冲突或者任务冲突带来的挑战。如何认识冲突、发现冲突和解决冲突,需要理性思考、审慎评估,方能解开困局。本案例着重描写了李同新面临的三个冲突困境,并通过情景模拟与分析,帮助他找到解决问题的方法。

关键词:人际冲突　团队冲突

　　李同新是明德大学金融专业的学生,他性格内向、不善言辞。进入大三以后,李同新开始了校外实习。因为想要争取实习留任的机会,他在工作上非常努力,实习日经常加班到凌晨才回校,第二天一早也会睡到很晚才起床。没有实习的日子,李同新经常待在宿舍,很少回家,因为家里有爱唠叨的妈妈,还有总是催促他考研的爸爸。只有宿舍才是让他感到轻松自由的空间,他也会偶尔打打游戏放松一下自己。

　　最近,李同新感觉自我状态不好,他来到学校心理咨询中心,想要跟心理老师倾诉一下最近的遭遇和困扰。在安静的房间里,李同新向咨询师敞开了心扉,跟随他的倾诉,一周所经历的冲突场景,也像电影一样慢慢回放起来……

一、分道扬镳的舍友

　　李同新和尚弘德合住在武川路的男生宿舍,他们既是同班同学,也是同窗舍友。这间宿舍有三个床位,其中一位同学在大一时参军入伍,所以两年多来宿舍里仅有他们两人居住。尚弘德是一个勤奋努力、刻苦学习的学生,他性格比较内敛,从不张扬,担任班级生活委员也尽职尽责。尚弘德作息时间规律,早晨 6 点半就会起床跑步、到食堂吃早饭,然后去上课或者去图书馆自习。李同新是一个话不多的人,进入大三以后,他开始校外实习,实习日经常加班晚归,非实习日大都晚起晚睡,宅在寝室时间较多。由于尚弘德和李同新的作息时间存在很大差异,所以两人内心都觉得对方影响了自己作息,但因为性格原因以及两人在宿舍的时间不太同步,矛盾初现时,他们也没有把自己的不满直接告诉对方,两人在宿舍的交流越来越少,关系逐渐变得僵硬起来。

期末考试周,两人的情绪随着考试压力的与日俱增,都变得有点焦躁。李同新在期末复习时,一般都选择在宿舍温习。尚弘德则一直在图书馆学习,晚上十点左右才回寝室。专业课考完的当天,李同新想要放松一下,便在宿舍玩起了英雄联盟的游戏。虽然耳机就挂在桌旁,但是他并没有戴耳机,而是选择了声音外放音响。十点一刻左右,尚弘德回到宿舍看到室友在玩游戏,摇了摇头没说什么就去洗漱了。到十一点左右尚弘德想要睡觉时,李同新还是没有停止游戏。于是,尚弘德提醒李同新注意时间,如仍要游戏请把耳机戴上。李同新白了尚弘德一眼,戴上了耳机。而当尚弘德回到床上刚要入睡之时,房间里又响起了李同新和队友游戏中连线通话的声音,尚弘德想要再次提醒,但转念一想还是算了,就把自己的耳塞戴上了。尚弘德再次被李同新的欢呼声惊醒是深夜一点半,这时李同新刚经历了五连败,终于迎来了一次胜利,开心地欢呼起来。而此时被惊醒的尚弘德已是怒火中烧,冲突就此爆发了。

尚弘德愤怒地指责李同新游戏玩得太晚,还发出强干扰声音,严重影响了自己休息和明天的考试。李同新也不甘示弱地反驳道:自己并不是每天都这样,偶尔为之怎么了? 倒是尚弘德每天早上太早起床以至于自己每天都被吵醒。在争吵的过程中,不知是谁先动了手,两人发生了肢体冲突,扭打了起来。最终都不同程度地受了一些皮肉伤。第二天一早,两人都找到了辅导员,双双提出了换宿舍的申请。

辅导员在了解了事情的经过后,没有立刻同意两人的申请,在平复两人的激动情绪之后,告知他们期末阶段暂时无法调整宿舍。如果一定要申请,需等到下学期开学后再进行操作。同时,辅导员请两人换位思考,反思一下自己的问题。两人平静下来,开始了理性反思。李同新认识到了自己没有顾及舍友的感受,望着还在认真复习中的尚弘德,他想说声抱歉却又说不出口。这时,手机里收到了妈妈发来的微信:"儿子,你已经快一个月没有回家了,今晚妈妈打算烧你爱吃的油焖大虾,你要不要回家呀?"李同新短暂思考后,简短地回复了一句:"好的,今晚回家。"

二、和妈妈的直面冲突

发完这个信息后,李同新开始收拾行李,很快他就离开了宿舍,在乘坐了近一个小时的地铁后,他回到了家里。妈妈已经做好饭菜,看到他回家后,赶紧招呼他洗手入座。李同新刚坐到饭桌前,就发现手机一直在发出震动声响,他打开屏幕一看,原来是实习单位工作群里正在讨论上一个方案落地实施的情况。李同新一边吃,一边看手机,完全没有顾及妈妈的感受。妈妈有些不开心,说道:回来就是盯着手机,你干脆和手机一起生活算了! 李同新不耐烦地说:"妈妈,我在处理工作上的事情! 懂不懂?"妈妈声音提高了一度:"那你回来干吗? 干脆待在实习单位不是更好?"李同新说:"还不是为了早点回来陪你吃晚饭!"妈妈已经气炸了:"这是陪我吗? 我对着一个只会看手机的木头李同新!"

李同新继续反抗:"你这个人讲不讲理,还不是因为你抱怨我实习加班太多,我早点回来,你又抱怨,有完没完? 要是我随便应付一下实习,以后谁愿意给我工作的 Offer 呢?"

妈妈:"你的意思是我阻碍你发展了? 我只不过想让你回家好好吃饭,没想到你竟然抱怨我! 那你赶紧走吧,不要再回家了!"李同新:"走就走,谁怕谁!"他也不知道为什么火气这么大,生气摔门离开了家。

三、冷战,能解决问题吗?

李同新无处可去,身上也没带钱,手机也快没电了,而父亲的单位就在附近,想到父亲可能正在值班,他径直朝父亲的单位走去。

进入大三后,父亲对李同新有了新的要求,希望他能报考研究生,而李同新对考研并不感兴趣,更希望直接就业。所以父子两人因为是否考研的问题没少争吵。上一次争吵后父子二人有两个月都没有说话,后来在妈妈的引导沟通下,两人才和好。再后来,李同新听到父亲说某某朋友的孩子考上研究生的事情时,他始终不搭理、不回应,坚持实习,丝毫不准备复习考研的事宜。

李同新来到了父亲的办公室,办公室里只有父亲和同事王叔叔在。看到李同新的到来父亲并不意外,可能是妈妈已经提前打了电话。李同新刚坐到沙发上,准备倾诉一下今天回家跟妈妈吵架的事情,父亲却抢先开了口,说道:"你知道吗? 你王叔叔家的孩子,已经保研到复旦大学了。"父亲自顾自地说着,没发现李同新已经黑了脸。

同事王叔叔一看气氛不对,马上说:"每个孩子的成长路径都不同,不是所有人都要读研究生的。"但是王叔叔话音刚落,李同新父亲马上说道:"现在不考研究生,以后还会有机会吗?"

李同新撇了一下嘴,然后对王叔叔说:"不好意思,我出去走走,透透气。"李同新父亲感觉要炸了:"走走走,走了就不要回来!"

王叔叔赶忙安慰道:"小孩子脾气,没事的,我去和他好好谈谈。"

听到这句话,父亲的情绪明显缓和了不少,说道:"那就拜托您了! 反正我说他是不听的,还请您帮忙劝说一下。"

王叔叔和李同新出门后,谈了沟通交流的问题。王叔叔:"刚才的情况经常发生吗?"李同新点了点头,王叔叔:"那你什么感受?"

李同新:"我烦透了,这种唠叨没完没了。"

王叔叔:"那你为什么不回应呢?"

李同新:"说了也没用,只会引起更大的争吵,不理就是了。"

王叔叔:"但是你有情绪啊,不理并不代表你默认他的观点,对吧?"

李同新:"当然不认同。我只是不想和他争论罢了。"

王叔叔:"虽然你没有直接争吵,但你想用沉默的态度告诉他:他说的话对你没有任何用!"李同新点了点头。

王叔叔:"其实这也是一种攻击方式,它叫情绪抽离,就是我们常说的不搭理、打冷战。这种攻击方式的杀伤力并不比你父亲的主动攻击来得小。在对方和你都有情绪的情况下,冷战并不是最好的冲突解决方式。相反,如果你能回应和肯定对方的情绪,然后再表达出意识到了对方情绪背后的需要(比如关心你、期待你的注意与关心等),对方的情绪才有可能缓解和平复,你们才有进行真正对话的可能。你想一想呢?"听到这里,想到今天分别和父母的争吵,李同新若有所思地低下了头……

这几天发生的事情太多,李同新几乎和身边的所有人都发生了大大小小的冲突,他开始反思究竟是为什么呢? 又该如何解决这些冲突呢?

【案例使用说明】

一、教学目的与用途

1. 本案例主要适用于青年领导力的培养课程。

2. 本案例的教学目的是帮助学生理解生活中的冲突以及团队冲突的类型,洞悉冲突发生后应考虑的因素及分析处理方法。

二、启发思考题

1. 结合案例,请从以下几个角度分析李同新与舍友之间产生冲突的过程。

分析角度	前期冲突	后期冲突
冲突类型		
冲突原因		
处理方式		
产生影响		

2. 在分析完两个人之间的冲突后,请从沟通的角度给两人提出建议,如何避免冲突再次发生。

3. 面临直面冲突或者冷暴力的时候,我们应该如何解决?

三、分析思路

教师可以根据自己的教学目标来灵活使用本案例,以下分析思路仅供参考。

1. 引导学生这样思考:解决生活中这些冲突,应该从哪些方面着手?

2. 启发学生在通过诊断两人的冲突产生的原因、类型,处理冲突的风格后,了解冲突管理的过程。

四、理论依据与分析

1. 直面冲突 & 冷暴力。

2. 团队冲突的两种类型。

五、关键要点

1. 解决这些冲突,常用的办法就是——区分立场和需要。不管对方看起来如何势不两立,如果能够明白对方的实际需要,解决方案就可能水到渠成。

2. 面对冲突时要注意情绪、沟通方面的问题,以及最终采取解决冲突的措施:两人可以通过加强沟通与交流、通过商量来选择一个双方都满意的利益平衡点来解决冲突。

六、建议课堂计划

本案例可以作为专门的案例讨论课来进行。以下是按照时间进度提供的课堂计划建议,仅供参考。

整个案例课的课堂时间控制在 30 分钟左右。

◆　**课前计划**

提出启发思考问题,请学生在课前完成阅读和初步思考。

◆　**课中计划**

简述课堂前言,明确课堂主题。

● 分组讨论告知发言要求(10 分钟)。

● 小组发言(每组 3 分钟,控制在 10~15 分钟)。

● 引导全班进一步讨论,并进行归纳总结(5~8 分钟)。

◆　**课后计划**

如有必要,请学生给出更加具体的方案与职责分工,为后续章节内容做好铺垫。

案例22

延展阅读

案例 23　张弘毅的创业故事

【案例正文】

摘　要:在互联网浪潮以及国家三创政策的引导下,大学生毕业后选择创业的比例越来越高,如何开展创业、组建团队以及管理团队等都是他们需要思考并解决的问题。本案例着重描写了张弘毅第一次创业失败、第二次创业经历矛盾重重的过程,展示了处于激烈竞争且迅速变化的市场环境下,大学生创业团队需如何发展、处理解决冲突并完成自我提升。

关键词:团队组建　团队冲突　团队绩效

一、案例背景

张弘毅同学出生于云南省保山市的一个山村家庭,家里兄弟姐妹较多,家境贫寒。张弘毅自小就表现出了强烈的学习爱好与出色的学习能力,成绩也一直名列前茅。虽然家庭贫困,但父母咬牙坚持让他完成了学业。张弘毅也立志长大后要学习经世之能,用自己的努力改变家乡贫困的面貌,让更多的孩子走出大山。功夫不负有心人,2012年他如愿考入明德大学,学习财务管理。求学期间张弘毅未再向父母伸手要过生活费,除了在校勤工俭学以满足日常生活开支外,他还在校外的咖啡店、西餐厅兼职,除赚取自己的生活费外,还有余钱寄回家中贴补家用。在不多的学习之余,闲暇时间,泡图书馆成为他最放松的事情。他经常借阅一些中外知名商人的成功传记阅读,学习他们的创业故事,汲取更多精神力量。他也一直坚信:知识能够改变命运,总有一天他会变得更强大,有能力改变家乡亲人的贫困生活!

2014年,心怀远大志向的张弘毅选择了参军入伍。两年的军旅生涯锻炼,让他更为成熟,也更加坚毅果敢。退伍后,他返回校园继续学习,虽然退伍安置费让他基本不用再为学费、生活费而操心,但张弘毅依然保持朴素简约的生活,他深知这笔经费对自己未来发展的重要性。进入大三后,随着专业学习的不断深化,他也慢慢学习了很多创业知识,不知不觉中,一颗"创业"的种子,已经悄悄在他心里生根发芽。

大三下学期,张弘毅去某会计师事务所实习,领导对张弘毅的工作能力赞赏不已,并向他发出未来的入职邀约,但是工作的顺利获得并没有让张弘毅满足,他的创业梦还在内心深处燃烧。每当看到荧幕前那些成功企业家的交流分享,张弘毅总是羡慕不已,总是萌生辞职创业的念头。

二、张弘毅的第一次创业

2017 年初,在一次战友聚会上,一个特殊又重要的人找到了张弘毅,他是张弘毅同期参军的战友,同时也是云南省保山市老乡,这人就是陈匡时。陈匡时找到张弘毅,谈起家乡保山的咖啡豆滞销的情况,他非常心痛。他说:"如果能在上海这个巨大的市场售卖家乡的咖啡,该是一件多么好的事情! 我想让保山的咖啡走出云南,来到上海这个国际化大都市,再走向世界!"这一番言论让张弘毅心动了,他很早就发现在学校附近开咖啡馆是一个很好的创业项目,如果能有家乡的咖啡豆作为稳定供货渠道,这无疑更是一件锦上添花的事情! 他的创业梦再次被引燃了。当他将这个创业计划告诉陈匡时时,二人一拍即合,决定共同创业。

2017 年 3 月,张弘毅邀请陈匡时以及自己女朋友合伙创业,在离学校不远的地方租了一间 30 平方米的门面销售咖啡,咖啡小屋店名叫做"有风的地方"。张弘毅出资 12 万元,陈匡时出资 8 万元,张弘毅女朋友则以技术入股。张弘毅负责公司的日常管理以及财务工作,女朋友因有在咖啡店工作的经历,负责采购、制作咖啡,陈匡时则负责咖啡的销售运营。公司业务主要是制作、销售来自云南的咖啡,并开启了外送上门的业务。

刚开始的半年内,作为退伍大学生创业的典型事例,张弘毅和陈匡时的创业项目得到了学校创业学院孵化基金的大力支持,同时也接受了多家媒体的采访。咖啡店的良好发展势头让大家心情愉悦。但是随着校外大学路上新的咖啡店一家一家的开设,同类竞争日趋激烈。张弘毅感受到了咖啡店的发展压力,他观察到最近几个月,虽然小店的营业额看起来还算乐观,但是相较刚开业的时候,增长率还是有些下滑。张弘毅开始萌生不安,思索是不是咖啡店的业务线需要调整。

年底总结会上,在分享完当年的业绩报告后,张弘毅说:"整体的业绩报告显示我们每个月的营业额还是不错的,但是今年下半年的部分业绩大家也可以清楚地看到,我们的营业额增长率已经有所下滑了。至于是什么原因我想大家也有判断,区域内的同质化竞争是首要因素。如果我们的小店想要得到长足的发展,是时候需要考虑一下扩充业务线了……"

还没等张弘毅说完,急性子的陈匡时立刻站起来说:"我不同意扩充业务线。我们创立咖啡小屋的初心就是售卖来自云南的咖啡豆,如果扩充品种,我们的顾客群体不一定能接受。另外,在这一年里,我们也花了很多时间精力走访客户,推销我们云南的咖啡,费尽千辛万苦才有了现在稳定的客源,也才刚得到客户的认可,如果这个时候贸然扩充,客户不喜欢怎么办? 咖啡小屋的业绩受损怎么办?"张弘毅听到这一连串的质问,一时语塞不知道该说什么好,他只想到要扩充业务线,但并没有拿出实际的方案,也没有进行市场调研,仅仅是有了这个想法,现在遭到了伙伴的反对。面对强烈反对的陈匡时和迷惑不解的女友,张弘毅从大局考虑不希望因为这个事情而损害到团队的关系,最后,他放弃了自己的想法。

2018 年,大学路周边大量的咖啡店、西餐厅如雨后春笋般冒出。同质化的竞争中咖啡小屋开始处于劣势地位,小屋的咖啡销量急剧下降,同时因为产品品种单一,流失了非常多的老客户。这让一直以来以云南咖啡作为主要销售产品的小店受到重创。第一季度整整三个月的营业额都赶不上去年一个月的业绩。张弘毅和陈匡时感到备受打击。而陈匡时因为想要申请出国留学需要经费,便萌生了退资离开咖啡小店的想法。张弘毅也理解他的想法,没做过多挽留。2018 年中,随着毕业离校,张弘毅选择和女友返回云南就业,咖啡小店的创业经营宣告暂停。

三、张弘毅的第二次创业

大学毕业三年后,张弘毅和女友回到了云南就业,在省城昆明的一家投资公司做财务总监助理,公司领导对张弘毅的管理能力很肯定。但因为资历或者能力的种种因素,他暂未能参与公司的经营发展策划,感觉不能最大限度地发挥自己的优势,这让他有些失落,继续创业的种子再次在他心中萌芽。

随着经济的发展、科技的进步和 5G 时代的到来,短视频迎来了新一轮爆发增长。加之受全球疫情影响,人们的消费模式发生了极大改变,2020 年,直播行业爆发,电商直播异军突起,总规模超过 1 万亿,成为最大的风口。通过短视频、主播带货进行商品营销的方式成为消费的主流,"短视频+直播电商"的营销呈现出爆发式增长。这让张弘毅发现了新的创业方向。怀揣让云南的农副产品走向世界的初心,他按捺不住心中的创业激情,毅然决定辞去工作,开始第二次创业。这一次张弘毅想通过联系云南当地的农场种植负责人,挖掘他们背后的故事,帮助客户制作视频,分享产品故事和产品文化,同时也给产品制作广告视频,发布在社交平台上。等积累到一定数量的粉丝后,再开启主播直播的模式,利用粉丝经济售卖更多的产品。这种"短视频制作+社交分享+直播电商"的模式已经有人在试行并且取得了很好的收益,同时在国家精准扶贫的大背景下政府也给予一定的政策支持。完成规划后,张弘毅感到信心满满,成功志在必得。

四、创业资源整合

虽然创业方向定下了,但是将项目一项项地落地执行也面临着各种棘手的困难,首当其冲的就是应该将公司落在何处的问题。刚刚完成终身大事的张弘毅手中并没有多少闲余资金,这令他十分困扰。在一次明德大学云南校友会的聚会中,他认识了一位昆明某招商部门负责人,同时也是明德大学的校友刘师兄,恰好他负责云南昆明 X 区的项目招商。刘师兄了解到张弘毅的困难后,详细询问并评估了张弘毅的创业项目,发现这正是当地鼓励发展的产业经济类型重点项目。刘师兄便通过招商引资政策帮助张弘毅租借了高新区创新创业基地的一处办公场所,同时还帮助他申请了一笔 50 万元的创业免息贷款。如此一来,张弘毅不仅解决了新公司的办公场所问题,开启首批项目的启动资金也已到账,这对于他来说,无疑是一个极大的助力。

五、创业团队组建

当办公室各项设备采购完成、启动资金也顺利入账后,张弘毅站在办公室高大空旷的落地窗前,眉头紧锁。如果仅靠他一个人单打独斗,这个公司肯定是无法运转的,是时候再组建一个创业团队了。

在人员的寻觅上,张弘毅再次陷入沉思。他首先想到的人就是耿鑫,他是自己的大学学长,在大学期间就有丰富的创业经验,曾经还获得过学校"创业之星"的称号,他对创业有独到的看法,善于捕捉各种各样的创业机会。此外,耿鑫在上海还有三年的私企工作经验,负责公司项目管理,这会使他对公司的未来规划有更深刻的理解。两人也是多年朋友,惺惺相惜,对彼此都比较了解。张弘毅多次联系耿鑫,并表达了希望耿鑫加入自己创业团队的想法。而耿鑫也觉得这个创业方向是正确的,对于张弘毅的为人,耿鑫也非常认可。于是一番简单的沟通交流后耿鑫便顺利加入了张弘毅的创业团队中,成为第一个合作伙伴。但是张弘毅又想到既然公司的核心业务是短视频的设计与制作,如何将视频做得既美观专业又符合大众的偏好,需要邀请专业人员加盟。

经过几天的思量,张弘毅最终还是决定邀请好朋友刘明芳加盟。刘明芳曾是张弘毅本科时候的班长,硕士就读于中国传媒大学,曾在多家互联网公司、电商平台从业,有丰富的视频制作经验,同时她还自己创业成为经纪人,孵化了一批新生代主播团队。之后张弘毅就自己的创业计划与刘明芳进行了认真沟通,诚挚邀请她加入公司。刘明芳听后也觉得"短视频制作+社交分享+直播电商"的模式是一个很不错的创业项目,在未来会大有发展,随即表示愿意加入创业团队,成为第二位合作伙伴。

公司运营中最不可或缺的就是财务管理人员,张弘毅想到的是以前在同一公司的合作伙伴高建先生,他是专业的财务管理人员出身,经验丰富,严谨认真,是一个难得的优秀合作伙伴。此外,两人也是多年好友,知根知底。同样有着创业想法的高建先生也很快答应了张弘毅的邀请,加入创业团队,成为第三位合作伙伴。

2021 年中,张弘毅等四人合伙创办成立了云南弘德科技有限公司,公司的定位主要是为云南地区的农副产品策划创意短视频,同时以团购的方式提供产品销售平台。通过主播队伍将农产品销售到全国各地。四位合作伙伴也进行了公司业务的管理分工:张弘毅主要负责把控公司发展的大方向,制定公司的经营战略和方向;高建负责公司的财务管理;耿鑫负责公司的日常经营、人事管理工作;刘明芳负责公司短视频的拍摄和制作以及主播团队的管理。公司正常运营后,张弘毅又根据岗位需求招聘了十余名业务员,并亲自带着业务员深入云南各个地区的农场、农商公司去推广业务。但是一轮推广走下来,并没有达到预期的设想。

商家们普遍认为,拍摄视频前前后后花费的时间太长了,对于自己的农产品来说,后期是否能在销售农产品的时间节点得到好的收益,还尚未可知。推广费用也相对较高,能否有效推广也是个问题。一段时间下来,没有商家愿意签订合作协议。张弘毅开始忧心忡忡,这时张弘毅的夫人看出了他的心事,向他引荐了自己的表哥袁立新。

袁立新在云南从事多年销售工作,不仅积累了丰富的销售经验,也有一个强大的客户关系网络。袁立新一直想要创业,或许也是因为没有合适的机会、缺少平台等因素,所以一直没有落实行动。在张弘毅诚恳地邀请和优厚待遇的吸引下,袁立新最终加入了这个创业团队,开始负责市场推广。

销售经验丰富的袁立新认为,公司当前的客户受众和营销额应该有所调整,可针对那些季节性不强、日常食用的农产品重点营销,比如云南红米、米粉、腊肉、咖啡和矿盐等,这些食品保质期长、可销售季节周期长,适合全年持续推广。一次偶然的机会,公司为云南石屏拍摄的豆制品视频意外突破了五十万的浏览量,有近万人评论。趁着这波热度,业务员加大了持续性市场推广,也发现许多商家对他们的视频制作与分享很感兴趣想要尝试,经过推广团队一个月的努力,大约有五家农产品商家签约委托张弘毅的团队帮他们制作视频。看到这样的结果,张弘毅欣喜不已。想到核心管理团队的成员能力出众,积极投入,且完美互补,他成就一番事业的信心大增。

但是,看似平静的公司也开始暗流涌动,自从袁立新来到公司后,公司原本平静的氛围发生了一些变化。袁立新下班后经常拉着公司的业务员去喝酒,喜欢拉帮结派有风吹草动都要去试探一番,并且经常给张弘毅打小报告。到了年底,涉及业务员薪酬分配,有几个业务员认为酬劳分配不均,在耿鑫的办公室发生了争吵。

随后张弘毅私下找到耿鑫,说道:"耿总,听说最近公司的业务员们有些不满情绪?你知道这是怎么回事吗?"其实耿鑫早就知道袁立新向张弘毅私下告状,也判断几个业务员来闹事与袁立新的挑唆唆使有关。耿鑫十分生气地说:"当时您来找我组建团队的时候,就订好了我主要负责公司的日常运营与人员管理,而袁立新只是负责公司的市场推广,对吧?可是他现在手伸得太长了,人员他想要随着业务发展随意调动,并且还是在我不知情的情况下。所以才会有业务员因为薪资问题来闹事。归根结底,矛盾的起源就是袁立新!此外,我们的公司才刚成立,企业文化是至关重要的,袁立新不仅没有为公司营造一个和谐友爱的工作氛围、培养员工对企业文化的认同感,还总是挑拨离间,让业务员之间恶性竞争,阻碍公司健康发展。我觉得这样的负责人不适合待在我们公司团队里,这是害群之马!"

张弘毅赶紧安抚耿鑫的情绪:"我明白你的想法,袁立新有些行为和处事方法确实做得不合适,或许他出发点是好的,想要让业务员们之间形成竞争,以此提升业务量,只是可能方法有些不当。再说我们的创业刚刚开始,很多业务还需要袁立新去拓展,大家相互理解。"耿鑫听到张弘毅的解释,沉默不语,稍后就离开了办公室。

年终大会开过后,袁立新突然找到张弘毅说:"我觉得公司目前的工作任务分配很不合理。比如刘明芳负责的视频制作部门,从视频的拍摄到制作,整个过程非常缓慢,我们可以将视频制作外包给专业团队,我认识一个影视制作公司,他们制作视频非常专业且迅速,质量还不错。听说不少人找他们合作呢!这样我们既可以节约成本和时间,同时也节约大量人力资源。而且，刘明芳平时并不怎么来公司，并不能很好地管理员工，那个直播团队也没有发挥太大的作用。"张弘毅看了一眼袁立新，说道："袁总，我很感谢你这么关心公司管理，你提的建议我会考虑一下的。但是刘总的团队对于公司的贡献还是很大的，虽然短视频的制作没有那么快，但是质量水准一直很高，商家的认可度也很好。很多商家就是看中这一点，才来跟我们合作呢！"

袁立新刚想辩解一番，看到张弘毅笃定的模样，话到嘴边又咽下了。他认为，自己的想法完全是为了公司的前景与发展为什么不被认同呢？袁立新无奈地离开了办公室。

随着公司的不断发展壮大，几位创业团队伙伴之间开始出现了重大分歧。摆在眼前最重要的问题就是未来的发展方向。耿鑫和袁立新同时把目光聚焦在了公司未来发展战略的制定上。终于在一次公司例会中，关于短视频的制作是否应被舍弃的讨论上，耿鑫很生气地表达了自己的观点："张总，我认为不可急于去放弃我们的视频制作，帮助商家制作创意短视频，打造云南农产品的品牌文化，进而促进当地农产品的销售，这是我们企业的核心发展战略。我们需要做的是扩大客户数量，不断吸收商家，不要忘记我们的初心啊！"

听到此话，袁立新立刻反驳道："我们是靠不断吸纳新的商家、帮助商家制作创意短视频而收获的第一桶金没错，但是，全国各地已经有很多类似我们这样的创业项目，并且同质化越来越严重。目前，我们需要向平台建设转型，我很担心到时平台被别人建立了，我们会一无所获！"

刘明芳愤慨反击："还没开始学会走就想要跑了！如果去搭建平台，投入的运营费用将会非常巨大，对于我们刚起步的小企业来说是非常困难的。并且，你有什么特质能够吸引人来我们的平台购物呢？靠的还不是我们做视频积累的人气？如果现在贸然把视频业务砍掉，会直接导致用户流失，对公司的损害无法估计！我认为等后期我们积累了一定的资金和可观的粉丝数量后，再考虑搭建销售平台更为稳妥！当然如果袁立新你一定要这样，那我选择退出！"

看着几位创业伙伴的争吵，张弘毅心里很不是滋味，毕竟都是合作了这么久的事业伙伴，没想到竟然会有如此大的理念分歧。当然张弘毅心里也明白，每个人思考的角度、立场都不同，产生分歧冲突是肯定的。会议陷入僵局，每个人都阴沉着脸不说话，也不再表态了，张弘毅无奈地说道："大伙先散会吧，给我几天思考的时间，下次例会我们再商量。"

然而未隔几天，张弘毅的邮箱里出现了一封匿名举报信。举报袁立新在开拓业务期间想尽办法"剥削"员工。原来袁立新为了业务量达标，不仅强制要求员工加班，而且过分强调业绩，实行末位淘汰制，没有达到业务标准的员工，将其用餐补贴、打车补贴等变相地取消。有一位员工反映：招聘时承诺给员工的业务完成津贴提成，也被袁立新以部门资金紧张为由没发，一拖再拖。业务员们已经忍无可忍了。一些年轻的员工对他的管理表示强烈不满，甚至流露出集体辞职的想法。

经过这几件事，张弘毅也开始疑惑动摇：袁立新这个人到底是留还是不留？

【案例使用说明】

一、教学目的与用途

1. 本案例主要适用于青年领导力的培养课程。

2. 本案例的教学目的是帮助学生理解团队创业以及团队冲突过程,洞悉团队管理中应考虑的主要因素。

二、启发思考题

1. 结合案例,在两次创业的过程中,张弘毅是怎么组建团队的? 讨论分析张弘毅第一次创业失败、第二次创业矛盾重重的原因有哪些?

2. 请从创业动机、团队组建、团队关系构成、团队能力、团队分歧和创业结果 6 个方面做一下张弘毅两次团队创业的比较分析,并通过表格的形式对比展现出来。

表 1　　　　　　　　　　张弘毅两次组建团队创业的比较

比较内容	第一次创业	第二次创业
创业动机		
团队组建		
团队关系		
团队成员能力		
团队的分歧		
创业的结果		

3. 两次创业团队产生冲突的原因?

4. 袁立新与团队成员面临的冲突事件分析,通过表格的形式对比展现出来。

表 2　　　　　　　　　　袁立新面临的冲突事件分析

冲突对象	冲突事项	冲突类型	冲突原因	处理方式	造成影响
袁立新与刘明芳					
袁立新与耿鑫					
袁立新与张弘毅					
袁立新与公司员工					

5. 结合团队冲突的类型,讨论冲突对团队的绩效有什么影响?

三、分析思路

教师可以根据自己的教学目标来灵活使用本案例,以下分析思路仅供参考。

1. 引导学生这样思考:第一次创业团队成员之间的矛盾点在哪里? 他们对创业的经营理念和成长预期存在什么样的差别?

2. 启发学生在错误战略中寻找合理成分:袁立新对未来公司经营发展方向的预判是否正确? 是否有可取的地方? 他的哪些做法出了问题?

3. 帮助学生理解团队产生的冲突对团队绩效的影响。作为一个公司的负责人,如果冲突影响到了团队的发展,团队会发生什么样的变化?

四、理论依据与分析

1. 团队冲突策略和使用情境。
2. 团队组建理论。
3. 团队冲突对于团队绩效的影响。

五、关键要点

作为团队的领导者,不用害怕冲突,敢于拥抱冲突,敢于激发良性的冲突。对于破坏性冲突,与其扬汤止沸,不如釜底抽薪,关键时刻要快刀斩乱麻;对于建设性冲突,要鼓励和加以倡导。

六、建议课堂计划

本案例可以作为专门的案例讨论课来进行。以下是按照时间进度提供的课堂计划建议,仅供参考。

整个案例课的课堂时间控制在 60 分钟左右。

◆ **课前计划**

提出启发思考问题,请学生在课前完成阅读和初步思考。

◆ **课中计划**

简述课堂前言,明确课堂主题。

● 分组讨论告知发言要求(20 分钟)。

● 小组发言(每组 5 分钟,控制在 15～20 分钟)。

● 引导全班进一步讨论,并进行归纳总结(10～15 分钟)。

◆ **课后计划**

如有必要,请学生给出更加具体的方案与职责分工,为后续章节内容做好铺垫。

·专题十·

危机公关

案例 24　云上川矿泉水公司的危机事件^①

【案例正文】

摘　要:在竞争激烈、变化复杂的市场环境中,企业不仅要做好应对风险和危机的准备,而且对危机的反应也必须快捷及时。当企业面对负面舆情时,需要冷静分析,妥善处理,将对企业的影响降到最低。本案例着重描写云上川矿泉水公司的两次危机事件,以两次危机事件使用不同的应对策略作为对比,展示了处于激烈竞争且迅速变化市场中,好的危机公关对于企业品牌的塑造有重大意义。

关键词:危机类型　危机公关　舆情处理

在中国西北的青藏高原,有一条神秘雄伟的山脉,它在亿万年前由地壳褶皱形成,这就是昆仑山。昆仑山终年的积雪慢慢融化后,渗入布满气孔和缝隙的山体岩石中,在岩层中经历了 30～60 年的深层溶滤、矿化,缓慢溶解岩层的矿物元素,在多种条件的综合作用下,昆仑山水源有了独特的微甜感,使人会感受到如同松软雪花的味道,口感清冽、轻盈,是水中佳品。

一、危机事件——来自大自然的馈赠

2020 年,来自昆仑山的云上川矿泉水公司,以其提出的"雪是一切生命之源"理念,为了唤起大众对云上川矿泉水的感知力,以及对其新上市的高端矿泉水产品"昆仑之雪"有更进一步的了解,云上川矿泉水公司,特意推出"灵动昆仑"的新包装,此款包装产品由雪莲、牦牛、藏羚羊和朱雀四种动植物、雪山美景构成,展现了昆仑山原始纯粹的景观。产品一经推出,因其精美独特的包装,引发了一阵购买热潮。与此同时,此款矿泉水的广告宣传片也在各大媒体轮流播放,一时间成为人们追捧的热潮。

在"昆仑之雪"上市一周的时间里,云上川矿泉水公司正在为其成功推出和骄人的业绩

---

①　本案例对参考企业的公开资料进行了改写,对于有关名称、数据等做了必要的掩饰性处理。本案例仅供课堂讨论教学研究之用,并无意暗示或说明某种决策行为是否有效。

感到自豪时,一件意想不到的事情发生了。有一个名叫"快乐星球"的微博用户,在云上川矿泉水公司的微博下留言,说"昆仑之雪"包装上印刷的朱雀系列文字说明有错误。这条微博很快被眼尖的网友们发现,并互相转发。大家还发现,这个名叫"快乐星球"的微博用户竟然是一个喜欢动植物科普、目前在北京读小学四年级的小朋友。

很快,"昆仑之雪"包装印刷错误并被一名四年级小朋友发现的事情就上了微博热搜。一时间云上川矿泉水公司被广大网友群嘲,网络热度居高不下。云上川矿泉水公司面对这样的情况,第一时间向华清大学生物学院的鸟类研究专家郑教授进行求证。很快,郑教授就给出了回复,"快乐星球"说的没有错,"昆仑之雪"包装上印刷的朱雀系列文字说明确实有误。当天晚上,云上川矿泉水公司就在微博上发布了公告,全文如下。

> 今天我们看到微博用户"快乐星球"小朋友的投稿,非常感谢小朋友的细心阅读与认真反馈。经过再次向专家和文献求证,成年普通朱雀雄性和雌性羽色相近,肉眼难以区分,唯一的区别是它们喙的颜色,雄鸟的上喙和下喙都为黑色,而雌鸟上喙为黑色,下喙为橙红色。亚成体和成体的主要区别在喙和脚,前者的喙和脚都为黑色。我们的"昆仑之雪"包装上印制的朱雀确实为雌鸟。为感谢"快乐星球"小朋友的指正和建议,也为了激发更多小朋友培养认真求证的科学精神,我们决定向"快乐星球"小朋友赠送价值人民币 2 000 元的图书卡,希望"快乐星球"继续保持对自然和科学的好奇,我们相信,今天我们认识的"快乐星球"小朋友一定是未来的小小科学家!
>
> 我们在设计"昆仑之雪"瓶身的时候,也是希望大家能通过活泼可爱的动物,看到水源地优质的生态环境和优美的自然风光;在对动物们进行艺术形象创作的时候,确实还需要更加严谨和仔细!最后,也欢迎全国各地的同学们在暑期来我们的水源地参观游览,到那个时候,我们再多多交流!
>
> 云上川矿泉水公司
>
> 2020 年 3 月 20 日

经过上述一系列的操作,云上川矿泉水公司顺利度过此次舆情危机,而此次危机事件也为"昆仑之雪"带来了一波新的热度,很好地为新包装做了宣传。

二、危机事件——都是包装惹的祸

阳光明媚的夏日时节,一则消息像一股热浪般席卷了整个快消饮品界,引起了广泛关注。据称,国内知名饮料品牌云上川矿泉水公司的产品"原动力"功能性饮料的新款包装设计涉嫌抄袭了国际知名品牌"欧来泉"苏打水的设计元素。尤其是饮料瓶包装上印着"每一滴冒泡,都是夏天的诗"这句话,几乎是"欧来泉"苏打水包装上英文宣传语的直译。另外,其包装上写的"迅速补充能量,提高运动表现"也有夸大宣传的嫌疑。很多网友说,这就是一瓶口味酸甜的饮料,对于运动表现的提升毫无作用。并且,其产品存在添加剂过度添加的问题,长期大量饮用可能导致身体负担加重、代谢紊乱。

消息一出,舆论哗然。原本备受消费者喜爱的"原动力"饮料一时间成为众人瞩目的焦点。有人指责其缺乏创意和夸大饮料功效,也有人为"原动力"饮料辩护,认为这只是巧合。不论真相如何,抄袭和夸大宣传风波已经给"原动力"带来了前所未有的危机。而云上川矿泉水公司的回应更让网友们大跌眼镜,大家的质疑与愤怒也让该事件迅速冲上了热搜。

以下是云上川矿泉水公司对公众的质疑发布的公告。

一、云上川矿泉水公司的产品"原动力"饮料是一款功能性风味饮料,云上川矿泉水公司一贯坚持尊重原创设计,坚守诚信原则。我们深知创新的重要性,如有雷同,纯属巧合。

二、云上川矿泉水公司在产品标签配料表中按照国家食品安全标准的规范要求标明了产品配料。云上川矿泉水公司的产品"原动力"饮料标签的标示符合相关法规要求,并无任何错误或误导。

三、云上川矿泉水公司要求抖音、快手等媒体平台和各社交媒体账号立即删除对云上川矿泉水公司声誉造成伤害的文章和评论,以避免进一步对云上川矿泉水公司的声誉造成传播性伤害。

云上川矿泉水公司
2023 年 7 月 20 日

从危机公关的 5S 原则——速度第一原则来看,在危机出现之后,涉事主体应在第一时间就要发表声明,遏制舆论的扩散,防止因舆论的进一步扩散造成企业形象受损。不过云上川矿泉水公司好像并没有因为官方的声明而中断,反而让舆论扩散的速度更快。由此可见,云上川矿泉水公司并没有很好地利用速度第一原则来消减危机。

从危机公关的 5S 原则——承担责任原则来看,体现在品牌出现危机之时,应及时承担该有的责任,并为之道歉。面对公众和媒体的关注,云上川矿泉水公司虽然澄清了"原动力"饮料标签配料表中按照国家食品安全标准的规范要求标明了产品配料,表明了对消费者健康并没有损害,但却面对误导消费者一事避而不谈。想要规避承认虚假宣传,于是,网友喊话:"两者之间总得承认一个,自己玩的文字营销就得自己来扛。"云上川矿泉水公司的承担责任原则在这一声明中很明显就垮掉了。

从危机公关的 5S 原则——真诚沟通原则来看,企业处于危机漩涡中时,是公众和媒介的焦点。企业的一举一动都将接受质疑,因此千万不要有侥幸心理,企图蒙混过关。云上川矿泉水公司在危机之中,不但没有起到安抚相关大众情绪的作用,还直接喊话要求自媒体删除文章和评论,强硬的态度让公众觉得傲慢,其态度、处理措施和结果都很难让人满意,也让危机更加严重。后续:

在云上川矿泉水公司官方微博回应后,四川省S市某区级监管部门对云上川矿泉水公司生产车间的加工原料开展现场检查,经核实,证实了"原动力"饮料标签配料表中的添加剂是按照国家食品安全标准的规范来添加的。这一核查结果对云上川矿泉水公司很及时也很重要,能重获消费者的信任。

从危机公关的5S原则——权威认证原则来看,虽然云上川矿泉水公司找到了第三方专业机构检测,但是权威认证并没有获得网友的认可。有的网友觉得地方性的单个检查不能以偏概全,也不能让消费者足以信任,并且整件事不仅是对食品安全问题的关注,还包含对产品宣传行为的关注。

从危机公关的5S原则——系统性原则来看,公众期待的反馈是,如何对营销宣传上的夸大宣传进行反省,以及如何开展后续补救。但云上川矿泉水公司这次让公众失望了,他们并没有提及是否撤回有关宣传有误的产品,对于后续会如何处理也没有提及,只在微博上留下了"我们没错""请立刻删除"的语句,显然成为危机公关的翻车现场。

在竞争激烈的饮品市场,新品推广期就出现涉嫌虚假营销的翻车事件,无疑会对其销售和品牌自身的商誉都带来重大的影响并造成重大损失。最终,云上川矿泉水公司也付出了沉重代价,此款饮料打四折也无人问津,而云上川矿泉水公司的股票市值也暴跌百亿。

【案例使用说明】

一、教学目的与用途

1. 本案例主要适用于青年领导力的培养课程。

2. 本案例的教学目的是帮助学生理解企业或者组织面临危机时应如何面对,洞悉危机发生后应考虑的因素。

二、启发思考题

1. 结合案例,请从以下几个角度分析云上川矿泉水公司两次危机事件处理的过程。

	第一次危机	第二次危机
危机类型		
危机原因		
处理方式		
危机结果		

2. 根据课上学到的知识点,请指出在第二次危机事件中,云上川矿泉水公司危机公关的应对误区。

3.从危机公关处理的技巧层面,给云上川矿泉水公司第二次处理危机事件一些建议(不少于 2 条)

三、分析思路

教师可以根据自己的教学目标来灵活使用本案例,以下分析思路仅供参考。

1.引导学生这样思考:通过危机公关的 5S 原则,分析云上川矿泉水公司的第二次危机公关为何得不到消费者、网友们的认可?

2.启发学生在通过诊断两次危机产生的原因、类型,处理危机的风格,了解危机公关的过程、遵守的原则和注意事项。

四、理论依据与分析

(一)危机的类型

对危机进行精准分类,有利于对危机的性质、影响范围等层面进行全面的评估,是进行危机公关的前提条件。

1.硬实力危机与软实力危机

根据危机爆发的主、客观原因及其对组织实力造成的影响,可以将其分为硬实力危机和软实力危机(也称非人为危机与人为危机)。

其中硬实力危机(非人为危机)是指由于自然环境和宏观社会环境等并非由人的行为直接造成的一类危机,例如地震、水灾、旱灾等自然灾害,以及环境污染、经济萧条、战争等宏观社会环境改变,这类危机主要对组织的硬实力造成危害。硬实力危机大部分难以预计且不可控,相比于软实力危机更能得到社会公众和内部成员的同情和理解。

软实力危机(人为危机)指由人为因素造成的危机,例如组织负责人的不当言论、企业生产假冒伪劣产品,这类危机主要是人为地破坏社会公德,造成的损害主要在组织的形象、立足社会的信誉,以及美誉度和忠诚度等软实力层面。软实力危机具有可预见性和可控性,如果组织平时具备危机意识,采取相应的预防措施,是可以减轻甚至避免危机的发生。

需要注意的是,硬实力危机和软实力危机也有重叠的部分,例如由人为因素引起的灾害事故、不当竞争引起的商业危机,这些破坏活动不仅造成组织硬实力的损伤,也造成软实力的损害。因此组织要做的是同时挽救两种危机。

2.内生危机与外生危机

按照危机关系对象的不同,可将危机分为内生危机和外生危机。

内生危机是指发生在组织内部的危机,例如内部关系纠纷、上下层级的信任问题、贪污腐败、管理缺失等,内部危机波及范围不广,主要影响本组织的利益,具有可预测性和可规避性的特征。

外生危机是相对于内生危机的一个概念,指由组织外部因素造成的危机,例如不同组织之间的矛盾纠纷,组织与政府、社会之间的信任危机等。外部危机波及范围较广,常常影响到具体的社会公众。其不可控因素较多,不可预测且处理较为复杂。

3. 有形危机与无形危机

危机通过不同的表现形态可以被分为有形危机和无形危机。有形危机是指造成直接而明显损失的危机,例如生产事故、人员伤亡、财产损失等,有形危机造成的损伤较为直观,往往易于评估。

无形危机是指给组织带来的损失并不明显和直接的危机,主要损害的是组织的形象和信誉,这些损失难以用数据评估,更多是潜在的、慢性的。组织应在无形危机发生或发展之前,及时采取补救措施,以免事态扩大,造成更严重的危机。

4. 政府危机、企业危机与其他危机

根据应对危机的组织主体性质不同,可以将危机分为政府危机、企业危机和其他危机。

政府危机是指政府面对地震、传染病、金融危机等对社会公共生活和公民生活秩序造成重大损失的危机事件。政府面对危机所建立的预警系统,应对危机的态度、方式与效率,都会影响公众对政府的信任度。

企业危机是指发生主体为企业的危机。企业需要通过日常的危机管理工作、处理危机的技巧和原则、危机的预防与监测等方式,做好危机公关的每一项工作,努力将损失降到最低。其他危机指事业单位、社会组织以及个体层面发生的危机。

5. 一般危机与严重危机

根据危机的影响程度,可以将危机分为一般危机与严重危机。一般危机与社会公众的冲突程度较轻,组织形象与声誉受到的损害可控。严重危机指组织面临的重大事故,将对组织的声誉造成毁灭性打击,直接威胁到组织的生死存亡。公关人员在面对组织的严重危机时,必须马上全身心地应对,以挽救组织的声誉和生命。

(二)危机处理的 5S 原则

危机公关 5S 原则由著名危机公关专家游昌乔提出,旨在为组织管理者处理危机时提供实践准则,避免踩踏"雷区",陷入更深层次的危机之中。危机公关 5S 原则具体包括承担责任原则(shoulder the matter)、真诚沟通原则(sincerity)、速度第一原则(speed)、系统运行原则(system)以及权威证实原则(standard)。

1. 承担责任原则:"我错了,是我的责任。"

危机事件通过舆论发酵后,会成为公众关注的焦点。此时无论谁是谁非,即使涉事组织在危机中不一定有过错,也应该主动承担责任。公众除了利益上的关联,还有情感上的问题,亟须明了谁应该为受害者负责。如果此刻各执己见,相互推诿,只会激化矛盾,引起社会公众的反感,因此涉事组织在此刻应站在受害者的立场向公众致歉,这有利于赢得公众的理解和支持,为后续危机的解决创造良好的舆论环境。

2. 真诚沟通原则:与媒体保持持续的沟通

危机事件发生后,涉事组织的一举一动都将成为公众和媒体关注的焦点,因此不能有任何的侥幸心理,企图蒙混过关,而应该主动与媒体联系,通过媒体渠道与公众真诚地沟通,说明事实真相,消除公众的疑虑与不安。这里的真诚主要指诚意、诚恳与诚实。为了掩盖事实真相而说谎是危机公关的大忌。

3. 速度第一原则:第一时间,最快速度

在社交媒体时代,任何有重大新闻价值的事件都会在极短的时间内形成舆论狂潮。所谓"好事不出门,坏事行千里",危机信息会像病毒一样,以裂变的方式高速传播。此时,可靠的消息往往不多,社会上充斥着谣言和猜测。如果涉事组织没有及时地发布信息,就会让谣言和不确定的信息满天飞;如果丧失在舆论场中的首发话语权,涉事组织就会处于被动地位。因此涉事组织必须当机立断,快速反应,果决行动,第一时间表态,与媒体和公众进行沟通。否则就会扩大突发危机的范围,甚至可能失去对全局的控制。

4. 系统运行原则:环环相扣的运行系统

现如今,无论是政府机构还是企事业单位,建立危机管理制度和危机管理体系,是社会政治、经济、文化生活高度发展的必然结果。处理危机的工作是一个完整的过程,组织要按照处理危机的预案程序,系统运行每一个环节的工作,用以化解危机。

5. 权威证实原则:第三方解释证实

危机发生后,无论是事故调查结果还是企业产品的质量检验报告,都必须请第三方权威机构出具,才能使社会公众信服,才能解除公众对涉事方的心理戒备。涉事组织自行发布的报告将难以取信于人,往往会加剧双方的信任危机。

(三)危机公关处理的技巧

涉事组织行为不当造成不良影响时,正确的做法是认真检查过错,弥补公众损失,重新树立形象。具体说来,应采取以下步骤来挽回影响:

第一,真诚接受公众批评,及时向公众及新闻界披露真相和公开致歉;第二,组织专门人员立即采取善后措施,尽量减少公众损失,主动提出合理的赔偿方案;第三,借此向全体组织成员进行教育,避免今后再度出现差错。

五、关键要点

组织面临的公共关系危机多种多样,但常见的主要有三种,即组织自身行为不当引起的危机、突发事件引起的危机、失实报道引起的危机。正确处理这些危机,应掌握一些技巧。

六、建议课堂计划

本案例可以作为专门的案例讨论课来进行。以下是按照时间进度提供的课堂计划建议,仅供参考。

整个案例课的课堂时间控制在 30 分钟左右。

◆ **课前计划**

提出启发思考问题,请学生在课前完成阅读和初步思考

◆ **课中计划**

- 简述课堂前言,明确课堂主题。
- 分组讨论告知发言要求(10 分钟)
- 小组发言(每组 3 分钟,控制在 10～15 分钟)
- 引导全班进一步讨论,并进行归纳总结(5～8 分钟)

◆ **课后计划**

如有必要,请学生给出更加具体的方案与职责分工,为后续章节的内容做好铺垫。

案例 25　咖啡小屋的运营危机与挑战

【案例正文】

摘　要:在互联网浪潮冲击及国家三创政策引领下,大学生毕业后选择创业的比例逐年增高。创业后如何应对各类冲突、面对公关危机带来的挑战如何修复、如何维护创业团队或企业的组织形象等都成为大学生创业团队面临的问题。本案例讲述了高校大学生创业成立的咖啡小屋在遭遇网络舆情后,创始人张弘毅如何进行危机公关的过程。展示了处于激烈竞争且迅速变化的市场中,创业团队如何开展危机公关、修复组织形象的生动故事。

关键词:危机类型　网络舆情　危机公关　形象修复

一、张弘毅的第一次创业

2017 年 3 月,退伍大学生张弘毅邀请好友林匡时以及自己的女朋友合伙创业,在离学校不远的地方租了一间 30 平方米小店出售、制作咖啡,咖啡小屋的店名叫"有风的地方"。张弘毅个人出资 12 万元,林匡时出资 8 万元,而张弘毅女朋友则以技术入股。张弘毅负责公司的日常管理以及财务工作,女朋友有在咖啡店工作的经历,负责采购、制作咖啡,林匡时负责咖啡的销售运营。小店主打制作、销售来自云南的咖啡,并开启了送咖啡上门的服务。刚开始运营的半年里,作为退伍大学生创业的典型案例,张弘毅和林匡时的创业举动得到了学校的大力支持,同时也得到了媒体的关注与采访宣传,咖啡店良好的发展势头让创业团队信心满满。

二、加冰咖啡引起的危机

炎热的夏天到来了,7 月 15 日上午,咖啡小屋上架了来自云南的新品——云梦咖啡,也收获了一笔 80 杯咖啡的大订单。张弘毅及团队都期盼这次的新品大单能为小屋带来一波售卖热潮,没想到却引来了咖啡小屋创办以来最大的危机。

这笔大单是某班级活动,由班级同学集体购买的。咖啡喝完时很多同学发现杯中三分之二都是冰块,大大一杯冰咖仅喝了几口就变成了半杯空冰。而在点单页面上也没有去冰的选项。80位同学一致认为咖啡小屋欺骗消费者,开始发朋友圈吐槽。很快这事情就登上校内灌水吧的热搜榜。一场危机公关和舆情应对挑战也就此展开。

微信朋友圈、微博,还有多啦校圈等社交媒体上,不少学生纷纷"带图"分享自己对咖啡小屋售卖冰块咖啡的吐槽:

"只要喝得快,你可以额外获得大半杯冰!"

"两口喝完不是我一个人的问题……"

"那个冰块是不是有卫生问题,喝完就会拉肚子?"

"三分之二全是冰块,喝两三口就没了,点单页面也没有去冰选项!80多杯咖啡,好暴利的咖啡小屋!!!"

"我们要的是'咖啡加冰,不是冰加咖啡',这次咖啡小屋卖相也太难看了,多加冰其实是为了节约其他原料成本。"

"他们家咖啡温度一栏只有'冰''热'两个选项,没有'少冰'选项。如果备注去冰,你会得到一杯温热的咖啡。你如果说不够凉,店员会说这就是选择去冰后的常温状态。"

不过也有一些同学说:"想去冰直接点热饮""9.9一杯还要什么自行车?"

一时间,社交媒体上的话题热度居高不下,关于冰咖啡的舆情愈演愈烈。有学生将相关信息转发给了张弘毅和林匡时,而这两位还沉浸在新品大单带来的喜悦中,完全没想到加冰的咖啡引发了如此大的关注。看到网络上扑面而来的负面评价,两个人的心情瞬间跌落到谷底。

正在两人一筹莫展时,负责订购该笔大单的同学给两人打来了电话,询问为何要多加冰?电话里,张弘毅和林匡时对冰块量的问题做了解释。

他们反馈说:"天气炎热,外卖点单的冰咖,如果冰少了,送达过程中冰块很容易全化掉,送达时饮用就会像喝常温饮料一样没啥区别,影响口感。""冰块只是用来调节口感和温度,每杯的咖啡原液加入量是不变且保证的。一般来说,饮品的杯子上都会标有最佳饮用时间,在这个范围内,温度变化不会太大,浓度也不会发生太大的变化,口感最好。如果超出这个时间,可能会影响饮用体验。他们之前在接受培训的时候专业咖啡师特别提到过冰饮本身添加冰块之后会让口感更佳清爽,并且用户接受度更高。至于加冰量,业界根本没有统一的标准。哪怕在一些咖啡类证书的考核要求中,也没有对冰块分量的考核评估。每家店都有自己的SOP(标准作业程序),最终冰块添加量都是在测试口感后得到的标准。"

这个解释让订购者原本愤怒的情绪得到了暂时的平复,但是网上的舆情并没有停止。随着时间的推移,信息已经不单单在学生的群体里传播,一些社会媒体开始电话联系张弘毅和林匡时核实情况。当天晚上,一些社会自媒体公众号以消费欺诈为由开始对事件大肆报道。一时间,朋友圈里各种推文转发应接不暇。

学校里的老师对此事非常关注,"一杯咖啡饮品半杯都是冰"算不算消费欺诈?有法学院的教授开始现身说法评论,是否算欺诈主要判断是否存在欺诈行为。如果商家对该款饮品的宣传为"半杯都是咖啡",而实际提供给消费者的是"半杯冰",那么就涉嫌消费欺诈。如果商家并未对该饮品里面咖啡比例的多少进行特别宣传,仅仅根据一杯饮品里有半杯冰块,认定商家故意欺诈以及实施了欺诈行为的可能性就比较小。根据上述说法,云梦咖啡加半杯冰的做法似乎并没有错。

然而,这件事该如何平息呢?

距离网上舆情开始已经过去了将近 7 个小时,面对各种纷繁复杂的网络评论,还夹杂着一些不实的谣言,甚至还有同行的拉踩和嘲笑,张弘毅和林匡时决定以咖啡小屋的名义,发布一则公告。希望这个公告能够帮助小屋顺利度过此次危机。

经过两人的共同努力,当天深夜咖啡小屋针对"冰块事件"的公告就发布了,全文如下。

关于咖啡小屋冰块事件的致歉信

尊敬的顾客朋友:

你们好!

今天有媒体报道咖啡小屋的云梦咖啡出现冰块过多,涉嫌消费欺诈的问题。经第一时间调查,当日制售的云梦咖啡确实含有冰块,但相关媒体的报道中涉嫌消费欺诈的情况并不属实。在此,诚挚地向广大的顾客朋友们作出信息反馈与详述:

云梦咖啡内的冰块主要是起到调节口感和温度的作用,每杯咖啡原液的加液量不变。在我咖啡小屋所有饮品的杯子上都会标有最佳饮用时间,在此时间范围内,咖啡温度变化不大,浓度变化也不会太大,口感最佳。如超过最佳饮用时间,可能会出现各种奇怪口感,饮用体验也不会很好。近来正值盛夏,冰饮本身添加冰块之后会让口感更加清爽,期待用户接受度更高。且加冰量目前在咖啡业界没有统一标准,每家店都有自己的 SOP(标准作业程序)。对于此款来自云南的新品——云梦咖啡,本店最终在每杯咖啡的冰块添加量为 8 块冰,这是在咖啡师测试口感后得到的标准添加量。当然产品的质量服务以及每一位顾客的体验感,都是我们最关注的问题。对于此类事件的发生,我们十分抱歉,在此向各位顾客朋友表示诚挚的歉意!

这次咖啡饮用后余冰过多、点单小程序页面信息不完善等问题,都让我们感到非常难过和自责。同时我们也特别感谢顾客朋友们的及时反馈,是你们帮助我们发现了这些问题。我们会下架此款咖啡,并对相关产品的冰块添加标准进行研发,开展客户体验调研活动,力争创制出让顾客朋友们更加满意的特色咖啡、更为人性化的订单选择页面。同时针对此次事件,我们将做免单处理。在咖啡小屋购买小程序注册过会员的顾客,每人将收到一张新品咖啡免费体验券(上传产品体验即可免单),以及一张老顾客 5 折优惠券。以上整改措施负责任人:张弘毅联系电话:021-369777

我们感谢媒体和公众对于咖啡小屋的监督,感谢你们帮助我们找到管理上的漏洞。我们有信心尽快整改,杜绝此类问题的再次发生。我们后续会公开发出小屋内部管理团队的整改方案,也希望所有的媒体和顾客朋友们一如既往地监督、支持我们的工作。

再次感谢社会各界对咖啡小屋的关心与支持。

咖啡小屋管理有限公司

2023 年 7 月 15 日

这则公告的发布,及时回应了公众对于咖啡内冰块数量的质疑。随着公告文本的不断传播以及当事人的谅解反馈,几天后相关负面舆情与公众负面情绪逐渐平息,咖啡小屋也慢慢恢复了往日的宁静。

随后,咖啡小屋按照致歉公告,下架了云梦咖啡,再次进行咖啡添加冰块标准的研发,并进行客户调研。更新完善订单选择页面,添加更多可选项。同时对店内的正式员工和兼职员工都进行了一期系统化培训,且重点邀请了第三方专业公司,对小屋冷冻设备进行了全面排查,确保不会出现食品安全问题。同时,还推出"透明"厨房项目,即通过实时网络监控让大家可以看见操作间景象,让广大消费者共同监督。

时间转眼来到 7 月底,作为饮品售卖的旺季,咖啡小屋的营业额并没有出现明显突破,甚至比春季的时候还要略微低一些。面对不甚满意的季度报表,小屋创始团队开始了新一轮的思索与谋划。

三、咖啡小屋的形象修复

虽说是暑假期间,但留校的同学依然很多,也就意味着消费群体并未发生大规模减少。经过认真观察,创业团队发现最近在校内看到大家手里拿着的饮品以校门口奶茶店的新品咖啡居多。一些经常来光顾的老顾客现在也不见踪影,或好几天才来一次。另外,外卖业务之前也是咖啡小屋的主要业务来源。在冰块事件以前,每天外卖的数量至少 40 杯起步,现在却连一半都达不到。面对这些问题,张弘毅和林匡时心里明白,虽然道歉公告已经发出,冰块事件的舆情危机看似顺利度过,但咖啡小屋的品牌形象也受到了一定损伤。道歉公告只能是修复咖啡小屋受损形象的第一步,接下来,还需要更多的措施来弥补修复,这也是现阶段最关键也是最重要的事情。

经过一个晚上的商议研讨后,张弘毅和林匡时最终确定了针对此次形象修复的方案。

首先,咖啡小屋在微信公众号上开辟了两个新的板块(更多—关于我们—管理公告),在此可以查询到咖啡小屋对冰块事件的处理进度及结果。由于公众对咖啡制作的相关流程及标准并不清楚是导致冰块事件产生的主要原因,张弘毅决定在每个月末最后一天的下午,开展免费的咖啡制作体验活动。活动除了让体验者能品尝新品咖啡以外,也能帮助公众更好地了解咖啡制作的流程工艺,以及牛奶、冰块等各种添加物对咖啡口味的调节作用,尽可能地消除公众对咖啡小屋的负面认知。另一个新板块则是在微信公众号上增加了对咖啡产品的介绍,着重挖掘云南咖啡豆种植背后的故事,介绍咖啡豆的品种、风味和加工制作的流程。同时相关信息也同步到微信点单小程序中,让顾客们在下单时,能够更详细地了解所点咖啡的信息,引导顾客丰富体验并根据自身需求选择。

其次,由于张弘毅和林匡时都是退伍大学生,在八一建军节来临之际,两人决定在节日当天举办"致敬老兵"主题活动——建军节当天的全部营业额将捐赠给"老兵基金会",表达对老一辈军人的感念与告慰。他们制作了"致敬老兵"主题海报,凡在朋友圈转发的顾客,购买咖啡时凭借截图可享买一赠一优惠。活动一经推出,便受到了公众的热捧,一时间朋友圈都被"致敬老兵"海报刷屏,小屋当天的营业额也突破了6 000元。随后,张弘毅将这6 000元的营业额全部捐赠给老兵基金会,并将捐赠回执在微信平台上发布。一时间,公众纷纷点赞咖啡小屋的举措,社会媒体也开始关注报道,咖啡小屋的理念受到了公众的一致认可。公众信任也重新获得,8月中,咖啡小屋的营业额直线上升,让张弘毅与创业团队都感到惊喜不已。

但是张弘毅也发现,小屋的主要顾客群体在校大学生客户修复度并不佳。此次冰块危机事件的舆情是在学校中率先发酵的,在大学生群体中如何修复形象,是一个更棘手的问题。经过头脑风暴,两位团队创始人突然想到了与自己同一批次退伍回来的战友们,他们目前正在学校的各个学院就读,且大多数在各学生组织或班级中参与组织工作,作为学生组织中的影响力人群,他们或许能够帮助咖啡小屋渡过难关。

学校每月都会组织退伍士兵开展一次茶话交流活动,在随后到来的茶话会上,张弘毅向自己曾经的战友们讲述了咖啡小屋经历的风波,以及目前正在面临的挑战:如何重新获得学生群体的认可? 张弘毅说:"这是目前咖啡小屋遇到最难的问题。虽然每天的社会订单可以维持基本运营,但是开学后如果还是不能重获同学们的信任,那咖啡小屋就岌岌可危了。各位见证了咖啡小屋的诞生与成长,在这个关键时期,也希望大家能拉咖啡小屋一把,帮我们渡过难关。"

众人听后纷纷开始你一言我一语的讨论,大家都希望开学后咖啡小屋能像以前一样受到同学们的认可,只不过这次冰块危机事件后,同学们更青睐校外其他品牌咖啡,消费习惯一旦养成后,确实不再容易更改。

这时一直沉默不语的小李说:"前几天舍友请我喝了一杯校外咖啡店的产品,品尝后我觉得口味并不如咖啡小屋的产品,但胜在量大。咖啡小屋经过危机事件后,产品口味比之前更好。现在就要看怎么推广出去,再次重获同学们的青睐。还有一周,针对新生的迎新活动和军训就要开始了,或许这是个好时机。"

听到这里,张弘毅露出了欣喜的表情,对,这次可以通过支持学生迎新活动的方式,让同学们再次认可咖啡小屋呀!

随后,战友小王说,咖啡小屋也应该建立自己的舆情应对机制,像这次危机,完全可以在爆发前告知我们,我们会在朋友圈给自己学院的同学、伙伴们解释一波,将言论往积极的方向上引导,这样可以避免很多误会,也不会让事情发展得那么严重不可控!

张弘毅非常认可战友小王的话,他表示以后再遇到类似事情,一定会在第一时间寻求各位的帮助!这次茶话交流虽然持续时间不长,但却给张弘毅提供了非常多的解决思路与方法。踏出会议室的那一刻,张弘毅感觉心里的大石头总算落了地。

在随后的新生军训活动中,咖啡小屋倾情支持了所有军训教官在军训期间的饮品,每天准时出现在绿茵场上的清凉解暑饮品,狠狠为咖啡小屋赚了一波人气,关注且来咖啡小屋下单的同学越来越多。随着军训结束,校内又迎来了各学院迎新晚会的高峰。因为预算有限,咖啡小屋仅支持了三家学院的活动饮品,但由于咖啡小屋提供的文创产品非常有创意,产生了很好的引流效应。咖啡小屋又一次成功打响了在学生群体中的知名度,团队也按照张弘毅设想的那样,变得越来越好……

【案例使用说明】

一、教学目的与用途

1. 本案例主要适用于青年领导力的培养课程。

2. 本案例的教学目的是帮助学生理解团队面临危机和舆情的过程,洞悉团队管理中危机公关和组织形象修复中应考虑的主要因素。

二、启发思考题

1. 结合案例,在冰块危机事件中,张弘毅和林匡时制定的道歉公告包含哪些内容,请用要点的形式总结,不少于7个要点。

2. 结合课上学到的5S原则理论,分析咖啡小屋危机公关事件中运用的5S原则。

3. 根据案例,尝试总结咖啡小屋组织形象受损的原因(不少于4个要点)。

4. 基于形象修复理论对张弘毅修复咖啡小屋形象的做法进行分析。通过表格的形式展现出来。

表1　　　　　　　　　　张弘毅修复咖啡小屋形象的做法

形象修复	做　法	影　响
基于事实的否认策略		
减少敌意		
规避责任塑造人性化形象		
自我修正行为		
道歉策略		

三、分析思路

教师可以根据自己的教学目标来灵活使用本案例,以下分析思路仅供参考。

1. 引导思考:咖啡小屋的道歉公告有哪些优点?

2. 引导在网络舆情中寻找产生的原因:是什么原因导致网络舆情愈演愈烈? 咖啡小屋的做法是否存在不可取的地方?

3. 帮助学生理解组织形象受损对组织的影响。作为一个组织的负责人,如企业形象受损,会发生什么样的变化? 你会如何去应对?

四、理论依据与分析

(一)公关危机 5S 原则

(二)形象修复理论

作为危机公关传播主要的理论,形象修复理论由美国学者威廉·班尼特提出。

1. 否认:否认是组织在形象修复中可以首先使用的策略,包括直接否认和转移责问。

直接否认是当事人在受到控诉时,直接向外界澄清危机不存在或撇清外界对危机的看法。如果这种直接的否认能够被受众接受,那么当事人则可以免于罪责。然而,在事件的确发生但是当事人又矢口否认时,难免会引起受众的怀疑,为了避免这种猜疑并使别人接受自己的否认,就需要将矛头指向第三者。这对于组织而言,其好处在于可以把组织描述成是不公正环境的牺牲品,以引起人们对替罪羊的直接责问。

2. 回避:在否认的基础上,对于那些不能否认或者否认不掉的危机事实或者现象,组织可以通过合理的回避责任来维护自身利益,修复受损的形象。比如利用信息不对称,向外部表明危机并不是因为组织内部原因造成;或者强调危机事件是偶然发生,与组织行为不具备一贯性等(概括来说:责任不在我、合理防御、无力控制、纯属意外)。

3. 减少敌意:减少敌意是指危机发生后通过媒体和各种公关途径,减少公众心理的敌意,消除不良影响,最大可能减少对组织的损害。

4. 纠正行为:采取适当措施,适时纠正不当行为,并通过致歉以期获得公众的谅解(通过制定政策、法律法规、金钱或者非金钱赔偿等)。

5. 责任分离:当事者通过承认错误致歉等行为,将组织自身与涉及危机责任的当事人个体进行区分,以减轻公众对于组织整体形象和声誉的影响。

五、关键要点

班尼特形象修复理论是组织为了修复其形象或者恢复其声誉而采用的一系列舆情应对策略,其具体内容分为五个大的战略方法,即否认、规避责任、降低事件的侵犯、纠正行为和责任分离。

六、建议课堂计划

本案例可以作为专门的案例讨论课来进行。以下是按照时间进度提供的课堂计划建议,仅供参考。

整个案例课的课堂时间控制在 60 分钟左右。

◆ **课前计划**

提出启发思考问题,请学生在课前完成阅读和初步思考。

◆ **课中计划**

简述课堂前言,明确课堂主题。

● 分组讨论告知发言要求(20 分钟)。

● 小组发言(每组 5 分钟,控制在 15～20 分钟)。

● 引导全班进一步讨论,并进行归纳总结(10～15 分钟)。

◆ **课后计划**

如有必要,请学生给出更加具体的方案与职责分工,为后续章节的内容做好铺垫。

·专题十一·

从对立到共赢

案例 26　快递谈判

【案例正文】

摘　要:本案例以校园中与快递收取管理相关的问题为背景,引导学生构建模拟谈判场景,并通过角色扮演的方式让学生进行谈判实践,帮助学生更真实地感受谈判的四阶段模型,了解谈判团队的架构、掌握谈判的策略和谈判中的技巧。

关键词:谈判　实践　角色扮演

随着互联网的普及和经济水平的不断发展提升,明德大学的学生网购需求不断增长,校园里快递包裹投放的数量也越来越多,因此,学校准备重新规划对于快递派件的管理。

一、现状描述

多年来,学校的快递派送都是各快递公司的业务员自行将包裹摆放在校内绿叶步行街的空地上,快递公司给学生发送短信后,学生自行前往绿叶步行街取件。由于各家快递公司的业务员摆放包裹时过于随意,导致这些快递包裹大大占用了公共空间,影响道路通行。并且由于学生取包裹的时间非常集中,大都为中午,噪声较大,严重影响了绿叶步行街附近宿舍内同学的休息。同时,由于没有统一的管理团队,经常出现快递被错拿漏拿等情况。另一方面,多家快递公司的业务员都可进入学校进行派件,部分快递公司工作人员的素质良莠不齐,甚至出现和同学发生严重冲突的现象。

二、解决方案

基于当前快递派件所遇到的问题,学校决定重新规划校园快递派件管理,委托阿里巴巴旗下的菜鸟驿站作为唯一代理商,全权代理明德大学包裹的派送事宜。菜鸟驿站承诺统一规范明德大学校园内快递派发流程,坚决杜绝上述乱象,维持学校正常教学秩序,维护同学们的正当权益。

作为全权代理明德大学快递业务的代理商,菜鸟驿站准备通过在固定位置安放快递柜的方式进一步规范派件问题。根据初步估算,明德大学师生每日的快递派件量约为4000件,每件快递的毛利润为2元。按照快递柜每日可循环使用2次计算,菜鸟驿站本次计划设立首批自助快递柜2000个。投放的快递柜一次性成本为80万元,其他日均成本包括人员工资、场地租赁、电能消耗等,折合为每箱每天0.2元,快递柜日均运营成本共计400元。快递公司需将快递放置到自助快递柜,再通知学生取件,禁止业务员在校园内私自派送快递。菜鸟驿站先进行一段时期的试运行,期间自助快递柜不收取任何费用。试运营期结束后计划按照0.8元/件收费,试运营期为五个月。

三、试运营期基本情况

试运营期间,快递公司遵守约定将快递投放到自助快递柜,学生收到短信后前往领取,错拿、掉件等情况得到了很大改善,同时快递派送效率也得到了极大提高,快递派送井然有序,大大规范了明德大学的快递派件流程和校园秩序,无论是师生还是快递员都感觉到了极大便利。但是,试运营期也遇到了一些问题。

1. 如果遇到618、双11、开学季等业务旺季,会出现快递柜爆仓的情况,因为单日快递柜空间不足又不可私自派件,快递公司无法保证当日快递任务顺利完成。

2. 试运营期已投入大量成本,菜鸟驿站面临资金回笼周期的压力,如果按照谈判方案中的0.8元/件收取派件费,也需要近2年才能收回成本。

四、准备谈判

现在,试运营期即将结束,菜鸟驿站将就明德大学快递派送管理方案,包括快递派件规则、收费标准、自助快递柜投放数量等问题和"四通一达"快递联盟公司的代表进行磋商谈判。双方均对此次谈判寄予了厚望。但如若双方无法达成合作协议,那么会出现以下情况。

1. 菜鸟驿站无法收回成本,或将出现资金链断裂的情况,同时可能失去与明德大学继续合作的机会。

2. "四通一达"快递公司只能在校外派发包裹,人工成本和场地租赁成本高,且容易引起学生的不满和投诉,影响与菜鸟驿站的后续合作。

【案例使用说明】

一、教学目的与用途

1. 本案例主要适用于青年领导力的培养课程。
2. 本案例的教学目的是帮助学生在谈判实践的过程中感受谈判、了解谈判、学会谈判。

二、谈判要求说明

1. 本次谈判采用小组谈判方式,每组2～5人进行角色扮演开展模拟谈判。

2. 谈判双方角色设定:

甲方:

(1)阿里巴巴公司菜鸟驿站负责人(必选)。

(2)菜鸟驿站明德店长(必选)。

(3)财务总监(必选)。

(4)律师。

(5)秘书。

乙方:

(1)"四通一达"快递公司代表(必选,1~4人)。

(2)财务总监(必选)。

(3)律师。

(4)秘书。

3. 模拟谈判需包含的四个阶段。

4. 谈判结果汇报。若达成协议,汇报最终方案;若未达成协议,说明双方僵持不下的原因。

5. 谈判分享。谈判双方就本次谈判进行分享,需包含以下内容。

(1)是否达成了目标?

(2)本方谈判人员分别充当了什么角色,起到了什么作用?

(3)谈判中遇到的困境,是怎么解决的?

(4)哪位谈判人员给你留下了深刻的印象? 为什么?

三、分析思路

教师可以根据自己的教学目标(目的)来灵活使用本案例,这里提出本案例的分析思路,仅供参考。

1. 教师可从谈判的四个阶段入手,逐一分析各方在各阶段的表现情况,再从谈判团队的组建分析各个角色在本次谈判中的作用和表现,最后给予团队和个体相应的建议。

2. 教师要引导学生充分理解扮演角色的立场,让学生进入角色,感受作为这个角色应承担的谈判任务。

四、理论依据与分析

1. 谈判各阶段及注意事项

(1)谈判准备

● 查找资料:需要注意的是,不同类型的谈判需要搜集的信息不同,搜集的渠道也各有差异。

● 设置合理的目标和底线:目标和底线的设置,会直接影响谈判的结果。

- 理清谈判思路:把前面的准备材料进行一个梳理,计划如何使用这些信息。
- 制定谈判策略。

(2)谈判开局

- 信息分享:通过沟通来交换信息、了解彼此,从而实现自己的目标。现有的实证研究表明信息分享与判断准确性及谈判双方的联合收益正相关。
- 建立相互信任的关系:人际沟通中的技巧;理解和尊重对方的立场;不要频繁施压,切勿针锋相对;不要步步妥协。

(3)谈判磋商

- 有理有据地说服对方。
- 尽量地将多个事项放在一起讨论。
- 让步是谈判磋商中的一个重要的技巧。

(4)僵持阶段:如果谈判双方一直无法达成协议,谈判就会进入僵持阶段。

- 控制情绪,积极面对。
- 暂停谈判。
- 统一组内意见。

(5)谈判终场:一般谈判会有四种结果"和、输、破、拖"

- 理性对待谈判中的输局、破局和拖局。
- 拖局一般是谈判一直持续在僵持阶段。
- 固化谈判结果。

2. 谈判团队

谈判团队有多种组建方式,以下提供一种参考。

从职务、专业技能上来划分,通常一个谈判团队可以分为:领导者、技术人员、财务、律师及商务人员。领导者是谈判的核心成员,对谈判负主要责任,其言语代表着本方。谈判桌上核心成员的发言就是该方的发言,主谈的表态就是该方的表态。这也是保证谈判团队发出一致的声音,不能有两个声音出现。通常谈判的核心成员只有一位,关键时刻听他拍板拿主意。其他各角色从专业领域上给予团队支持和指导。

3. 谈判策略

(1)高起点报价

首先报出较高的价格,然后根据实际情况,通过给予各种优惠,如数量折扣、价格折扣、佣金和支付条件方面的优惠(延长支付期限、提供优惠信贷等),逐步接近买方的条件,建立起共同的立场,最终达到成交的目的。

(2)低起点报价

首先用很低的低价格吸引买方的兴趣,在提出对方获得低报价后的必需结算条件。即低价格实际上不可全部满足买方的要求,只要买方提出改变有关的交易条件,卖方就可以随之相应提高价格。因此,最终成交的价格,往往高于或远远高于最初的要价。

（3）红脸白脸策略

唱红脸的谈判人员主要给对方否定反馈，让对方觉得"这个对手不好惹""不喜欢跟这个人谈判"。唱白脸的谈判者则很随和，附和对手，善于打圆场，让对方有一种"总算松了一口气"的感觉。这样，二者交替出现，轮番上阵，直到谈判达到目的为止。

4. 谈判中的报价与讨价还价

（1）投石问路，目标分割

主动出击，尽可能地了解对方的情况，试探对方的虚实。同时，不要只局限在讨价还价上，当某谈判项目涉及许多方面时，将目标进行拆解后再进行对比分析和价格沟通。

（2）先报价与后报价

先报价比后报价更具影响力，而且还会直接影响本次谈判的总基调，率先掌握主动权。但是，先报价也有不利之处，主要是一方先报价之后，另一方可根据对方的报价水平调整自己的策略和报价方式。另一方面，在一方报价之后，另一方不一定马上还价，而是对原报价进行各种挑剔指责，目的是迫使原报价者让步。

（3）价格让步

价格让步是让步策略中最重要的内容。让步的方式、幅度直接关系到让步方的利益，基本的原则是以小换大。

（4）最后报价

在提出最后报价时，尽量让对方感到这是我方所能接受的最合适价格。报价的口气一定要委婉诚恳，这样，对方才能较容易接受。同时，可督促引导对方尽快采取和解姿态，达成协议。

五、关键要点

1. 谈判的准备尽可能充足，直接关系到模拟谈判能否顺利进行、谈判的质量和结果。

2. 本次谈判涉及资金数额，但不能只关注数字。

六、课堂计划建议

本案例可安排 90～120 分钟完成。

1. 老师简要介绍案例和要求，并根据人数进行分组和角色分配（10 分钟）。

2. 分组讨论，根据分组进行谈判准备（30 分钟）。

3. 情景模拟，根据自己的角色进行模拟谈判（30 分钟）。

4. 集中讨论，按照案例使用说明二中的要求进行结果汇报和分享，老师逐一加以点评、追问（10 分钟）。

5. 小结与点评。老师对同学在整个谈判过程中的表现进行逐一点评，在这一过程中将理论指导融入进去，可适当扩展视野、提升认知层次。最后对案例涉及的知识点以及想要展示的主题进行归纳总结和升华（10 分钟）。

案例27 明德大学的校园开放之问

【案例正文】

摘　要：明德大学位于城市副中心，校园环境优美，历史人文景点丰富，吸引了很多社会人士的来访。近年来，参访人员及团队日渐增多，开始影响学校正常的教学秩序，打乱在校师生的学习生活节奏，引发了各方投诉。本案例以此为背景，构建模拟谈判场景，通过角色扮演的方式让学生进行谈判实践，帮助学生更真实地感受谈判的四个阶段、了解谈判团队、掌握谈判策略和谈判中的技巧。

关键词：谈判　实践　角色扮演

明德大学作为我国财经类高校的顶尖学府，在其长期发展过程中积累了众多优秀的历史文化资源和建筑场馆，并在百年校庆时建成开放了全国首家商学博物馆。由于所在城市上海的全球经济金融中心发展定位和近年来财经专业热度的提升，明德大学也是很多学子、家长、市民和游客非常向往的地方。

一、校外涌入

近年来，越来越多的校外人士慕名来明德大学校园参观。同时，周边居民也喜欢到校游玩，开展体育锻炼，到操场遛娃、遛狗的居民也日渐增加。区域访客的增加带动了明德大学周边商业的繁荣，同时，场地资源的开放也大大提升了周边居民的生活幸福感。

二、管理加压

越来越多的校外人员进入校园也给学校带来了巨大的管理压力。例如，成群结队、熙熙攘攘的访客，使得原本宁静的校园变得间歇性拥挤，纷乱嘈杂；大量人员的涌入和无序活动也给校园的生态环境造成了破坏；访客不文明现象时有发生导致公共卫生恶化；正常教学秩序受到了冲击，课堂教学、学生自习、宿舍休息都因为外来人员的增多而受到干扰。校园管理部门做了问题梳理，并将师生建议汇总如下：(1)游客无序使用校内的公共资源，比如教室、操场。(2)参访团参观访问产生的噪声干扰了学生的学习。(3)孩童、宠物进入校园影响了学校的公共教学秩序,也与校园博雅诚朴的校风不符。(4)校园周边的物价上涨给学校师生带来了经济压力。(5)游客与学生就校内资源使用问题发生纠纷,甚至发生言语或肢体冲突,等等。学生及教师曾多次向学校相关部门反映,希望禁止校外无关人员进入校园,以回归高校校园宁静纯粹的治学本位。

三、颁布禁入令

迫于学生和老师的压力,明德大学在两个月前发布了停止工作日期间校园向社会公众对外开放的管理规定。然而这个校园的禁入令,引起了社会上的广泛关注与讨论,也一度引发了网友与周边市民、商户等利益关联方的批评之声。部分网友认为高校的办学主体资金来自公共财政拨款,理应向纳税人开放;周边居民表示,他们并没有做出不当行为,不应该为部分不遵守规则人士的行为买单,加强管理比禁止进入更合适;有商户表示,禁入令影响了明德大学所在区域的商业发展,让他们的小本生意难觅生路,陷入困境。

四、矛盾爆发

五月的一天晚上,一位居民进入学校操场遛狗,由于没有拴狗绳,与校内学生发生了激烈冲突,导致一名同学被狗咬伤,此事在网络上引起了不小争议。之后不久,一位同学在打篮球时意外受到严重伤害,救护车到达之后发现由于当日校外参访人员较多,其他车辆占堵了交通要道而无法前行到篮球场。无奈之下,明德大学的师生与医生只好手抬担架,步行前往篮球场抬出伤者。该学生事后虽脱离了危险,但错过了最佳抢救时机,目前仍在住院治疗康复中,此事再度引起了在校师生及校友的广泛关注。接二连三的突发情况,让在校师生发起了新一轮呼吁:请学校采取措施限制校外人员进入学校。

围绕着校园对外开放的科学管理模式这一议题,明德大学校方、学生会代表和所属街道代表开展了一场三方对话。

【案例使用说明】

一、教学目的与用途

1. 本案例主要适用于青年领导力的培养课程。

2. 本案例的教学目的是帮助学生在谈判实践的过程中感受谈判、了解谈判、学会谈判。

二、谈判要求说明

1. 参与学生根据谈判风格测试题进行测试(见附件),并参考测试结果进行分组,组建谈判团队。

2. 每组 3～6 人进行角色扮演开展模拟谈判。

3. 谈判三方角色设定：

● 所属街道：

(1)街道负责人(必选,1～2 人)。

(2)市民代表(必选,1～3 人)。

(3)商户代表(必选,1～2 人)。

(4)其他认为需要出席的相关人员。

● 明德大学校方：

(1)校领导(党委副书记或副校长)(必选)。

(2)保卫处处长(必选)。

(3)学生处处长(必选)。

(4)后勤处处长。

(5)受伤学生辅导员。

(6)其他认为需要出席的校方代表。

● 学生会：

(1)相关事件的受伤学生(必选 1～2 人)。

(2)学生会主席(必选)。

(3)学生会副主席。

(4)学生代表(必选,1～3 人)。

(5)其他认为需要出席的学生代表。

4. 模拟谈判需包含的四个阶段。

5. 谈判结果汇报。若达成协议,汇报最终方案;若未达成协议,说明双方僵持不下的原因。

6. 谈判分享。谈判三方就本次谈判进行分享,需包含以下内容。

(1)是否达成了目标?

(2)本方谈判人员分别充当了什么角色,起到了什么作用?

(3)谈判中遇到的困境,是怎么解决的?

(4)哪位谈判人员给你留下了深刻的印象? 为什么?

三、分析思路

教师可以根据自己的教学目标(目的)来灵活使用本案例,这里提出本案例的分析思路,仅供参考。

1. 教师可从谈判风格测试入手,询问学生谈判风格测试结果和分组依据,并根据学生在谈判中不同角色的谈判表现,从角色定位、谈判四阶段技巧、谈判策略等方面给予评价。

2. 教师要引导学生向整合式谈判方向发展,尽可能促进三方的互利共惠。

四、理论依据与分析

1. 谈判各阶段及注意事项

(1)谈判准备

● 查找资料:需要注意的是不同类型的谈判需要搜集的信息不同,搜集的渠道也各有差异。

● 设置合理的目标和底线:目标和底线的设置,会直接影响谈判的结果。

● 理清谈判思路:把前面的准备材料进行一一梳理,计划如何使用这些信息。

● 制定谈判策略。

(2)谈判开局

● 信息分享:通过沟通来交换信息、了解彼此,从而实现自己的目标。现有的实证研究表明信息分享与判断准确性及谈判双方的联合收益正相关。

● 建立相互信任的关系:人际沟通中的技巧;理解和尊重对方的立场;不要频繁施压,切勿针锋相对;不要步步妥协。

(3)谈判磋商

● 有理有据地说服对方。

● 尽量地将多个事项放在一起讨论。

● 让步是谈判磋商中的一个重要的技巧。

(4)僵局阶段:如果谈判双方一直无法达成协议,谈判就会进入僵持阶段。

● 控制情绪,积极面对。

● 暂停谈判。

● 统一组内意见。

(5)谈判终场:一般谈判会有四种结果"和、输、破、拖"。

● 理性对待谈判中的输局、破局和拖局。

● 拖局一般是谈判一直持续在僵持阶段。

● 固化谈判结果。

2. 谈判团队与协作:谈判团队有多种组建方式,以下提供一种参考。

一个谈判团队中可以分为领导者、白脸、黑脸、强硬派及总结人。

领导者:指对谈判负主要责任的核心成员,代表本方。通常谈判领导者必须阅历丰富、目光远大、审时度势、随机应变和当机立断,并善于协调谈判团队的成员。

白脸:温和型选手,协调者,能获得谈判双方多数人的认可。通常对对方的观点表示同情和理解;会表现出放弃己方立场的样子;引导对方产生安全感,使他们疏于警惕。

黑脸:使对方觉得如果没有这个人,双方会更容易达成共识。

强硬派:对每件事的态度都很强硬,反对妥协。英国铁娘子撒切尔夫人就是鹰牌的代表。

总结人:对所有提出过的观点进行总结,并以简洁、有说服力的语言来表达。同时也要随时注意谈判是否偏题,如果偏题要把谈判内容拉回到正轨。

3. 谈判策略

(1)利益策略:了解彼此需求达到双方利益的调和。

(2)公平策略:通过合同条款、法律、制度等影响对方。

(3)权力策略:强调自己的地位、级别等让对方妥协。

4. 分配式谈判和整合式谈判

分配式谈判:一方所获得的任何收益恰恰是另一方所付出的代价,双方在对一份固定的收益谁应分得多少进行协商。这是一种非赢即输的谈判。

整合式谈判:谈判双方在多个事项上的相互让步与利益交换。一般来说是用对一方不重要的东西从另一方换来对其重要的东西。简单地讲,整合式谈判也就是努力构建通常所说的双赢。

四、关键要点

1. 谈判的准备是否充足,直接关系到模拟谈判能否顺利进行、谈判的质量和结果。

2. 不同角色在进行模拟谈判前需深刻了解角色定位,本次谈判还需要关注各方谁是主要的决策者。

3. 谈判分工和团队的配合影响谈判结果。

五、课堂计划建议

本案例可用 120～150 分钟完成。

1. 所有参与学生进行谈判风格测试(10 分钟)。

2. 老师简要介绍案例和要求,并根据人数进行分组和角色分配(10 分钟)。

3. 分组讨论,根据分组进行谈判准备(30 分钟)。

4. 情景模拟,根据自己的角色进行模拟谈判(50 分钟)。

5. 集中讨论,按照案例使用说明二中的要求进行结果汇报和分享,老师逐一加以点评、追问(15 分钟)。

6. 小结与点评。老师对同学在整个谈判过程中的表现进行逐一点评,在这一过程中将理论指导融入进去,可适当扩展视野、提升认知层次。最后对案例涉及的知识点以及想要展示的主题进行归纳总结和升华(15 分钟)。

附　录

谈判风格测试题①

谈判风格测试问卷包括 35 个选项,表明人们处理冲突的方式。选择一个参照框架(如工作冲突、家庭冲突、社会冲突),回答这些选项时想着这个参照框架。

利用下面的打分,在每种选项中,表明你适合的程度。

1＝你完全不同意这种观点

2＝你不同意这种观点

3＝你有点不同意这种观点

4＝你对这种观点不置可否

5＝你有点同意这种观点

6＝你同意这种观点

7＝你非常同意这种观点

答案没有对错之分。本调查只有在你的选择代表了你的真实想法时才有效。

当与他人发生冲突时,我一般会做出以下举动。

(　)1. 我回避对方

(　)2. 我换一个中性的话题

(　)3. 我试图理解对方的观点

(　)4. 我试图将冲突变成一次玩笑

(　)5. 我认真倾听对方的谈话

(　)6. 即使我不认为自己对了,但我也不承认自己错了

(　)7. 我退让

(　)8. 我要求得到比预想还多的东西

(　)9. 我运用自己的支配力不让对方达到目的

(　)10. 我试图找到双方的异同点

(　)11. 我试图达成妥协方案

(　)12. 我假装同意

(　)13. 我尽量向解决问题的方向努力

(　)14. 我请另外一个人来决定是非

(　)15. 我提出一项双方都各有所得的方案

(　)16. 我威胁对方

①　龚荒. 商务谈判与沟通:理论、技巧、案例[M]. 北京:人民邮电出版社,2018.

（ ）17.我奋战到底

（ ）18.我试图弄清对方的目标

（ ）19.我抱怨，直至随心所欲

（ ）20.我退让，但要让对方知道我的苦衷

（ ）21.我道歉

（ ）22.我放弃某些观点以换取其他的东西

（ ）23.我争取最好的结果，不管这个结果是什么

（ ）24.我推迟讨论问题

（ ）25.我寻找中间地带

（ ）26.我避免伤害对方的感情

（ ）27.我把一切问题都摆到桌面上

（ ）28.我牺牲自己的利益以维持双方的关系

（ ）29.我折中双方的立场

（ ）30.我不得不放弃

（ ）31.我让对方提出解决办法

（ ）32.我试图强调我们的共同点

（ ）33.我试图让对方提出妥协方案

（ ）34.我试图说服对方信服我的论证逻辑

（ ）35.我试图满足对方的目标

谈判风格打分表

合作型	妥协型	顺从型	控制型	规避型
选项（分数）	选项（分数）	选项（分数）	选项（分数）	选项（分数）
3（ ）	11（ ）	6（ ）	8（ ）	1（ ）
5（ ）	15（ ）	7（ ）	9（ ）	2（ ）
10（ ）	22（ ）	20（ ）	16（ ）	4（ ）
13（ ）	25（ ）	21（ ）	17（ ）	12（ ）
18（ ）	29（ ）	26（ ）	19（ ）	14（ ）
27（ ）	30（ ）	28（ ）	23（ ）	24（ ）
32（ ）	33（ ）	35（ ）	34（ ）	31（ ）
总分：	总分：	总分：	总分：	总分：

专题十二

创建组织文化

案例 28　有你就有学生会

【案例正文】

摘　要:组织文化是内生于组织内部、每位成员所共同信守的价值体系,也是成员共同价值观的集中体现。创建与维系组织文化是青年领导力学习的重要命题,也是组织领导者发挥作用、展现角色的有效路径。本案例围绕高校学生会成员的组织体验,介绍了学生会组织吸纳、引导和培养新成员的具体流程。案例的主要思路是帮助学生了解和掌握组织文化创建和维系的方式,理解青年领导力在组织建设发展的战略维度上应有的角色和作用。

关键词:组织文化　高校学生会　创建　维系

一、未来已来

今年 6 月,家在江苏省苏州市的孙博文过关斩将,通过了高考选拔,并在父母的建议下报考了明德大学。但是,孙博文的内心其实期待拥有更多自由成长的空间,而上海与苏州只有一个多小时的车程,甚至比去江苏省其他城市更加便捷,父母随时都可以来校,这和他期待的独立大学生活有些许不同。

7 月,他正式收到了明德大学的录取通知书,伴随着录取通知书到来的还有新生指南和入学须知。其中有一则信息引起了他的关注,新生指南中推荐了"明德学联"微信公众平台和本科生新生 QQ 群,这些信息平台都是明德大学学生会发起并组织运行的。他所在的高中也有学生会组织,平时经常会为在校生组织各种活动,他曾多次在现场看到学生会的同学全情投入工作项目,而且加入学生会的同学除了班级以外还会拥有一份特别的集体归属感和团队友谊。他感到很好奇,觉得可以通过这个渠道结识更多新同学,更方便地了解到许多讯息,开始对学生组织产生了不一样的期待。

当然这一刻,除了单纯的期待以外,他也对未来大学生活产生了更多的好奇与探究之心。

二、线上的期待

加入本科生新生 QQ 群后,孙博文感觉找到了组织。已经有很多新生进群了,并且群内每天会有很多询问,询问内容各种各样,从食堂饭菜如何到平时应该怎么合理规划安排自己的时间等。渐渐地,他发现群里的学长学姐除了和大家沟通聊天之外,还有其他工作内容安排。学长学姐每天进行问答 Q&A 的整理、更新、补充,然后保存到群文件里,新进群的萌新们第一次咨询的问题经常是关于大学生活的衣食住行等方面,群文件就像是一份答疑解惑的校园宝典。而当群里混入了假装新生的社会人士时,学长学姐中还会有管理员出面踢人,并且他们还会在大家讨论的话题跑偏时及时提醒。

暑假很快过半,开学的时间渐渐临近。孙博文虽然通过 QQ 群了解了明德大学的各种信息,甚至知道了明德大学校园里最多最可爱的动物是猫咪、男生宿舍区就在图书馆旁边、去上课一般还要穿一条马路等情况。但一想到要离开熟悉的家,去到完全陌生的新环境里开始大学生活,他内心还是觉得有些忐忑。

某晚,QQ 群里突然发布了一条消息:学校学生会的学长学姐每天将在群里按照不同的部门为新生介绍学生组织的工作内容,展示部门曾举办的各项精彩品牌活动。他很好奇,除了专业学习以外,大学里他还能参加其他什么活动呢?一方面,各种各样的活动让他觉得眼花缭乱,甚至觉得有点难以取舍,但是同时也让他觉得少了一些陌生感,多了一些兴奋感。特别是在每一次介绍过程中学长学姐展示出的集体合影,让孙博文开始期待将来或许他也可以成为某张合影中的一分子,这样的大学生活才够圆满。

三、你好,新同学

一转眼就正式开学了,孙博文终于见到了 QQ 群里的网友们,还感受到了学生会里的学长学姐一如既往的热情与热心。匆匆忙忙的报到日几乎是在学长学姐和爸爸妈妈的交替陪伴下走完的,就像是完成了学校和父母之间的一次交接。晚上,送别了送他来校报到的父母,孙博文终于睡到了自己宿舍的床上。相比家里,床有点小,周围的人声有点嘈杂。班级的微信群里辅导员发布了一条消息:"萌新们,恭喜大家顺利报到,欢迎大家,晚安!"新生QQ 群里跳出了三天之后学校学生会的招新通知。他再次感到,未来可期。

入学的第三天中午,孙博文来到绿叶步行街。在热情的学长学姐的推荐下,他选择报名了自己最感兴趣的三个部门。很快,便陆续收到了招新面试的短信通知,他最终选择了生活权益中心的面试。9 月的某个夜晚,他怀着紧张和期待走进了大学生活动中心面试室,往常QQ 群里的学长学姐此刻成为面试官,认真地问了他"你为什么想要加入我们?你为什么选择这个中心?平时喜欢做些什么?有什么爱好?"等问题。问题并不复杂,他都一一回答了出来,在回宿舍的路上他还在回忆那些问题,思考有没有回答正确。当晚,他便收到了成功通过面试的短信,顿时觉得心头有块石头落了地,但也萌生了一些新的疑惑。

四、团队新体验

招新结束后的第三天,孙博文收到了部门新成员见面会的通知。他第一次知道原来第二教学楼还是学生活动和部门例会的"大本营"。当天晚上,他和部门的其他新成员都一一上台,在黑板上写下自己的名字,向整个部门做了自我介绍。大家面对面建立了部门微信群,群名称很有意思,叫做"2021 年最会生活的一群人"。除此之外,部门部长请大家给自己确定一个昵称,此后互相之间可以用这个昵称称呼。这仿佛是只有部门内的人才知道并共同遵守的一个小秘密,孙博文给自己取的昵称叫做"小白",他突然感觉自己拥有了一个新的身份。

在临近教室熄灯、所有人即将离开的时候,部长们推出了生日蛋糕,为 9 月份生日的新成员们过了大学里的第一次集体生日,所有人都感到特别惊喜。见面会结束孙博文离开的时候觉得自己和团队的距离很近很近。

9 月在忙碌与新奇中一点点过去,孙博文也在一次次的部门例会中学习了解了部门的工作内容。他还参与了一个工作小组,由部门的负责人之一——杨晓越学姐作为小组组长,带着大家学习如何策划活动,并落地推进项目。

10 月伊始,部长告诉大家,我们将要完成一次在学生会组织成长中极为重要的一个仪式。孙博文和部门所有的小伙伴一起参与了"受聘大会",大家坐在同一个区域,与学生会的全体成员一起济济一堂。孙博文像所有人一样,第一次穿上正装、打上领带,虽然还不适应穿皮鞋,但他兴奋地与周围的小伙伴聊着后续环节,期待着走上舞台。在受聘仪式开始前,学生会主席向所有的新成员表示了热烈欢迎,介绍了学生会的发展历史和未来规划。随后主办方给每一位新成员颁发了聘任证书。这是孙博文拿到的第一份聘书,他突然觉得自己不再是一个小透明了。

五、被看见的努力

"@所有人,请各位亲注意查收学联服务大厅值班安排表哦。收到请回复。"

"收到!"

……

孙博文加入部门之后,经常在微信工作群里收到熟悉的工作通知,大家一般都用昵称进行工作沟通。他还会和其他部门的同学们在下课后相约去大学生活动中心 106 办公室值班,那里是"学联服务大厅"。值班期间,孙博文帮助处理过其他学生组织借用桌椅物品等事宜,帮其他部门收发过文件材料等工作,还和部门其他成员一起讨论策划,完成小组作业,互帮互助。

孙博文还经常在晚间看到新媒体工作室灯火通明,后来部长介绍说,那是视觉媒体团队聚在一起设计海报、剪辑视频。

在项目组里孙博文觉得很有收获,有时候提前一天要进行活动彩排,而活动大都在周二下午或者周末的时间举办,要求投入很多精力,也很考验自己的时间管理。有一次,室友们相约周末去看展逛街,但因为要组织一个项目活动,杨晓越学姐在群里询问有没有人可以来帮忙的时候,他第一时间回复了"可以",也就错过了宿舍的集体活动。晚上看到室友们发布的朋友圈,他点了赞,也感到些许羡慕。当天晚上,组长杨晓越在工作群里转发了活动推送,认真总结和复盘了整个活动举办的情况、存在的问题和值得改进的地方。虽然已是深夜,但是工作组的小伙伴们马上跟帖热闹地讨论了起来,孙博文也在其中找到了自己所负责的环节,看到了别人的工作成效,他感觉自己虽然是后期加入帮忙,但也起到了关键作用。

微信群讨论完后,孙博文发现朋友圈被小伙伴们刷屏了,原来是杨晓越学姐在朋友圈转发的推送上写了很长的一段话,感谢了全程帮助过她的老师、同学和团队成员们,其中还实名点赞了在活动中及时救场的孙博文。这也让孙博文感觉到了团队团结的力量,也很感动自己的付出被看到。

六、成长在眼前

12 月底,孙博文接到了学姐的邀请,作为工作成绩突出的优秀学生代表参加学生会的述职评议会。地点还是在学生活动中心,孙博文感觉很奇妙,9 月份的时候自己来这里是参加面试,现在要去给学长学姐们的工作打分了,他有点小激动。

"各位同学,今天的述职评议会分为两个部分。各个中心部门进行年度工作的述职,相应分管主席团成员则将对一年的工作做自己的分析、思考和展望……"听着主持人的介绍,孙博文若有所思,原来不仅要回顾总结工作,还有反思和展望。中间离场去洗手间时,孙博文还看到某部门的部长在紧张准备,一遍遍地默读要上台陈述的内容。当他看到自己所在的生活权益中心部门陈述时,他还在展示 PPT 中看到了自己曾参与组织过的数个活动,他也悄悄在心里说"真想给自己部门打个 100 分"。短短两个小时,他听到了前辈们对于未来工作的思考,自己也联想萌生了很多好点子,突然很想亲手再做一份项目策划。

转眼到了 12 月 31 日,年末时分,大家都开始发布朋友圈的"九宫格"总结。经过这一学期,孙博文感觉过得好充实,自己不仅很快融入了大学的生活,除了室友之外还在学生会和社团里都拥有了自己的专属朋友圈,也跟着项目组跑前跑后,举办了讲座,组织了游园会。既领略了高等代数微积分的深度,也见识了步行街、报告厅和大礼堂的亮度。一翻手机相册,他发现"九宫格"都装不下这半年的精彩时光了,看着每次活动结束以后的集体合影,虽然由于人员众多而略显模糊,但他都一一记在了心里。

七、一起成长的快乐

大学的第一个寒假,孙博文感觉很有压力。压力并不是来自家庭和课业,而是来自熟悉的学生组织。他发现自己的部门竟然有发布学生组织的寒假作业。每天,杨晓越学姐都会准时在中午的时候发布一条英语单词打卡的朋友圈,而晚上 10 点多也会看到她的读书打卡内容。

——"学姐,你寒假怎么不好好休息下? 竟然成了票圈励志王!"

——"一方面是学生会正好有这个寒假作业的要求,打卡率高、参与度广的中心部门会有专属'奖励',另一方面我也正在为以后出国做准备,这也是一种自我激励与约束啦。"

孙博文看后默默下载了一款英语单词打卡软件。

开学后,孙博文所在的工作组启动了新学期"起床梦想家"的活动创意征集,也让孙博文有了撰写活动策划的机会。他上网认真查询了好多资料,并参考去年的策划内容,几易其稿终于赶在截止日期前将终稿交给了杨晓越。晓越学姐看完之后,给他做了好多批注,并说明了执行中可能会有的困难、障碍等,看完批注后他突然理解了去年策划的设计用心,开始重新审视自己的创新设计。

经过工作组的共同筹备,"起床梦想家"活动正式启动,报名参与的同学们每天坚持早起,他们成了一周 5 天里朋友圈最早晒动态的人。一天中午午饭时,孙博文听到隔壁桌的同学在讨论这个活动,觉得"起床梦想家"让人每天的状态都变得更好了,好像比其他人多拥有了一个上午的时间。孙博文顿时觉得自己的活动取得了真正意义上的成功。

活动结束以后,孙博文默默给自己定下了一个小目标,他决定还是留在学生会这个大集体里多做一些事情,但是面对可能的新岗位新职务,他心里不免有些紧张,他需要更多的信心与鼓励。

【案例使用说明】

一、教学目的与用途

1. 本案例主要适用于青年领导力的培养课程和组织文化的相关学习。

2. 本案例的教学目的是帮助学生了解和掌握组织文化创建和维系的方式,理解青年领导力在组织建设发展的战略纬度上所扮演的角色和可发挥的作用。

二、启发思考题

1. 明德大学学生会的哪些措施传承维系了组织文化? 请根据案例内容,进行分析归纳。

2. 孙博文担任新职务后,应当在组织文化创建中思考哪些新问题并采取举措,从而能胜任新的角色? 请从招新换届、自我管理和培训成员三个维度进行分析。

三、分析思路

教师可以根据自己的教学目的来灵活使用本案例,并可以在此基础上结合学校实际,拓展案例内容,以求贴近学生真实情境。以下分析思路仅供参考。

1. 引导学生总结凝练案例中的学生会组织整体情况与工作安排,进而思考孙博文如何一步步产生了对于学生会的认识和认同?

2. 启发学生在角色升级过程中感悟领导力:如果学生作为孙博文,在未来将走上部门管理岗位,应该如何有效维系组织文化? 作为个体,孙博文需要在招新、培训和自我管理方面做出哪些努力,才能带领团队和组织更好地前进?

四、理论依据与分析

1. 传承维系组织文化的集体化方案,方法要求包括蕴含价值感的故事讲述、带有仪式感的集体行为或活动、固定工作场所的特定象征感、独特的话语体系。

2. 维系组织文化过程中的青年领导力作用模式,主要是在新成员方面,依据人格与价值观理论,掌握科学辨识个体情况的方法,了解动机;在成员培养方面,把握人力资源培养总体方向,开展各类培养考察和培训设计;在自我管理方面,认识到管理者即文化本身,学会自我管理,以身作则。

五、关键要点

1. 组织文化的传承与维系体现在组织建设发展的方方面面和有形无形中,既在宏大场景,也在细枝末节,因此重在融入和创新,做个有心人。

2. 青年领导力既是管理和培养组织成员的优秀者,更应当是自我管理的佼佼者。

六、建议课堂计划

本案例可以作为专门的案例讨论课来进行。以下是按照时间进度提供的课堂计划建议,仅供参考。

整个案例课的课堂时间控制在 60 分钟。

◆ **课前计划**

提出启发思考题,请学生在课前完成阅读和初步思考。

◆ **课中计划**

简述课堂前言,明确课堂主题。

● 第一次分组讨论,告知发言要求(10 分钟)。

● 小组发言(每组 5 分钟,控制在 10 分钟)。

● 第二次分组讨论,告知发言要求(15 分钟)。

● 小组发言(每组 5 分钟,控制在 10 分钟)。

● 引导全班进一步讨论,并进行归纳总结(10 分钟)。

◆ **课后计划**

预热下一节课程知识关键要点,为后续章节做好铺垫。

案例 29　愿景改变思路

【案例正文】

摘　要: 组织价值观是组织文化的集中体现,现代企业组织会明确企业价值观并践行。优秀的组织文化可以对组织建设发展起到积极作用。本案例围绕维寻公司的企业发展和业务拓展思路,讲述企业如何切实践行自身价值观、展现社会效益与经济效益共赢的业务运行模式。案例的主要思路是带领学生直观感受企业在价值观维度的有效行动,分析优秀的组织文化创建路径及其外显样态。案例在于引导学生结合实际组织情境,开展思考,提出构建方案。

关键词: 组织价值观　优秀组织文化　创建路径

近年来,在北方某市政府的主导下,由维寻(Vision)集团参与改造的老旧社区——甲小区施工改造工作已接近尾声。该项目亮点多多,引发很多媒体关注,并被誉为“维寻模式”。

这个小区距离该市最繁华的 CBD 区域约 5 公里,但是物业费平均每月仅 0.5 元/平方米,是全国平均值的 1/5,而该市是北方排名靠前的大型城市。

简单算笔账,一套 100 平方米的房屋,一个月物业费才 50 元,一年 600 元。在这个物业费用基数下,物业管理和居民满意度都保持在较高水准,让周边其他的社区居民很是羡慕。而这个社区的物业合作方正是维寻集团。

一

维寻集团于 2017 年成立,致力于建设美好社区,提供宜居、美好的社区空间和社区运营服务。该集团的核心业务主要是社区股权投资、城区更新升级、租赁型社区的建设运营和核心资产投资。

维寻集团的企业价值观就是 4 个关键词:价值创造、追求卓越、合作共赢、创新发展。“价值创造”的定义是为客户、投资者、员工和社会创造价值;“追求卓越”的定义是追求精益求精的工作品质;“合作共赢”的定义是与内外部合作伙伴建立多层次合作网络,实现共赢;

"创新发展"的定义是不拘泥于现有工作模式及思维定式,积极寻找并实施更优的解决方案。

2021年1月13日,维寻集团在这一天迎来了4周岁的生日。作为一个初创公司,自成立以来,企业一步一个脚印走得很稳,发展方向也很明确。集团董事长陶冶向维寻集团的伙伴们总结了这些年的成就和心路历程,表达了对未来的期许和发展的信念——

"维寻的伙伴们:

今天是维寻集团成立4周年的纪念日。这4年,公司通过不断探索,明确了发展战略,制定了中期业务规划,拓展了融资规模,拥有了良好的客户口碑和正向的社会形象,商誉也不断提升。

这些成绩来之不易,我们与全社会一起经历了疫情的重重考验,全体员工同心同力、共克时艰,使公司战略业务得到重大突破,受到政府、客户和股东的好评与认同。

今天的一切来之不易,回看这几年的创业之路,并非一帆风顺,所幸股东力挺,团队力拼,方抓住机遇,初见曙光。

……

情怀,于我们而言,从来都不是一句口号。我们脚下这条路,是社区运营与服务,这关乎真实的生活点滴。这使得我们不但要两眼有光,也要两脚粘泥,心中有爱,才能未来有路,秉责任之心,做实干之事。这也是我们今后能行走长远的法宝。

……"

二

所《新京报》的一份专题报道显示:目前,我国需要改造的老旧小区拟投资总额达4万亿元,存量空间改造已成为城市发展的新趋势。随着一、二线城市增量土地供应的短缺,以存量空间改造为主的内涵式增长成为城市发展的新选择。其中,老旧住宅区改造是城市品质提升的一项重要工作。目前,不少企业开始关注并积极参与到老旧小区改造中。不过,业内人士表示,老旧小区改造还存在规定和技术标准尚不完备的地方,还需要政府、企业和居民多方共同努力。

目前老旧小区在三大问题上较为突出:一是管网破旧,上下水、电网、煤气和光纤设施要么缺失,要么老化严重。二是公共服务缺失。由于这些小区建造时间较早,养老、抚幼、物业,以及文化娱乐、健身、机动车和非机动车的存放等问题较为凸显。尤其是对电梯等设施的呼吁和期盼较为强烈。三是没有专业物业管理,公共环境普遍较差,这些问题直接关系到小区居民的生活品质。

位于该市核心区的甲社区,始建于20世纪80年代,是第一批成建制的规划小区,大部分居民为工厂离退休职工,老龄化人口超过18%,面临着配套设施不健全、小区道路、绿化等基础设施老化的问题。对于甲社区这样一个"40岁"高龄的老旧社区,怎样的"治疗方案"才能让它重焕活力呢?

第一个破局曙光很快出现。甲小区所在街道为规划改造该社区的闲置空间和管理盲区地带举办了一场"创意设计"大会,邀请了来自国内顶尖设计学院的师生以及维寻集团的设计师们拿出各自的设计方案参加展示。来自社区的居民代表、该市老旧小区改造办公室、街道和社区两委等专家评审们开展讨论并进行评选。最终经过大家的安全投票,选出了两个最优秀的设计方案,老旧小区改造工程也在综合两个方案的设计亮点以后很快进入落地实施阶段。

甲社区所在街道负责人表示:"老旧社区更新是十分复杂的系统工程,把握政策、控制成本,是政府的职责,是不是满足居民的要求,归根结底要看居民满意不满意,而专家可以提供最专业的意见。于是我们研究在涉及居民切身利益的规划建设环节,建立专家献计、居民共议和政府把关的新机制,真正把共建共治共享的理念体现在老旧社区更新的过程中,进一步提高社区治理现代化水平。"

"每一寸土地、每一个设施都是为小区的居民所服务的,如果在现在的条件下,能改变提升一些它的功能,为居民服务,是非常好的一件事。这不仅需要企业做很多工作,也需要政府给予政策支持来突破困境。"陶冶强调,做好老旧小区的改造,需要政府、企业和居民三方共同付出努力,无论社会责任模式创新,还是平台化合作,都需要从城市更新运营的角度来操作。

在此过程中,地方政府与维寻集团达成了合作意向,授权维寻集团对社区内没有得到规范合理利用的闲置空间进行改造提升(例如自行车棚、地下室等),引入便民服务业态,企业则通过对便民服务的长效、高品质运营逐步回收投入资金。在业内看来,这是运用市场化方式、吸引社会力量参与、创新老旧小区改造投融资机制的有效实践。

可以说,城市更新不仅仅是建几栋楼、出租几栋房子这么简单,而是在新时代消费升级背景下对居民生活模式的更新和适配。秉承"价值创造、追求卓越、合作共赢、创新发展"的价值观,"维寻模式"正在帮助更多老旧小区改建,让更多居民提升生活幸福感。

三

2021 年,来自证券行业的一份研究报告指出,在投资规模上,根据已经公布改造计划的省份或城市的数据,改造一个小区的成本约为 700 元/平方米。仅就甲社区而言,改造费用投入以几千万元起,大约 10 年左右才能够回本。

就同一个城市的改造而言,可能仅有个别几家公司来实施,并以当地国企为主。因此,直接通过施工改造获取利润很困难。但是由于老旧小区改造后,整体区域价值得到提升,对于城市区块的改造升级有很大作用,在周边拥有资源的房企也能够间接受益。

而对被改造的小区来说,价值提升作用明显。数据显示,A 市甲区和乙区的部分小区改造后,房屋市价平均提升 5 000 元/平方米。

在此背景之下,维寻集团作为破局者,优化拿出了自己的下一步运营方案。

甲社区每月 0.5 元/平方米的物业费,自然需要精打细算使用。单就小区公共区域清洁的问题,在北方这样的大型城市里,一个普通的清洁工,月工资要 3 000 元到 4 000 元,20 万平方米的小区,大概需要 20 个人,那每个月就是 6 万元到 8 万元的人工成本。如何破局?

维寻集团经过调研发现在社区和街道里,特别是靠近城市中心的区域,经常能见到不少捡拾纸箱、矿泉水瓶的老年人群体。他们有些就是附近社区上了年纪的居民,虽然子女会反对老人的这一行为,但往往也在尊重孝顺之意下保持迁就。因为这是属于他们这一代人的一种"生活方式",或者是退休以后的另一种社会"工作"。这些老人们不光会捡拾物品,还会发生矛盾闹纠纷,给街道、居委治安和调解工作也增加了负担。

维寻公司把这一群体组织了起来,并调整工作思路,让他们解决"预算不足情况下的小区整洁问题"。而这个工作的实践需要一些既创新又切合人性的做法。维寻集团首先明确工作区域和职责,A 区归你捡,B 区归他收。有了固定维护场域,老人们有了责任意识,产生了浓厚的责任感。随后,维寻通过关联任务机制设置告诉老人群体,如果想要扩展区域,需一并承担该区域的卫生清理工作。

接下来,维寻集团按照公司员工管理的逻辑,给每个拾荒人配发了一件工作服,标明"社区清洁志愿者",老人就此不再是"拾荒"人员,而是居委及公司共同委派的志愿者,自此有了事业荣誉感。从"城市拾荒"到"公益志愿",子女们也大都转变观念不那么反对了。

维系集团改变了拾荒以往大家各自为战的模式,为他们安置了清洁用具的固定楼道空间,也同步给予了他们可以自己安排的物资整理空间,并可做临时物资堆放。老人们很是满意,觉得有了自己的专属"办公区"。

随着国家政策的更新推广,该市开始大力推行垃圾分类,维寻公司巧借东风,引导老人们不光做好卫生、管好可回收物资,还要负责指导宣传垃圾分类。这样一来,这份工作的价值进一步得到了提升。最后,维寻公司为老人开出了每人每月 500 元的薪资补贴。在老人们心里,这又是一笔额外的收入。

"自从有了维寻集团的物业管理,多数居民还是比较满意的。"甲小区刘阿姨说,现在杂草、枯树枝有人定期清除,小区卫生环境也有了明显改善。

每平方米五毛的物业费,做好大家满意的小区清洁,谜底就这么简单。商业公司天然逐利,往往只关注自身的利益和发展问题。在企业组织发展时,如果陷入困难,不妨跳出逐利思维,从解决别人的问题入手,自身的困局或许也会迎刃而解。

四

维寻集团在甲社区的改造提升方案里,不仅以低物业费公益管理运营的模式,解决了居民大问题,更在实体改造中探索出了一系列新思路、好办法。

车棚景观综合改造,让便民服务一步到位,是他们的又一创意举措。在此次改造中,车棚的整体升级是一大亮点。据维寻集团相关人士介绍,起初有一小部分居民对车棚改造心存疑虑,有的担心改造后存车位置不足,有的担心停车费用会大幅上涨。不过,在邀请居民参与车棚方案评选后,大家发现,停车费用不但没有增加,存车环境还大为改善,还规划增设了日常生活迫切需要的缝补室提供便民服务,大家便都转变观念主动帮助社区转移现有车辆。

目前,新的车棚已经投入使用。升级改造后的车棚,通过双层停车架、智能充电桩、自动灭火器和电子监控等智能化设施设置,极大地帮助小区居民提高了电动车停放和充电的便利性。维寻集团也未做过多投入,依靠节省出的空间,改建了具有三大便民业务的服务综合体,提供了包括裁缝铺、修锁配钥、电器修理、鞋类打理、洗衣干衣及自动售卖机等便民服务,也设置了小区物业、居委会联合办公的居民服务大厅。

除了改造车棚外,安装电梯也是一大惠民工程。实际上,老旧小区一般人口密集,且多为中老年人,没有电梯的情况下,"出行难"是许多"银发族"的烦恼。甲社区也不例外,居民3 000多户,其中60岁以上老年人口占比超过三分之一,老龄化问题严重,对电梯等设施的需求呼吁较为强烈。维寻集团旗下的电梯团队,征询了2 000多户居民的意见后发现,绝大多数居民有意向加装电梯。但是,和其他小区碰到的问题大体一致。由于小区大部分楼栋的一层、地下一层有产权住户,该群体大都反对加装电梯,阻力声音较大。维寻集团尽力协商,确定了5个单元的全体住户授权。

改造完成后的老旧小区,旧貌换新颜,居民的幸福感大大提升了。"大家都感觉到小区变大了、卫生变好了,不仅彻底改变了原有脏乱差的小区环境,也让居民更安全、放心了。"

(部分内容引自新京报,《16万个老旧小区期待"旧貌换新颜"》2019－07－26,https://m.bjnews.com.cn/detail/156412965514542.html.)

【案例使用说明】

一、教学目的与用途

1. 本案例主要适用于青年领导力的培养课程和组织文化的相关学习。

2. 本案例的教学目的是带领学生直观感受企业价值观践行的有效行动,分析优秀的组织文化的创建路径及其表现形态。

3. 本案例期望引导学生能够结合实际组织情境,展开思考,提出自身设计方案。

二、启发思考题

1. 维寻集团的企业价值观是什么?从企业业务或行动的哪些方面有所体现?领导者在此过程中有什么行动?

2. 维寻集团参与的甲社区改造项目中体现了哪些优秀组织文化的创建思路?

创建路径	方案举措
组织认同点	

续表

创建路径	方案举措
成长收获感	
事业意义感	

三、分析思路

教师可以根据自己的教学目的来灵活使用本案例。以下分析思路仅供参考。

1. 引导学生在归纳整理维寻集团践行价值观的企业行为过程中,思考企业价值观对于企业行为决策的真实影响及其具体的表现形式。

2. 启发学生了解和理解优秀组织文化的创建路径,掌握从文化理念推行到实际举措的核心要素和策划过程。

3. 引导学生发挥青年领导力,结合自身参与其中的组织情境,一方面判断其组织文化的现状,另一方面思考可以采取的举措提升组织文化。

四、理论依据与分析

1. 组织文化、组织价值观相关理论

组织文化塑造了人们对于组织的印象,并且传递清晰明确的组织价值观。价值观是组织文化内居于主导地位的文化内涵,在各类组织行为和个体成员间共同践行。根据不同程度的影响可以分为强文化和弱文化。

组织氛围是价值观的直观体现,是成员对于组织文化的共同感受,与其对工作的满意度、投入度、组织承诺和动机显著相关的因素。

2. 优秀组织文化的特点及其创建路径

(1)在道德层面建立组织认同点,创建路径包括创始人树立榜样、传达道德期望与规范要求、开展内部交流活动、明确奖惩监督机制。

(2)在发展层面增强成长收获感,创建路径包括充分了解成员并发挥个体优势、经常给当地鼓励和点赞成员、关注成员的成长和贡献度。

(3)在价值层面传递事业意义感,创建路径包括重视创造力、传递善意和幸福的理念、坚持信任、诚实和开放。

五、关键要点

1. 组织价值观是影响组织决策和成员行为的重要因素,明确和强调组织价值观是青年领导力的应有之义。

2. 优秀的组织文化对于组织建设和发展提供了信念层面和价值层面的支持,在具体情境中能够导向新思路、好办法和双赢等成果。

六、建议课堂计划

本案例可以作为专门的案例讨论课来进行。以下是按照时间进度提供的课堂计划建议,仅供参考。

整个案例课的课堂时间控制在 60 分钟。

◆ **课前计划**

提出启发思考题,请学生在课前完成阅读和初步思考。

◆ **课中计划**

简述课堂前言,明确课堂主题。

● 分组讨论,告知发言要求(5 分钟)。

● 小组发言(每组 5 分钟,控制在 10 分钟)。

● 分组讨论,告知发言要求(10 分钟)。

● 小组发言(每组 5 分钟,控制在 10 分钟)。

● 情境模拟,并进行方案设计(10 分钟)。

● 方案展示(每组 5 分钟,控制在 10 分钟)。

◆ **课后计划**

预热下一节课程知识关键要点,为后续章节做好铺垫。

—— ·专题十三· ——

引领组织变革

案例 30　飞信通的第三次变革①

【案例正文】

　　摘　要:组织内部变化的迭代效率客观上反映了外部环境的变化。把握合适时机实施组织变革,促进组织创新迭代,是核心创始人和管理团队的重要战略任务。本案例围绕飞信通的第三次组织架构调整,展现了在组织变革和危机困境中实现企业新发展的有效路径。案例主要关注飞信通的变革历程及其创始团队的领导力作用,聚焦于该企业平台与内容业务部门的革新升级。案例的教学目的在于引导学生分析组织变革的原因和实施方法,掌握组织创新的路径,理解领导力在组织变革中的作用。

　　关键词:互联网企业　组织变革　组织创新

一、危与机并存

　　飞信通于 1998 年 11 月成立,是一家全球知名的互联网企业,企业业务全球闻名,包含了社交通信、网络平台、音乐游戏和新闻视频等内容。2004 年,公司在中国香港公开上市,在全球范围的雇员超过 10 万人。

　　2021 年对飞信通发展来说,"年景"并不太好。音乐业务上被迫放弃独家版权,投资主导的游戏企业合并案未获通过,游戏业务暂停了版号发放,重要且具有战略意义的对外投资不得已被清空,国民级社交通信应用第一次打破生态圈,允许外部跳转链接。整体市值掉出了全球十大市值公司之列。

　　2022 年元旦刚过,国家反垄断局官网公布了 13 件行政处罚案件,其中飞信通涉及 9 件。近年来,互联网行业的企业往往要求"站队",设置非此即彼的业务隔离。因此权益受损的普通消费者的投诉日益增多,要求反垄断和公平竞争成为民心所向。政府果断出手,维护市场公平竞争与健康发展。

---

　　①　本案例对参考企业公开资料进行了改写,对有关名称、数据等做了必要的掩饰性处理。本案例只供课堂讨论之用,并无意暗示或说明某种决策行为是否有效。

不过,危和机向来并存,这些事件也为企业重新思考规划未来的发展定位提供了宝贵机会。似乎是为了响应国家反垄断政策,多家互联网的"庞然大企"开始拆除原本各自跑马圈地建立的网上围墙,重新走向了互联互通。

二、事业群创设

2021年年底,飞信通在官方电视媒体渠道发布了一条品牌广告——助力实体经济。上一次这样级别的企业广告还是在9年前,而当时是为了宣传手机社交通信平台的王牌产品。

助力实体经济,是集团在经历了这些年或大或小、或明或暗的危机和挑战之后,找到的新企业发展主张。一切的起点,还要回到2018年的战略升级和第三次架构调整。

2018年9月,集团宣布正式启动新一轮整体战略升级,目标定位在消费互联网和产业互联网上,被称为"9月变革"。升级内容是在连接人、数据和服务的基础上,寻找未来社交、内容和技术要素相融合的趋势,推动由消费互联网向产业互联网的转型升级。

变革升级始于危机先兆。

事实上,集团中移动互联网和网络媒体两大事业群在变革之初就出现了问题,多个负责人离职或换岗,业务也面临新的挑战,内部架构上问题频出,原有的各业务线大多采用独立发展机制,这些年来难以形成合力,也造成了无人站在全局角度思考更科学战略的现实情形。看似兵强马壮,团队多人参与,但最后事关组织战略的架构更新问题反而无人问津,变成了没有人觉得"这是属于自己的事"。

移动互联网的冲击,对于大企业和小企业是无差别的。过去,集团在To C(面向用户)业务中的打法顺风顺水,但在To B(面向企业)的业务中并没能发挥同样效果。当客户需要某项业务服务时,各自为战的细分领域专业团队一拥而上,都能提供不同的业务方案,虽然服务态度和技术储备都很好,但也给客户带来选择疑惑:"我应该听谁的?"

2018年,互联网即将转入下半场。在"产业互联网"这个关键词的背后,下半场无疑将会成为ABC(A—AI,人工智能、B—Big Data,大数据、C—Cloud,云计算)技术的广阔舞台。

"9月变革"过程中,集团确定了第三次组织架构调整方案,把原有的七个事业群重组调整为6个,包括企业发展、互动娱乐、技术工程、社交通信、云与智慧产业以及平台与内容。这其中,云与智慧产业、平台与内容两个部门都是新设部门。

平台与内容事业群,主要集结了散落在不同产品营业线中的内容和平台运营团队成员。当5G时代到来时,它们在内容流方面一跃成为国内的重要媒体,而它的掌舵人则是集团首席运营官。

其实,原先这些散落的团队成员对自己的业务内容和发展方向都不甚明确,一度被定位为主力发展方向的短视频竟无人主导,也无人知道应该由谁负责。一直表现出色的游戏业务,同样出现了内容分散、团队层面思考不够广泛等问题。这样的组织结构,显然不甚合理,需要从整体上做更大的调整。

"9月变革"方案正式推出前,这些困惑在核心管理团队曾经被提出,大家也交流探讨过各种调整的可能性。也正因此,业务最多、规模最大的部门由此酝酿而生,可以说,新生的平台与内容事业群,真正整合了平台和内容相关的综合业务。

同年 10 月,创始人、集团董事长李滕飞先生在谈及此次的战略升级和第三次架构调整时,以公开信的方式,阐述了自己的想法和理念,表示愿意成为不同行业的"数字化助手",以"去中心化"的方式去实现数字化转型升级,让每一个产业都变身为智慧产业,实现数字化、网络化和智能化。

2019 年 11 月,在集团成立纪念日当天,公司高层联袂撰文,向四万多名员工发出了全员邮件,正式公布了全新的使命愿景,并且更新了公司的价值观和企业定位:将成为一家以互联网为基础的科技与文化公司。在这封邮件中,创始人还强调了"集团发展到今天的规模,必须承担与之匹配的社会责任"。

三、建章立制促融合

"9 月变革"之后,平台与内容事业群将重大发展议题的讨论迅速提上了议程,开始了战略规划。就"短视频要不要做?应该怎么做?"这个问题,多位副总裁因为赛道和业务划分分歧,在管理层会议上发生了激烈争论,且观点表达近乎直接,不绕弯子。第一次管理层会议,从中午开到次日凌晨,在部门刚成立不久时,这样的情况属于常态。而这种局面在过去的事业部的讨论中较为罕见。

争论的焦点不仅是短视频领域的激烈竞争,也是在全新组织架构之下,集团的一种新的自我修正和能力进化。这种变革,力度同样很大,难度也很大。

"最难的是,大家的思维方法要统一。"新的部门成立以后,成员来自不同工作组,习惯和思维逻辑难以统一。作为新任平台与内容的掌舵人,事业部总裁任总做的第一件事情,也是最困难的事,就是整合资源及流程,让大家愿意一起做大业务,也要愿意一起做成大业务。

他推出了"合伙人制度",由手下 8 个副总裁共同构成。这样所有人虽有争论,有碰撞,但大家利益绑定,责任共担。在各组织部门新成立的窗口期,这一制度的设计改变了每位副总裁只对自己工作负责的固有想法。公司对每一层级人员的评价不以个人为单位,而是以团队整体管理绩效作为评价,这就改变了以往散装单、打各自为战的情况。

合伙人之间要互相定目标,做评价,彼此间压力传导相互影响,每个人的工作业绩都会对其他所有人产生影响,在这样的制度设计里他们彼此学会了换位思考与规划,让不理解转变为理解。管理层也开始从自己的业务线,慢慢转变到关注和思考部门的整体发展使命上来。

事业部的改革只是一个缩影。集团内部在"9 月变革"之后发生了很多变化,不仅是业务线的调整,而且是工作思维、工作方法、工作平台的整体升级。值得一提的是,所有的管理调整只针对高管群体,原则上下属部门和员工。基本不发生变化,尽量保证业务平稳、延续健康发展。

四、改革成效初显现

"9 月变革"一年后,2019 年飞信通集团旗下社交软件月活跃账户数实现新高,达到 8 亿,年轻用户的活跃度与增长率显著;在第二季度财报里,旗下视频平台的数据抢眼,付费账户达到 9 000 多万元,90 后群体的占比超过 7 成;旗下动漫平台月活跃用户数量 1 亿多,在线作品 3 万多部,30 多部动画作品的播放量破亿,而且原创作品还实现了国际化发展新突破,覆盖到东南亚、北美洲等多个国家和地区;旗下的新闻平台月活跃用户量 2.8 亿,位居行业第一。

平台和内容方面的各业务线结束了"散装状态",终于实现携手合作,社交与内容融合发展,动漫+影视+游戏、长视频+短视频+音乐等跨赛道发展的业务精彩纷呈。"9 月变革"的效果在平台与内容方向上初步显现。

五、未来战略再起程

2020 年 11 月,李滕飞先生在集团内部刊物中首次提出了"全真互联网"概念。2021 年 11 月,他再次提出了用户、产业、社会(CBS)三位一体的概念。他写道:"进入二十一世纪的第三个十年,有两个变化在同时发生:一是由科技进步带来的一系列技术能力飞速提升,包括云、人工智能、虚拟现实,以及生物科技、新能源等;另一个是社会、经济、文化和技术发展带来的需求变化,越来越多的行业开始数字化、智能化,越来越多的老人、孩子和残障群体加入数字世界,互联网服务的主要对象从用户(C),发展到产业(B),现在变成了社会(S)——这是一个崭新的阶段。"

2021 年 4 月,李滕飞先生在集团内部再次发布了员工信,宣布了"扎根消费互联网,拥抱产业互联网,推动可持续社会价值创新"的大战略。相较 2018 年"9 月变革"的战略意图,2021 年是进一步的延伸,新增了"可持续社会价值创新"。为此,专门成立了"可持续社会价值"部门,投入上千亿元,围绕重大社会关切点成立了新的系列实验室,包括老龄化、碳中和、乡村振兴,等等。

三年至此,新一轮的架构调整终尘埃落定,但一切都未完待续开始再度起程,一个又一个未来战略依然在遥遥招手,前路可期。

【案例使用说明】

一、教学目的与用途

1. 本案例主要适用于青年领导力的培养课程和组织变革的相关学习。

2. 本案例的教学目的是引导学生分析组织变革的原因和实施方法,掌握组织创新的路径,理解青年领导力在组织变革中的作用。

二、启发思考题

1. 从组织变革的原因出发,2018 年以来,飞信通的紧迫感在哪里?新成立的云与智慧产业事业群应对的是什么新技术趋势?新成立的平台和内容事业群是为了解决哪些问题?

2. 从案例看,试分析"9 月变革"的整体步骤。企业创始人在此过程的哪些环节发挥了领导力?

阶段情况	步骤	措施
启动阶段	寻找理由	
	寻求支持	
	创建新愿景内容	
	宣传愿景	
过程阶段	稳步推进	
	管理"小目标"	
巩固阶段	调整评估	
	证明成功	

3. 案例中,新成立的平台与内容部门有效推进组织创新,应对全新的战略发展要求,采取了哪些措施?

创新模式	具体内容
有机结构	
赋权	
创新人才	

三、分析思路

教师可以根据自己的教学目的来灵活使用本案例。以下分析思路仅供参考。

1. 引导学生分析案例情境中飞信通公司从 2018 年至 2021 年期间的现实处境,思考该公司所面对的内部问题与外部变化有哪些?

2. 带领学生对该公司的组织变革过程进行总结归纳,了解和掌握组织变革的总体步骤,进一步认识到组织变革的战略收官环节是更进一步创新的开端。

3. 引导学生思考该公司平台与内容事业部门在组织变革中为推动创新升级所采取的举措。

4. 启发学生感悟和理解创始人李滕飞先生的领导力在组织变革的开端期与成果期有何作为?

四、理论依据与分析

1. 组织变革的原因类型

(1)群体变化,主要是指年龄结构与多元化、中层管理者变化与个性化两个方面。

(2)社会变化,包括新硬件、新技术的革新、行业变化的压力、社会文化的潮流趋势变化。

(3)政策局势,主要包括全球化形势变化和国家大环境与政策变化。

2. Kotter 八步骤组织变革管理模型

Kotter 组织变革管理模型,共分为 3 个阶段、8 个步骤。

(1)启动阶段

这一阶段变革者主要解决 3 个问题,为什么要变革? 和谁一起变革? 变革成什么样子?

第 1 步,找到最紧迫、最有说服力的理由。这一步需要清晰的分析数据、鲜明的调研结果或者是明确的变化现象。

第 2 步,找到适合你的参与者、队友和权势支持者,获得执行团队、变革资源、战略优势,从而更好地应对将来可能出现的阻力。

第 3 步,创建新远景,制定战略路径。针对新形势与新要求,变革者需要针对组织文化中的价值观、愿景使命进行再次阐述甚至是修改调整,进而对于组织变革的未来发展方向和各项举措的价值意义予以名义上的支撑。

第 4 步,宣传远景。良好的宣传方式能够让变革变为"美景",优秀的"讲故事"者能够让变革成为新的动力,这一步是为了推动变革顺利启动并且让各方做好思想准备。

(2)过程阶段

这一阶段内,变革者需要带领组织成员实施各项变革,同时应对组织变革中出现的各项阻力,面对可能失败的风险和局势保持战略定力,实现变革的一个个目标。

第 5 步,成员参与和授权赋能。在此步骤中,一方面要推行变革的创新方案,通过授权成员和赋能行动让组织个体获得新的资源、能力、思路等来实施方案,另一方面阻力出现时,有效加以应对。

第 6 步,目标管理。变革很难一蹴而就,需要变革者依据目标设定理论"小目标"。规划好每一个短期"小目标",并且在实现突破之后进行奖励,提振士气和信心。

(3)成效阶段

在正向预设下,随着"小目标"的逐步实现,组织变革初见成效,组织变革者需要保持清醒头脑,处理总体成功与局部失败、系统成效与局部问题、现在与未来的辩证关系,将组织变革引向深入,让变革成效更加巩固和深远。

第 7 步,巩固成果,评估效果,制定经优化后的新方案。组织变革本身也不是一成不变的,要时刻调整方案或方向。有的变革甚至是由一个个小变革、微创新接续构成的。

第 8 步,取得成功或初见成效之后,作为组织变革者必须要证明新愿景和新变化与组织当下成功之间的强关联,强调自身是完成变革、取得成功的英明领导,由此真正成为组织的核心人物。

3. 创新型组织构建模式

(1)有机结构

大型组织层级森严，从一颗螺丝钉到最高层，都设置了严格的管理汇报逻辑，这是组织正常规范运转的重要保障。同样地，大型组织想要实施组织变革的困难度也很高。当组织架构过于庞大，难以腾挪时，组织内部可以根据新项目所需的各方面资源出发去相关部门调用人员组建新的团队。按需组合资源、重新锁定目标、创新设定职能的有机结构，更加灵活，更能适应形势变化。

现代企业常见的事业群模式服务于业务创新与发展，围绕某一业务线，抽调产品经理、销售人员、设计人员和开发人员等资源，进行业务尝试。如果业务线铺开效果不好、进度不佳，事业群同样面临被撤销的风险，而由于人员是抽调、组建起来的，既背靠资源，同时又更加扁平化，有利于创新关系的建立，成员不必顾虑原有部门的制约。

(2)创新人才

创新人才是组织变革的推送者和适应者。创新的过程，同样也让成员在创新中成长并且持续创造风口。

在挖掘或者培养创新人才的过程中，需要依据"大五"人格模型理论。除了创新人才之外，组织必须关注到其他类型的人员，让他们成为变革来临时的一份力量，因此在创新型组织中每位成员都能够得到赋权和鼓励，让创新可能潜在于每个人身上。

(3)创新思维

青年领导力在个体层面，要能够明确地支持创新想法，并且自身具备清晰的创新思维，包括辐射发散思维、立体多向思维、换元换位思维、转向跨界思维、原点回归思维和对立批判思维以及联动系统思维等。

同时，通过各种宣传手段向组织成员反复传递对于创新的支持和鼓励，从而在组织文化中嵌入创新和变化的基因。

五、关键要点

1. 组织内部变化慢于外部环境的变化，这是客观现象。青年领导力的战略任务在于判断组织变革的战略机遇期，有效推进变革创新。

2. 组织变革是应对变化与危机时采取的创新升级举措，在取得一定成果，实现既定目标后，可以更进一步，从时代大势、社会大局和价值实现角度，更新组织文化，探索组织未来发展的空间和方向。

六、建议课堂计划

本案例可以作为专门的案例讨论课来进行。以下是按照时间进度提供的课堂计划建议，仅供参考。

整个案例课的课堂时间控制在 60 分钟。

◆ **课前计划**

提出启发思考题,请学生在课前完成阅读和初步思考。

◆ **课中计划**

简述课堂前言,明确课堂主题。

● 阅读案例内容,教师开展课堂互动(10 分钟)。

● 第一次分组讨论,告知发言要求(10 分钟)。

● 小组发言(每组 5 分钟,控制在 10 分钟)。

● 第二次分组讨论,告知发言要求(5 分钟)。

● 小组发言(每组 5 分钟,控制在 10 分钟)。

● 引导全班进一步讨论,并进行归纳总结(10 分钟)。

案例 31　垃圾分类有妙招

【案例正文】

摘　要: 2019 年以来,上海率先在全市范围内施行生活垃圾分类管理条例,全方位覆盖社区、学校、单位和楼宇等各个空间。在此过程中,上海居民社区出现了许多垃圾分类落地实施的困扰,同时也创新试行了一批新的工作举措,有效推动了垃圾分类的切实开展,国内北京、杭州等多个城市也先后启动了本市的垃圾分类管理方案。本案例介绍了城市社区生活垃圾分类的实施情况和高校学生宿舍园区的垃圾分类现状。案例围绕垃圾分类这一工作难点,展示了部分城市管理者采取的创新举措和工作方法,旨在引导学生面对应为而难为的情境,以结构化的创新思维模式寻找创新解决方法之义。

关键词: 垃圾分类　创新思维

2019 年,《上海市生活垃圾管理条例》经由上海市第十五届人民代表大会第二次会议于 2019 年 1 月 31 日通过,自 2019 年 7 月 1 日起施行。

自此,上海作为生活垃圾分类先行先试的城市,启动了全市范围、上下一体的垃圾分类行动。生活垃圾分类有着重要的积极意义,不仅能够改善人居环境,促进城市精细化管理,还可以维护生态环境安全,保障经济社会的可持续发展。

截至 2022 年,上海生活垃圾分类举措已施行了 3 年,成效显著,社区和单位的分类达标率均达到了 95% 以上,而该《条例》实施前,社区的分类达标率仅有 15%。

一、科学分类

生活垃圾分类是以实现生活垃圾减量化、资源化、无害化为目标,建立健全生活垃圾分类投放、分类收集、分类运输和分类处置的全程分类体系,积极推进生活垃圾源头减量和资源循环利用。在上海,生活垃圾共分为四类,具体如下。

(一)可回收物。这是指废纸张、废塑料、废玻璃制品、废金属和废织物等适宜回收、可循环利用的生活废弃物。

(二)有害垃圾。这是指废电池、废灯管、废药品、废油漆及其容器等对人体健康或者自然环境造成直接或者潜在危害的生活废弃物。

(三)湿垃圾。即易腐垃圾,是指食材废料、剩菜剩饭、过期食品、瓜皮果核、花卉绿植、中药药渣等易腐的生活物质和生活废弃物。

(四)干垃圾。即其他垃圾,是指除可回收物、有害垃圾、湿垃圾以外的其他生活废弃物。

二、条例施行

"垃圾分类刚施行的时候,有居民因不理解'我为什么要分类'而不愿意分。"上海市徐汇区某居委会负责人这样表示。

在施行垃圾分类初期确实如此,上海各社区组建了垃圾分类工作小组,每天早上安排人员驻守在垃圾桶旁,指导居民进行垃圾分类。而面对不愿配合的居民,现场的工作人员需要自己去拆分他们投放的垃圾,进行分类。

从不分类到分类,是居民生活习惯的改变,更深层次是对于社区文化、现代生活和环保意识的考验。生活垃圾分类必然会对原有粗放式的家庭垃圾处理模式提出挑战,不方便、费功夫等抱怨不解需要社区加强宣传引导,也需要更多的创新举措和便民设施配套。

例如,上海市最开始施行简单的固定时间点垃圾投放模式,在实际工作中很多居民错过固定投放时间后厨余垃圾只能滞留家中,这给居民生活造成了极大不便,也有了许多调侃和报怨。经过改进,目前普遍采用误时投放点、节假日投放时段、午间投放时段等综合模式,让居民的垃圾投放更加便捷。

面对居民群众垃圾分类积极性不高的问题,多地社区都探索了一揽子"垃圾分类"公益积分模式,让居民在垃圾分类、创造美丽家园、节约资源的同时,获得环保积分并在自己的公益账号内累计积分到达一定额度后,可用于兑换日用小商品或者社区便民小服务。这样,居民生活、垃圾分类、社区服务都得到了有效联动。

针对垃圾分类知识普及,上海市开展了"垃圾分类七进"活动,设立了 24 个生活垃圾分类科普教育基地,从公园、社区、村宅到学校、单位等,引导不同类型的群体参观走访,实地切身感受垃圾分类的必要性和重要性。

三、他山之石

同样施行生活垃圾分类的直辖市——北京市,对于生活垃圾分类的推进落实与宣传也是妙招频出。在北京,部分中小学充分用好了"小手牵大手"工程,让孩子们监督父母老人,指导他们开展垃圾分类。让学生和家长"结对子",使垃圾分类实施成效十分明显,家里的老人们都开始上心关注并施行,而且这一互动学习更成为亲子沟通的重要组成部分。

"我将学到的垃圾分类知识,和爸妈分享,并自愿向社区居民进行宣传,手把手教他们进行垃圾分类投放。"北京市通州区某学校的七年级学生这样说道。

不仅如此,当垃圾分类制度推行至校园以后,垃圾分类知识普及也融入了课堂,成为课堂教学的一个有机组成部分。有的学校使用看似无用的干垃圾、可回收垃圾作为教材教具，开展手工艺课程，让它们"变废为宝"；有的学校用垃圾分类主题开展语文课的专题教学，号召同学们创作诗歌、标语，让垃圾分类的宣传更有创意。

四、学校难点

在高校，生活垃圾分类也是一项重头工作，从城市清运车到校内后勤保障，从一栋栋教学楼宇到一个个垃圾桶，从管理者到清洁人员，垃圾分类没有人人参与、全民行动是不可能实现的，且源头分类尤为重要。学校园区楼群集聚、人员集聚，垃圾产生总量大，日常生活中学生进行垃圾分类存在许多痛点与难点。

上海某高校居住在 1 号宿舍楼的孙同学提出了自己的困惑："我们宿舍一共就这么大，没有阳台，只容得下床和衣柜，无法再安置多个垃圾箱。而楼道内只有一个分类垃圾桶。大家要高频次往返处理产生的生活垃圾，还是很不方便的，也会产生误解情绪。"

居住于另一栋宿舍楼的金同学表示："日常生活中由于外卖、网购产生的各种垃圾，分类处理难度很大，有时候也很难妥善处理，很不方便，而且楼道内没有分类垃圾收置点，必须下楼。由于我们楼体量大，楼下的垃圾房经常很快就被丢满了，也就造成了一定程度的混装，且夏天的时候叠起的垃圾滋生蚊虫，也让附近房间的同学很不适。"

关于垃圾分类这件事情，宿舍管理员和清洁人员也叫苦不迭："宿舍楼宇的房间总量大，每栋楼基本都是上百间的体量。每天的垃圾产生量就不是个小数目。而且政府和学校对于垃圾分类达标率有明确要求，干垃圾和湿垃圾要分类分好。同学们不主动配合，到了收置环节，我们阿姨经常需要再做一轮分类，工作量成倍增加。"

学校垃圾分类要从"新要求"变成"好习惯"。作为宿舍楼的楼长，面对楼内 360 间宿舍的垃圾分类宣传与施行，你有什么妙招呢？

【案例使用说明】

一、教学目的与用途

1. 本案例主要适用于青年领导力的培养课程和组织变革相关的内容学习。

2. 本案例的教学目的是引导学生面对"应为而难为"情境下，以结构化的创新思维模式寻找新办法。

二、启发思考题

1. 结合案例情境，城市管理者面对居民生活不便、垃圾分类意识不强，采取了哪些新办法？

2. 学校垃圾分类要从"新要求"变成"好习惯"，作为宿舍楼楼长，从不同的创新思维角度,能够提出哪些"妙招"?

三、分析思路

教师可以根据自己的教学目的来灵活使用本案例。以下分析思路仅供参考。

1. 引导学生思考分析城市管理者所采取的新办法、新举措,深层次所体现的创新思维是什么?

2. 引导学生明确生活垃圾分类"应为",进而启发学生在"应为而难为"的情境下,围绕结构化的创新思维模式,立足所在学校、所在楼宇设计创新举措。

四、理论依据与分析

1. 辐射发散思维

基本内涵:从特征、背景或相关的线索发散开来,对于事物/事件的内容拓展了解,帮助我们快速了解陌生的事物或事件,帮助我们在一个新的领域快速到达"80分",帮助我们进一步接近事情的原貌。

应用方式:大胆假设,小心求证。

2. 立体多向思维

基本内涵:从效果整体优化的目标去多方面思考问题,不局限于点、线、面,在心态上遇到问题时多问问,除了即刻能想到的解决方式以外,还能用什么方法让事情更好更快地解决。

应用方式:第 N+1 种方案。

3. 换元换位思维

基本内涵:换元思维是根据事物的构成因素,进行拆分、变换元素,以打开新思路。推己及人、换位思考,将自己代入场景,代入其他人的立场看待问题,如果我是当事人,我会更希望接受什么样的方式方法,更愿意达到什么样的效果目的,问题的根本目的和重要层次就更加清晰了。

应用方式:"他"会怎么做。

4. 转向跨界思维

基本内涵:当常用逻辑不起作用时,寻找不同的方向甚至逆向思维去解决问题。牢记"颠覆性",借助跨出原有的知识体系,跨学科、跨领域去解决问题。

应用方式:交叉碰撞火花。

5. 原点回归思维

基本内涵:回到原点思考,一方面从事物的发展脉络和普遍逻辑中寻找答案,另一方面,为事物设立一个原点,在发展和建设中不断比对和思考,锚定初心,纠正偏差。

应用方式:回到开始,重新思考。

6. 对立批判思维

基本内涵：从事物的反面设立可能性或提出疑惑，批判性地看待问题。对于他人的看法和理解进行独立理解和消化，提出自己合理的观点，并且说出自己的理由和见解。

应用方式：兼听则明，偏听则暗。

7. 联动系统思维

基本内涵：不限于某一事物本身的呈现方式，而是进行由现象到本质、由表面到内里、由正到反的联想和推理，形成全局性的思维格局，然后思考问题的解决方式是否完整了。

应用方式：思维导图。

五、关键要点

1. 创新，可以羚羊挂角，妙手天成，但作为组织管理者，更应让创新有迹可循，构建起结构化的创新思维模式，在现实情境中发挥更强的青年领导力。

2. 面对"应为而难为"的情境时，青年领导力要有主动向前一步的勇气，凭借创新思维拥有破局的能力。

六、建议课堂计划

本案例可以作为专门的案例讨论课来进行。以下是按照时间进度提供的课堂计划建议，仅供参考。

整个案例课的课堂时间控制在 60 分钟。

◆ **课前计划**

提出启发思考题，请学生在课前完成阅读和初步思考。

◆ **课中计划**

简述课堂前言，明确课堂主题。

● 第一次分组讨论，告知发言要求（10 分钟）。

● 小组发言（每组 5 分钟，控制在 10 分钟）。

● 第二次分组讨论，告知发言要求（15 分钟）。

● 小组发言（每组 5 分钟，控制在 10 分钟）。

● 引导全班进一步讨论，并进行归纳总结（10 分钟）。

案例 32　学生社团的变革

【案例正文】

　　摘　要:学生社团是高校最常见的学生组织类型。近年来,学生社团的管理、建设和发展面临着新时代新形势下的诸多变化,学生的兴趣技能更为多元、管理需求更加规范、活动吸引力减弱等现实困境显著,需要社团管理层善于创新,适时推动和施行组织变革。本案例着重描述了新任社长尚晓才接手社团管理后,面临的一系列管理困惑,引导同学运用青年领导力各方面知识,为尚晓才制定组织变革方案。

　　关键词:学生社团　困境　危机　变革　创新

　　2020 年 6 月,正值各级各类学生组织换届的高峰期。明德大学学生社团在任的社长们收到了两份关于学生社团管理建设的新修订文件,一份是《学生社团管理办法》,另一份是《社团指导教师聘任办法》。

　　6 月,炎炎夏日,暑气日益蒸腾。对社团而言,这正是社长们开始思考下一任社长候选人和未来社团发展的方向,开展组织换届的火热季节。

一、传　承

　　2020 年 6 月的一天午后,尚晓才刚刚考完大一阶段的最后一门考试。打开手机就看到了一则学长发来的消息:"晓才,晚上有空吗? 一起吃个饭,和你聊聊我们的社团。"

　　尚晓才是苏州人,从高中开始就有清晰明确的未来规划。高考结束后,选择了到上海求学,未来也想留在上海工作。2019 年进入明德大学以后,他就读于商学院工商管理专业,怀着对于经济学的一贯爱好,他选择加入了一家社团——经世社。

　　来消息的学长正是他所在社团的社长,即将步入大三的经济学院刘济民同学。

　　夏夜微风的畅聊中,刘济民盛情邀请尚晓才参与下届社团负责人的竞选,接手未来的社团管理工作。两人聊了很多,从当前社团的管理架构、社团活动品牌项目、社团会员参与度到个人规划、社团发展等。

二、困　境

经世社成立于 2008 年，是一家典型的老牌学术类社团，活动方向和兴趣内容就是推广普及经济学专业知识、研究经济政策形势、策论经世济民之方，传承"厚德博学，经济匡时"的校训精神。社团的管理层根据学校的要求，设置了社长 1 人，副社长 2 人，财务负责人 1 人，又根据社团活动的实际需求设置了宣传、对外联络、项目研究等工作小组。

每年的 3 月和 9 月，社团都积极参与学校的招新活动，吸纳本科生新会员加入社团。近年来，纳新情况不容乐观，即使社团并不收取会费，在册社员总量始终在 50 人左右，而且大多是本科大一、大二的同学。社团内原有的会员，在进入大三和大四以后，由于实习、课业等原因很少参与社团活动。而在社团管理层内部，往往随着生涯发展目标与未来规划日渐清晰明确，社团各管理人员的缺席缺位情况时有发生。

三、变　迁

2016 年，经世社举办了第一届"经世杯"经济时评大赛，在学校和相关企业的支持下，活动取得了亮眼成果，吸引了 1 000 多名国内顶尖高校和属地兄弟高校的学生投稿参赛，邀请到当时数位经济学大家参与阅文评审，推荐了优秀的获奖稿件在国内知名学术杂志上发表，成为校内学生社团争相称道的重点品牌。

时间转眼到了 2017 年。随着学校百年校庆的步伐加快，也借着学校自身品牌的升级传播，经世社将活动的触角从校内延伸到校外，组建了一支经济学常识普及志愿者团队，走进上海多个街道的 20 多个社区，开展居民经济学常识普及。他们同时还和多家初、高中学校建立了联建合作机制，以送课入校、社团共建的模式，面向初、高中生讲授经济学基础理论知识，年均覆盖人次达到了 1 000 多人。但是这项活动在 2019 年戛然而止，当年 6 月，最初发起这项活动的社长孙博文毕业出国深造，不再热心跟进这项活动的进展，而时任社长金毓秀在学术方面虽然深得大家认可，却对项目疏于管理，人员招募、课程对接、教学质量等问题频频出现，她这样和大家说道："我是社长，但同时还有学业要兼顾，精力有限。我认为这项活动本身和社团的学术定位不存在必然关联，如果有兴趣的同学可以举手，参与项目的组织运营，我们聚焦在几个重点项目开展活动就可以了。"

2019 年底，金毓秀决定在 2020 年春季学期去国外高校交流互换一学期，对于这一项目的关注参与程度更低。后来，这一品牌逐渐变成学校周边社区的志愿服务，不了了之。

时间转眼来到 2020 年。社团仍然坚持举办"经世杯"经济时评大赛，但从 2019 年开始，相关企业不再支持合作，项目出现了资金不足的问题。社团沿袭了比赛形式，但在评审机制和新闻宣发等方面不得不减少资源，降低力度。活动热度和关注度连年下降，活动参与者寥寥无几。考虑到学校对于社团活动数量的相关规定，每一届社团管理层依然坚持申报此项活动，最后只是努力将每次比赛做完，但活动质量与反响均不高。

四、冲　突

事实上，经世社社团既有上述的专项活动，也有面向社团会员开展的小型内部活动。但是这类活动除了社团团建外，主要就是内部交流沙龙和经济学论文解析，活动形式枯燥、单一，每次参与活动的人数只有 10 个人左右，不少社员都抱着刷一刷第二课堂学分的心理前来，参与过程中并不积极参加讨论，时常埋头做自己的事情。

会员大都是这样考量的："我参加社团活动是我的选择自由，我愿意来就来，不想来可以不来。而且本身就是从兴趣出发的事情，活动有趣的时候，我肯定会认真参与的呀。再说了，我近期有一个课程随堂展示任务，我必须好好准备。我到现场参加活动，已经是对社团的热爱与支持了。"

尚晓才还亲身经历过一次社团群内爆发的言语矛盾冲突。多个会员之间因为下一次活动的时间应定在周二下午还是周二晚上，争论不休。核心冲突在于那一次活动会邀请一位校内知名的学术达人现场讲述自己的经济学研究心得。遇到这种情况，尚晓才隔着屏幕都觉得十分尴尬。但随着这样的情况发生数次以后，他也就见怪不怪了。

五、规　划

尚晓才没有立刻答复刘济民的邀请。在回宿舍的路上，他认真冷静地回顾了一年的社团经历和学长讲述的社团发展历程，思考了自己未来的规划安排和上任后将会面临的各种问题。

经过一夜的思考，他决定答应刘济民的邀请，参加经世社的社长竞选。一系列现实问题比尚晓才预想得更快出现。首先就是管理层人选的问题。除了刘济民推举的尚晓才之外，社团内部没有主动报名要参选其他岗位的会员。社团成员们一致认同刘济民的推荐，纷纷送上了一票"同意"，对实质性参与社团管理事务兴趣缺失。

尚晓才知道自己必须自行组建班底，为未来一年的社长工作打造一支有力的团队。在此之前，他翻开了学校最新的社团管理相关文件。看完了文件，他觉得既有压力，也有机遇。文件对于社团注册、年审等社团事务以及社团运营和活动都有规范的要求，如果综合考评和活动数量不能达标，社团将面临被注销的风险。对于社团管理层，尚晓才发现需要寻找政治面貌符合、学习成绩等方面合格的人选才行。他还发现，按照最新的教师聘任政策，需要寻找一位热心负责的社团指导教师，请他不管在学术资源，还是社团发展上，都能给予自己支持和帮助。

2020 年 9 月，尚晓才召集经过反复考量和交流沟通后确定了新一届社团管理层团队，召开了第一次社团管理会议，宣布将启动经世社的组织变革，并请大家一起来讨论变革的相关举措，以期解决目前社团面临的种种困境。新学期伊始，社团招新、大型专项活动申报、校庆季主题活动申报以及高校社长峰会等一项项工作也即将大规模来袭……

【案例使用说明】

一、教学目的与用途

1. 本案例主要适用于青年领导力的培养课程和组织变革的相关学习。

2. 本案例的教学目的是理解学生组织变革的必要性与重要性,体验和掌握管理组织变革的实践方法。

二、启发思考题

1. 针对案例情境中的学生社团展开分析,思考经世社近年来遇到了哪些困境?

2. 尚晓才作为新社长,在推行社团变革过程中可能遭遇哪些阻力? 可以采取哪些方式加以应对?

3. 尚晓才决定启动学生社团的组织变革,请以变革主导者的角色,结合本学期的工作项目和未来愿景,按照 Kotter 八步骤变革流程框架,思考制定合理的变革方案。

阶段情况	步骤	措施
启动阶段	寻找理由	
	寻求支持	
	创建新愿景内容	
	宣传愿景	
过程阶段	稳步推进	
	管理"小目标"	
巩固阶段	调整评估	
	证明成功	

三、分析思路

教师可以根据自己的教学目的来灵活使用本案例,并可以在此基础上根据学校实际,拓展案例内容,以求贴近学生真实情境。以下分析思路仅供参考。

1. 引导学生总结凝练案例中的学生社团"经世社"的困境与危机,结构化列举尚晓才在现实条件下如果实施组织变革,遭遇的阻力及其应对举措有哪些?

2. 启发学生在组织困境与变革中感悟青年领导力的作用:面对社团危机,尚晓才如何选择? 面对困境,尚晓才在实施和管理组织变革过程中,需要发挥哪些青年领导力的知识与能力内容?

四、理论依据与分析

1. 组织变革的阻力类型

阻力类型分为个体层面的阻力和组织层面的阻力。个体层面,组织变革的阻力来自惯性、既得利益、能力恐慌、怀疑未知和认知信息差。组织层面,组织变革阻力包括了文化约束、群体规范和结构惰性。

2. 组织变革阻力的应对处理框架

(1)处理好人际关系

(2)塑造形象

(3)引导成员亲身体验和参与

(4)思想教育与沟通宣传

(5)提供人力资源培训,心理辅导,新技术培训,各类团建等多种支持

(6)公平地实施变革

(7)采取一定策略

(8)制度化举措

3. Kotter 八步骤组织变革管理模型

五、关键要点

1. 组织变革对于管理者而言,是困境破局的重要方式。因时因势制定的变革方案能够推动组织的建设发展。

2. 组织变革过程要有章法,实施和管理组织变革需要各个方面协同配合,需要管理者拥有更强的青年领导力,从战略方向和创新上要有强大素养与深厚学养。

六、建议课堂计划

本案例可以作为专门的案例讨论课来进行。以下是按照时间进度提供的课堂计划建议,仅供参考。

整个案例课的课堂时间控制在 60 分钟。

◆ 课前计划

提出启发思考题,请学生在课前完成阅读和初步思考。

◆ 课中计划

简述课堂前言,明确课堂主题。

● 第一次分组讨论,告知发言要求(10 分钟)。

● 小组发言(每组 5 分钟,控制在 10 分钟)。

● 第二次分组讨论,告知发言要求(15 分钟)。

● 小组发言(每组 5 分钟,控制在 10 分钟)。

● 引导全班进一步讨论,并进行归纳总结(10 分钟)。

案例32

延展阅读

—— ·专题十四· ——

发挥道德力量

案例 33 城市的"逆袭"①

【案例正文】

摘 要：规划制定愿景与使命是领导力的重要战略素养，也需要充分发挥领导力的道德力量。近年来，H市从二十年前的"大县城"逐步"逆袭"成为长三角城市群的"优等生"；Z市和B市从文旅切入，政府服务和城市形象"意外走红"。本案例旨在通过对H市、Z市与B市三座城市的热点事件解读，从领导力视角剖析三座城市的发展内涵，并结合实践导向，从"一市之长""一镇之长"出发，引导学生领会愿景与使命，体会领导力道德的重要作用。

关键词：愿景 使命 城市发展

一、H市速度

H市是一座古老而年轻的城市。说古老，H市地处A省中部、江淮之间、长江三角洲西翼，承东启西、连南接北，以H市为中心的环巢湖流域，是中华文明的重要发祥地之一。说年轻，1952年，H市正式成为新中国A省省会，也是长三角一体化发展战略范围内的城市群成员之一。

H市作为A省的省会城市，早年的发展一直不太令人满意。20年前，H市一带还是全国人民口中的"大县城"。基础设施不完善，整个城市只有一两个商业圈，GDP甚至不如邯郸等三、四线城市。2001年，H市GDP仅363亿元，全国排名第82名，几乎垫底。从地域情况看，H市身处上海、南京、武汉和杭州等省会城市都市圈的"合围"之中，而H市虽然作为A省首府，但是可调动、聚集的省内发展资源有限，譬如该省芜湖、滁州、马鞍山三市受地域影响，与南京市的发展互动更多。

但如今，这个"大县城"却摇身一变，成为长三角的副中心城市。H市的转变之大，令人惊叹，"逆袭"之路可谓是令所有人都心服口服。最为显性的就是H市的GDP快速上涨，截

---

① 本案例对研究城市公开报道资料进行了改写，对有关名称、数据进行了必要的掩饰性处理。本案例仅供课堂讨论、教学研究之用，并无意暗示或说明某种决策行为是否有效。

至 2021 年,H 市的生产总值高达 11 412.80 亿元,相较 2001 年,20 年里翻了 30 倍,全国排名攀升至第 19 名。

支撑起这 1.1 万亿元 GDP 的,是 H 市雄厚的科技产业底子,也是这座城市发展独到的战略眼光和选择。H 市是中国最早的一批科技创新型试点城市,对电子信息产业和科学技术产业的发展相当重视,还设立了专项投资基金,为 H 市连"投"带"留",投出了众多科技产业集群。我们一些耳熟能详的面板、芯片以及半导体企业,如京东方、维信诺、康宁、长鑫等,都是 H 市积极引进的。

当然,H 市的发展也曾经历过一段至暗时光。比如 2009 年,H 市政府拿出全市三分之一的财政收入投资京东方,在 2011 年又拿出 100 多亿元投资长鑫,当时引来了不少质疑声。在大众看来,这都是些烧钱又吃力不讨好的项目,不过事实证明,H 市的选择完全符合发展的潮流,也经得起时间的考验。在我国科技遭遇封锁之际,H 市为我们在黑暗中开出了一束希望之光。

H 市在新能源汽车方面,曾与比亚迪公司合作,一期项目从谈判到签约用时仅 23 天,从签约到开工用时 42 天,从签约到整车下线用时 10 个月……

2024 年 1 月 27 日,福耀玻璃创始人曹德旺北上,新东方创始人俞敏洪南下,两人最终在 H 市会合。福耀玻璃三家全资子公司项目选址肥西,新东方 A 省总部大厦落户包河。曹德旺看重的是 H 市"首位产业"的发展势头。福耀玻璃在公告中表示,近年来,H 市汽车产业处在高速发展阶段,特别是新能源赛道更为突出,更是斥巨资引进了蔚来汽车。

近年来的产业风口,H 市几乎全"赌"对了,但背后更多靠的是正确的战略选择。"H 市屏""H 市芯""H 市星""H 市智脑""H 市量子"……随着一个个新赛道的加快布局,H 市的产业结构已然发生颠覆性的改变。

近十年,H 市都市圈先后与长三角内的上海、杭州、宁波等城市开展战略合作,城区对口合作和开发园区共建让 H 市都市圈与南京都市圈、杭州都市圈"环环相扣",彼此赋能。由 H 市牵头组建的长三角先进计算联盟,为实现长三角多样、泛在算力的互联互通贡献了"H 市速度"。目前,H 市近千套仪器设备对外开放共享,7 家企业实施面向长三角重大科技联合攻关项目,14 家企业成功登陆上交所科创板。这种"产业配套"的引资方式,可以为其他城市所借鉴,但不是所有城市都能拥有长三角一体化的优质"朋友圈",也不是所有城市都能拥有全国顶尖的研发型高校,为其提供稀缺的研发资源。

二、Z 市烧烤

2022 年,S 省实现地区生产总值 87 435 亿元,稳居全国第三位。截至 2023 年 2 月 10 日,综合各市公布的信息,16 市生产总值都已超过 2 000 亿元。其中,青岛、济南两座万亿之城位居第一方阵,烟台坐稳第三。在 4 000 亿～6 000 亿元之间,有临沂、济宁、Z 市和菏泽四座城市,其中 Z 市总体排名第六。

Z 市,简称"淄",齐国故都,S 省辖地级市,地处 S 省中部,南接临沂,北接东营、滨州,东接潍坊,西接济南。Z 市烧烤是 2023 年中国文旅的热点,也是 S 省的亮点。

Z 市烧烤最早是在互联网短视频平台上火起来的。2023 年 3 月 8 日,"大学生组团坐高铁去 Z 市撸串"登上热搜,引起自媒体、美食博主们的关注并前去打卡。这一事件的起源还要追溯到 2022 年 5 月的一个城市故事。当时,S 大学 12 000 多名学生转移在 Z 市,其中七八千人分配到临淄。临淄区政府不仅给大学生们安排了周到的食宿环境,而且在送别前最后一餐,请同学们吃了一顿烧烤,并约定来年春暖花开时,欢迎大家带上朋友再来做客。Z 市市委、市政府在 2022 年写给 S 大学学子的信中这样写道:"亲爱的同学们:自古磨难皆过客,浮云过后艳阳天。这座城市历来有情、有义、有爱、有光……凡我在处,便是 S 大;待你来时,这就是家"。由此,才引发了这一波 Z 市旅游热潮,并且带火了 Z 市烧烤。

Z 市政府对此热潮也十分重视,立刻发出《致全市人民的一封信》。信中言辞恳切,号召市民共同为游客打造良好体验。当地政府从上到下动员,为游客提供优质服务,例如青年驿站半价入住,严查出租车司机宰客行为,新增 21 条烧烤公交专线,开设烧烤专线列车,在专列上为游客准备礼物和城市介绍手册等等。一系列的安排,带起了 Z 市的整体经济,让 Z 市这座城市打出了烧烤品牌。当一批批游客抵达后,当地市民说:"周末的烧烤让给你们,不跟你们抢。"

随之而来,Z 市烧烤大火的第二波高潮在 4 月引爆。4 月初,自媒体博主发布 Z 市 10 家烧烤摊位的美食分量测评,发现无一家店铺缺斤少两,甚至有的店铺还"多送""免费尝",进一步得到了人们对于 Z 市人"实在、好客"的夸赞,并且与政府推出的"烧烤"专线一起受到了央视新闻报道。

根据互联网出行服务平台的数据显示,截至 2023 年 4 月 10 日,Z 市五一住宿预订量较 2019 年上涨 800%。据 Z 市广播电视台消息,2023 年 3 月以来,"Z 市烧烤"关键词全平台搜索量同比增长超 770%。在 2023 年《S 省政府工作报告》中提到"S 省打出文旅发展'组合拳',Z 市旅游、威海'千里山海'自驾等火爆出圈,全省游客人数、旅游收入均增长 60% 以上,'好客 S 好品 S'品牌影响力持续放大"。

"我们马上也要去 Z 市了!"李梅激动地说,"看到 Z 市火了,真的打心眼里为他们高兴,Z 市值得! 五一即将来临,我也和朋友约好了,要一起到 Z 市去。不仅是为了 Z 市烧烤,更想去看看这座曾给予我们无限温暖的城市!"

据悉,Z 市烧烤的小饼烤炉加蘸料"灵魂烧烤三件套",有 2 000 年历史,但真正让烧烤火爆起来的不是烧烤本身,而是靠政府对于大学生、对于青年群体的热情、对于人文关怀和城市发展的交融措施,这些都最让人久久难忘。

三、B 市冰雪大世界

年初去 Z 市,年末赴 B 市。2023 年年底的这场"富贵"最后是 B 市稳稳接住。2023 年,B 市接待 1.35 亿人次,同比增长 145.78%,相较 2019 年增长 41.4%,旅游总收入为 1 692.45 亿元,同比增长 239.03%,相较 2019 年增长 7.4%。

B市,别称冰城,地处东北地区、东北亚中心地带,是 H 省辖地级市、省会、副省级市、特大城市和哈长城市群核心城市,是国务院批复确定的中国东北地区重要的中心城市和国家重要的制造业基地。B市是国际著名的冰雪文化和冰雪旅游城市,素有"东方莫斯科"和"东方小巴黎"之称,坐拥太阳岛、中央大街、亚布力滑雪旅游度假区、中国·B市冰雪大世界、圣·索菲亚教堂、侵华日军第七三一部队罪证陈列馆等景点。

2023 年 12 月,B市冰雪大世界退票风波的负面热搜出现后,当地政府第一时间道歉、整改,态度诚恳,迅速扭转舆论,并且乘胜追击,为"南方小土豆"准备了劳斯莱斯免费接送游客、爱心车队全天候服务、鄂伦春族下山上街迎客、上岗营业的"雪狐"……一波又一波流量持续在互联网上引爆B市文旅热点,立住了"讨好型人格"城市的人设。

在此过程中,B市各方面都全力以赴。文旅系统不仅直面游客提出的问题,更以优质服务真诚待客。冰雕师傅们每天早晨 4 点开始工作,B市冰雪大世界主持人"左右哥"每天上班前吃"蒲地蓝"以免自己因感冒"缺勤"而辜负游客,公安干警们每天驻守景区、24 小时轮岗,新区公交车司机们持续为游客提供免费转运班车服务,志愿者们在中央大街、侵华日军第七三一部队罪证陈列馆外为游客指路、送热水和暖贴,"小哈""老滨"们每天在网络评论区对游客"有呼必应"。商家和景区通过"宠粉"方式展现热情,冰城航空开通了从东北虎林园直通 B 市冰雪大世界的 AC311A 直升机,从空中俯瞰松花江,纵览冰城好风光;索菲亚广场不仅升起了人造月亮,还连夜建起了"避寒亭",让南方游客在游玩的间隙,方便取暖;景区内的商家在自家店铺门口贴上了"不消费可以进店取暖、上卫生间"的暖心话语。

更多的还有广大市民真心待客。性格粗犷的"的哥""的姐"温柔地说起了夹子音,带火了"公主请下车";司机大哥趁着堵车的工夫,下车买来冻梨,只因听到打车的杭州姑娘说"想吃冻梨";更有路边阿姨看到南方来的游客主动询问目的地,热情地帮忙指路。

H 网友这样评论说,"冻梨摆盘""凤凰上天""人造月亮""冰上划船"……B市,你让我感到陌生。

B市作为东三省的重要省会城市,城市发展有底子,有天时也有地利,但本轮 B 市出圈爆火,让全国看到了一座城市用心对待游客的双向奔赴,更多的是城市的真诚、责任与担当、当地人的热情和真心。

四、可持续发展

2022 年,H 市地区生产总值 12 013.1 亿元,人口为 963.4 万人;Z 市地区生产总值4 402.6 亿元,人口为 470.59 万人;B市地区生产总值 5 490.1 亿元,人口为 939.5 万人。

Z 市市委马书记这样说,"今年冬天,B 市的'一把火'烧出了我们的责任与压力,我们今年该怎么做,确确实实值得思考","单就城市体量来讲,我们也不具备可比性。一座城市的'出圈'是天时、地利、人和所造就的,但是想要确保这种因文旅所带来的发展的可持续性,仍然需要独特的资源、创新的工作去构建。"

【案例使用说明】

一、教学目的与用途

1. 本案例主要适用于青年领导力的课程和战略领导力的相关学习。

2. 本案例的教学目的是帮助学生了解愿景和使命的重要意义并学会制定愿景和使命，理解青年领导力在战略发展方面发挥的作用。

二、启发思考题

1. 请结合案例，以"一市之长"的身份对 H 市发展情况展开讨论，为 H 市梳理和撰写未来的愿景和使命。

【愿景】

【使命】

2. 请根据案例内容，梳理归纳 Z 市和 B 市的发展情况，并分析两座城市在面对发展机遇时的举措内容。

	Z 市	B 市
发展契机		
契机起因		
政府作为		
市民行动		
外部反馈		
结果成效		

3. 结合三座城市的案例故事，请你以"小镇梦想家"的身份，为你的家乡小镇制定未来发展的愿景与使命以及可能的发展方向，并进行宣讲推介。

三、分析思路

教师可以根据自己的教学目的来灵活使用本案例，并可以在此基础上根据学校实际，拓展案例内容，以求贴近学生真实情境。以下分析思路仅供参考。

1. 引导学生找到第一段内 H 市的规划目标和发展成果，引导学生以"一市之长"的身份总结凝练案例中的 H 市发展情况，在身份代入中感悟领导力的战略视野，围绕目前的发展优势、发展现状，展开战略思考，学会撰写合适的愿景和使命。

2. 启发学生归纳 Z 市和 B 市这两座城市发展机遇的起源、所采取的行动举措，感悟一座城市在发展过程中政通人和的重要作用,思考青年领导力应有的道德内涵和愿景使命。

3. 带领学生感受组织发展过程中正确认识天时、地利与人和之间的关系,并以"小镇梦想家"的身份,为自己的家乡小镇制定发展愿景、使命,提出未来一年的创新发展方向。

四、理论依据与分析

1. 愿景与使命的内涵与重要性。

2. 制定愿景与使命的方法。

(1)有效的愿景应该符合以下 5 个特征。

● 清晰:揭示出组织努力成为什么,表露所在领域特性

● 面向未来:将要努力达成的目标

● 简明:最好用一句话概括

● 独特:尽可能展露优势

● 鼓舞人心:激励大家支持

(2)评估使命的陈述是否有效,我们可以从 8 个特征去评判。

● 内容概略且不包括数量、数字等具体量化指标

● 长度不超过 100 个词

● 振奋人心

● 可以识别组织的业务

● 表明组织承担的道德伦理

● 可调和,解决利益相关者的分歧

● 经久不衰

● 吸引人心,从受众视角撰写

3. 青年领导力的道德内涵,特别是学会关注并承担社会责任和坚持可持续发展。

五、关键要点

1. 学会以愿景与使命感召人、带领组织前进是青年领导力必学的一课,也是当代青年创造内生自驱力的重要一环。

2. 青年领导力的道德内涵要求青年学会做正确的事,并且以可持续眼光看待个体、团队和组织的发展命题。

六、建议课堂计划

本案例可以作为专门的案例讨论课来进行。以下是按照时间进度提供的课堂计划建议,仅供参考。

整个案例课的课堂时间控制在 60 分钟左右。

◆ **课前计划**

提出启发思考题,请学生在课前完成阅读和初步思考

◆ **课中计划**

简述课堂前言,明确课堂主题。

● 第一次分组讨论,告知发言要求(5 分钟)。

● 小组发言(控制在 5 分钟)。

● 第二次分组讨论,告知发言要求(10 分钟)。

● 小组发言(每组 5 分钟,控制在 10 分钟)。

● 各小组根据实践调研情况,阐述特色小镇的愿景使命方案(控制在 15 分钟)。

● 引导全班进一步讨论,并进行归纳总结(10 分钟)。

◆ **课后计划**

引导学生组队,实地开展社会实践性质的走访调研。

案例33

延展阅读